ແມ່ງແພງ

MOTHER'S BELOVED

ແຜງແມ່

ອຸທິນ ບຸນຍາວົງ

MOTHER'S BELOVED

Stories from Laos

Outhine Bounyavong

Edited by Bounheng Inversin and Daniel Duffy

Introduction by Peter Koret

University of Washington Press
Seattle and London

Library of Congress Cataloging-in-Publication Data

   ' Uthin Bunnyāvong.
      [Phæng mæ. English]
      Mother's beloved : stories from Laos / by Outhine Bounyavong ;
   edited by Bounheng Inversin and Daniel Duffy ; introduction by Peter Koret.
         p.   cm.
      Translation of Phǣng mǣ.
      ISBN 0-295-97736-1
      1. ' Uthin Bunnyāvong--Translations into English. I. Duffy,
   Daniel. II. Inversin, Bounheng. III. Title.
   PL4236.9.U838P4713   1998
   895.9' 1913--dc21   98-17631
                                                   CIP

Cover photograph of the mural at Wat Luang, Luang Prabang
© 1997 by Woralan Bunyasurat

CONTENTS

v

CONTENTS

PREFACE TO THE ORIGINAL EDITION

In 1990, with the publication of a number of volumes and, more importantly, with the official founding of the Lao Writers Guild in October of that year, the Lao literary circle witnessed a welcome change. It was a long overdue recognition of enthusiastic writers who were eager to develop Lao literature and let it take its place in the international literary arena. This development is a good omen and will reflect positively on Lao authors.

Publishing many books at the same time is like seeing many flowers blooming simultaneously in a rainbow of colors. Each writer's style can be compared to the different colors in a garden in full bloom, each having its own character: bright, delicate, soothing, brilliantly hot, and so on. . . .

Outhine Bounyavong also has his own characteristic style, such as beginning a story with simple, ordinary, and sometimes very short sentences. This simplicity immediately draws the attention of the readers and keeps them focused through to the last sentence of the story. However, writing in an apparently simple style is not as effortless as many readers might imagine. The skills and knowledge which the writer must possess to produce this effect come only with years of learning and experience.

The majority of the stories in this book have been published in newspapers and magazines within the country. Some of them have been translated and printed in magazines in other countries.

The Department of Literature is very proud to present this book to the reader. It is an ensemble of short stories that provokes a variety of feelings, especially on the human compassion that everyone should express in order to maintain peace and tranquility in a society, without destroying or otherwise adversely affecting the environment.

Dr. Thongkham Onmanisone
Director of the Department of Literature
Vieng Chan, October 30, 1990

PREFACE TO THE 1999 EDITION

Outhine Bounyavong was born in 1942 and educated through the secondary level. Before 1975, he was a journalist and newspaper editor. From 1975 to 1990 he worked at the State Publishing House in Vientiane as a book editor, translating foreign literature from Thai, English, and French. After 1990 he worked with the Ministry of Information and Culture, with responsibility for children's books and contemporary literature. Of his four published collections, several short stories have been translated into Russian, Thai, and Vietnamese. He has visited the United States twice, once with a delegation of Southeast Asian journalists in 1973, and again in 1992–93 with his wife, the textile and literary scholar Duangdeuan, when she received a research fellowship at the University of Washington. Outhine spent two summers and an academic year teaching Lao language in Seattle, which is where this translation project began. Since his return to Laos, he has worked on his own as an author.

The translators of this volume were moved to do their work by Outhine's feelings for Laos, its people and places. The present volume is a translation of a book published in Vientiane in 1991. Bounheng Inversin translated most of the stories and reviewed the work of the other translators, who include native English speakers who work in the Lao language in Laos, and native Lao speakers who live in the U.S. and work in English: Roger Rumpf and Jacqui Chagnon; Thipason Phimviengkham; and William Galloway. I worked with Bounheng Inversin and Outhine on the English versions, and found a publisher. Roger Rumpf initiated the project by introducing me to the author, and by securing a grant for Kali Tal to design the book. Peter Koret has provided an introduction to the author and his place in Lao literature. The Lao text for this edition was set by Indiana University language researcher Frank Proschan.

This is the first collection of contemporary fiction from Laos published in English in the United States. We present it in both Lao and English for several reasons: to make a bridge between older and younger generations of Lao people in America, to help students of both languages and literatures around the world, and to pay respect to the work of Outhine Bounyavong. We all hope we have served the author well.

Daniel Duffy
Chapel Hill, 1999

ແມງແມ່

ຊຸທິນ ບຸນຍາວົງ

MOTHER'S BELOVED

Stories from Laos

ອັນນະຄະຄິຮ່ວມສະໄໝຂອງລາວ

ປິຕິ ຄຳເຮັດ

ຫ ວ່າງບໍ່ຫລາຍປີມານີ້ ຄວາມສົນໃຈຂອງຊາວຕາເວັນຕົກ ກ່ຽວກັບຜາກພື້ນອາຊີອາຄະເນ ເລີ່ມທະວີຂຶ້ນ ວັນນະຄະຄິຈາກຂົງເຂດຕ່າງໆກໍ່ໄດ້ຮັບຄວາມນິຍົມຈາກຜູ້ສົນໃຈຕ່າງໆປະເທດ ຫລາຍຂຶ້ນ ທັງໃນຈຳພວກຜັງສິທີ່ກ່ຽວຂ້ອງທາງການສຶກສາ ແລະ ທາງຈຳພວກນິຍາຍໂຣມພຸ່ ໂດຍມີຈຸດປະສົງຢາກໃຫ້ເຖິງຈຳນວນຜູ້ອ່ານທ້ອງໆໄປ. ວັນນະກຳທີ່ແປປັບພາສາຕ່າງໆປະເທດ ໄດ້ເລີ່ມມີບົດບາດສຳຄັນ ເພື່ອໃຫ້ຄວາມຮູ້ທາງດ້ານວັດທະນະທຳ ແລະ ສັງຄົມອາຊີຕາເວັນອອກ ສ່ຽງໃຕ້ ແກ່ຊາວຕາເວັນຕົກ. ຄວາມສຳຄັນອັນທະວີຄູນຂອງວັນນະຄະຄິ ຊີ້ງເປັນເຄື່ອງມີໃນ ການສອນ ຊີ້ໃຫ້ເຫັນວ່າ ບໍ່ພຽງແຕ່ວ່າ ວັນນະຄະຄິທີ່ຖືກແປດຄອນີ້ ທາງງ່າຍກວ່າແຕ່ກ່ອນ ແຕ່ສະພາບການສຶກສາກ່ຽວກັບຜາກພື້ນອາຊີອາຄະເນ ກໍ່ນັບມື້ນັບມີການປ່ຽນແປງໄປໃນຕົວ. ກ່ອນໜ້ານີ້ ນັກອ່ານຕາເວັນຕົກ (ໂດຍສະເພາະພວກທີ່ບໍ່ມີຄວາມຮູ້ທາງດ້ານພາສາຂອງອາຊີ ອາຄະເນ) ຕ້ອງໄດ້ອາໄສຜັງສືຂອງຊາວຕາເວັນຕົກເອງ ເພື່ອຊອກຫາຄວາມຮູ້ກ່ຽວກັບເຂດນີ້. ໃນວິຊາສຶກສາກ່ຽວກັບອາຊີອາຄະເນແລ້ວ ສ່ຽງຂອງປະຊາຊົນຈາກຂົງເຂດຕັ້ງກ່າວ ປະກົດວ່າ ມີດຢ່າງເຫັນໄດ້ຊັດ. ດ້ວຍເຫດນີ້ເອງ ວັນນະຄະຄິຈຶ່ງບໍ່ພຽງແຕ່ເປັນຊ່ອງທາງໃຫ້ຮຽນຮູ້ ກ່ຽວກັບຂົງເຂດຕັ້ງກ່າວແບບເຜີດເຜິນ ແຕ່ພ້ອມດງວກັບປະໂຫຍດທີ່ໄດ້ຮັບກໍ່ພິເສດກວ່າພຸ່. ວັນນະຄະຄິແປປັບພາສາຕ່າງໆປະເທດ ປຮບເໜືອນບ່ອງຢັງຮູນທີ່ຊ່ວຍໃຫ້ເຮົ້າມອງເຫັນພາບຕິຂຶ້ນ ເພາະອາໄສນິຍາຍ ເຮົາກໍ່ສັງເກດໄດ້ວ່າ ນັກຮຽນຊາວອາຊີອາຄະເນແລເຫັນສັງຄົມຂອງ ຂະເຈົ້າເອງແນວໃດ ແລະວິທີທີ່ຂະເຈົ້າສະເໜີຫັດສະນະຂອງຕົນໃຫ້ຜູ້ອ່ານໃນອາຊີອາຄະເນ ດ້ວຍກັບແບບໃດ ແຫນທີ່ຈະແນໃສ່ຜູ້ອ່ານຊາວຕາເວັນຕົກ.

ເຖິງແມ່ນວ່າ ເວທີການສຶກສາກ່ຽວກັບອາຊີອາຄະເນໄດ້ຂະຫຍາຍຂຶ້ນ ໃນລະຍະສິບປີ ຫລັງນີ້ຫລາຍປານໃດກໍ່ຕາມ ແຕ່ການສຶກສາກ່ຽວກັບປະເທດລາວແລ້ວ ເຫັນວ່າຍັງຕິກຢູ່ ໃນຂອບເຂດທີ່ຈຳກັດເຕັມທີ. ແມ່ນຢູ່ວ່າປະເທດລາວໄດ້ຮັບຄວາມເອົາໃຈໃສ່ຈາກສະທະຮັດ ອະເມຣິກາຫລາຍສິບຄອນໃນສະໄໝສິງຄາມທຽວຽດນາມ (ລະເບີດທີ່ຖິ້ມລົງໃນລາວ ໃນລະຍະ ເຕົ້າປີ ມີ 2.1 ລ້ານໂຕນ) ແຕ່ລະເມຣິກາພະລົດນັກປຮຄາດທີ່ຮອບຮູ້ຈຳນວນໜ້ອຍ ແລະ ການຄົ້ນຄວ້າກ່ຽວພັນໜ້ອຍທີ່ສຸດກ່ຽວກັບສັງຄົມ ແລະ ວັດທະນະທຳລາວ[1] ເຖິງແມ່ນວ່າ ປະເທດ ລາວມີວັນນະຄະຄິທາງໆສາດສະໜາທີ່ເກົ່າແກ່ປັບຫລາຍໆສະຕະວັດມາແລ້ວກໍ່ຕາມ ແລະ

CONTEMPORARY LAO LITERATURE

PETER KORET

I N recent years, western interest in Southeast Asia has grown considerably. Literature from the region, both in academic publications and collections aimed at a more popular audience, has increasingly gained foreign attention. Literature in translation has begun to play a significant role in educating westerners about Southeast Asian culture and society. The increased importance of literature as an educational tool is a reflection not merely of the fact that there is a greater quantity of works available at this time but also of a gradual shift in the nature of Southeast Asian studies itself. Until recently, western readers (and particularly those without knowledge of a Southeast Asian language) had to rely solely on the writing of westerners for their knowledge of the region. In the field of Southeast Asian studies, the voice of the people of Southeast Asia has been conspicuously lacking. This is precisely why literature is not merely an entertaining way to learn about the region, but also unique in its usefulness. Literature in translation serves as a looking glass. Through fiction we have the opportunity both to observe how Southeast Asians view their own cultures and the ways in which they express their views to a Southeast Asian rather than a western audience.

Whereas the field of Southeast Asian studies has grown in the past decade, studies devoted to the country of Laos have remained minimal. While it is true that Laos received considerable attention from the United States during the Vietnam War (2.1 million tons of bombs dropped in the course of nine years), America has produced few scholars and little research about the country's society and culture.[1] Although the Lao have a centuries-old tradition of Buddhist literature, and a modern secular literature that began during the

ວັນນະຄະຕິສະໄໝໃໝ່ຂອງປວງຊົນ ທີ່ໄດ້ຮຽນຮັ້ນຕັ້ງແຕ່ສະໄໝທີ່ເປັນທ້ອງເມືອງຂັ້ນຂອງ
ຝຣັ່ງຜູ້ນັກຕິ ການຄັ້ນຄວ້າກ່ຽວກັບວັນນະຄະຕິທັງສອງຈໍາພວກ ທີ່ເປັນພາສາອັງກິດມີຈໍານວນ
ເລັກນ້ອຍເທົ່ານັ້ນ. ປຶ້ມທີ່ທ່ານຖືຢູ່ນີ້ ເປັນປຶ້ມໂຮມເລື່ອງສັ້ນເຫລັ້ມທໍາອິດ ທີ່ພີມອອກເປັນ
ພາສາອັງກິດ[2] ປຶ້ມນີ້ ຈະໃຊ້ເປັນບາດກ້າວເພື່ອຈັດຊຸ່ອງວ່າງທີ່ມີຢູ່ກ່ຽວກັບວັນນະຄະຕິ ແລະ
ສັງຄົມໃນປັດຈຸບັນ. ຜູ້ແຕ່ງ ອຸທິນ ບຸນຍາວົງ ເປັນນັກຂຽນລາວ ຜູ້ມີຊື່ສຽງຄົນນຶ່ງ ທີ່ມີບົດບາດ
ແລະ ອາຊີບໃນການປະພັນເປັນເວລາຫລາຍໆປີ ຊຶ່ງໃນນີ້ ມີຢູ່ໃນລະຍະຂອງວັນນະຄະຕິ
ສະໄໝໃໝ່ດ້ວຍ. ການກໍາເນີດພ້ອມທັງການຂະຫຍາຍຕົວຂອງວັນນະຄະຕິສະໄໝໃໝ່ໃນລາວ
ສໍໃຫ້ເກັບຄວາມປ່ຽນແປງຍັບໄທຍຫລວງທີ່ປະເທດໄດ້ປະສົບໃນສະຕະວັດທີຊາວ. ໂຮມເລື່ອງ
ສັ້ນຊຸດນີ້ ຊຶ່ງໄດ້ຮຽນຮັ້ນຕັ້ງແຕ່ຊຸມປີສຸດທ້າຍກ່ອນການປະຕິວັດ ຈົນມາເຖິງທິດສະວັດປັດຈຸບັນ
ສໍໃຫ້ເກັບວ່າຄວາມປ່ຽນແປງທາງການເມືອງ ແລະ ສັງຄົມມີສ່ວນກະທົບເຖິງເນື້ອໃນຂອງ
ວັນນະຄະຕິດ້ວຍ.

ຄໍາຊີ້ແຈງກ່ຽວກັບວັນນະຄະຕິລາວຮ່ວມສະໄໝ ຕິດຕາມດ້ວຍຊີວະປະວັດຫຍໍ້ ຂອງ ອຸທິນ
ບຸນຍາວົງ ຕໍ່ໄປນີ້ ມີຈຸດປະສົງຢາກໃຫ້ຜູ້ອ່ານເຂົ້າໃຈທ້ອງເລື່ອງຂອງວັນນະກໍາຊຸດນີ້ໃຫ້ດີຂັ້ນ.

ວັນນະຄະຕິໂບຮານລາວ

ມີຫລັກຖານກ່ຽວກັບປະຫວັດສາດຄົບລາວ ຕັ້ງແຕ່ສະຕະວັດທີສິບສີ່. ໃນປີ 1353, ຍ້ອນ
ຄວາມຊ່ວຍເຫລືອຂອງຂາວອະເພນ, ເຈົ້າຟ້າງຸ່ມມະຫາຮາດ ໄດ້ຕັ້ງໂຮມລວລ ແລະ ຄືນແດນ
ສ່ວນໃຫຍ່ໃນພາກຕາເວັນອອກສຽງເໜືອ ຊຶ່ງແມ່ນພາກອິສານຂອງປະເທດໄທດຽວນີ້ ເຂົ້າເປັນ
ອານາຈັກລ້ານຊ້າງ. ໃນຄາວນັ້ນ ປະເທດລ້ານຊ້າງໄດ້ພັດທະນາສິລະປະ, ວັນນະຄະຕິ ແລະ
ການສຶກສາ ທີ່ໃຫ້ຄວາມຮູ້ສູງ ເລີກແລບໂດຍອາໄສອິດທິພົນຂອງປະເທດໃກ້ຄຽງ ເຊັ່ນ
ອານາຈັກລ້ານນາ, ສຸໂຂໄທ, ທະຣືພຸນໄຊ (ປະເທດມອນ) ພ້ອມທັງອະຣິຍະທໍາຂອງຣິນຄຸ ແລະ
ພຸດ ຈາກພາກອາຊີໃຕ້. ວັດວາອາຮາມເປັນສູນກາງວັດທະນະທໍາ ແລະ ການສຶກສາຂອງຣາຊະ
ອານາຈັກ ແລະ ມີອິດທິພົນຄຽງຄູ່ກັບຣາຊະວັງ. ຄວາມຮອບຮູ້ທາງວັນນະຄະຕິ ພ້ອມທັງຄວາມ

period of French colonization, there is little available in English concerning either tradition. This work is the first book-length collection of contemporary Lao short stories to be published in the English language.[2] It represents a valuable first step toward filling the gap in our knowledge of present-day Lao literature and society. The author, Outhine Bounyavong, is a prominent writer whose career spans many of the years that comprise the period of modern literature. The origin and development of modern literature in Laos reflect the great changes that the country has undergone in the twentieth century. The short stories in this collection, dating from the final years of the pre-revolutionary period to the present decade, illustrate how changes in the country's social and political climate have affected the content of its literature.

The introduction to contemporary Lao writing and the brief biographical sketch of Outhine Bounyavong that follow are intended to provide readers with a context within which to view the stories in this collection.

TRADITIONAL LAO LITERATURE

THE earliest recorded history of the Lao dates from the fourteenth century. In 1353, the Lao prince Fa Ngum, with the help of the Khmer, united Laos and much of present-day northeastern Thailand into a kingdom known as Lan Xang. Characteristics of literature from this period reveal both the literary influence of various Buddhist and Hindu civilizations of South and Southeast Asia and that of an early (probably oral) literary tradition of the Lao themselves. The primary cultural influence on Lan Xang was that of the closely related Tai Yuan kingdom of Lanna, which roughly comprised the area that is now northern Thailand. From the sixteenth century or earlier, Lan Xang developed a sophisticated tradition of art, literature, and scholarship. The temple was the cultural and educational center of the kingdom, with a power that rivaled that of the monarchy.

ຊໍ່ານານທາງການຟຶງອ່ານ ເປັນຄວາມຮູ້ ຄວາມສະຫຼາດທີ່ໄດ້ຮັບມາຈາກວັດ ຊຶ່ງເປັນບ່ອນ ທີ່ຜອກຊາຍໜຸ່ມມັກຈະໃຊ້ເວລາຫຼາຍໆປີ ເພື່ອສຶກສາ ໂດຍບວດເປັນສາມະເນນ ຫຼືພະສົງ. ວັນນະຄະດີລາວ ບໍ່ວ່າຈະມີຄຳມາຈາກແຫຼ່ງໃດ ທຳນະຄາຈະຂຽນຂຶ້ນໃນຮູບແບບບົທານຂາດິກ ຊຶ່ງເປັນຊິວິດປາງຕ່າງໆ ຂອງພະໂພທິສັດ ທີ່ບັນທຶກໄວ້ໃນໜັງສືພະໄຕປິດິກ. ຕາມປະເພນີ ແລ້ວຜອກພະສົງສາມະເນນ ເປັນຜູ້ອ່ານວັນນະຄະດີລາວ ຫຼືບໍ່ຄັ່ງນັ້ນ ກໍແມ່ນຜອກຄາລະວາດ ທີ່ເຄີຍບວດຮຽນໃນທາງສາສະໜາມາກ່ອນ. ວັນນະຄະດີໂບຮານຄັ້ງກ່າວ ໄດ້ເກັບໄວ້ໃນຫໍໄຕ ຂອງວັດ ແລະ ຕາມບ້ານເຮືອນ ສ່ວນບຸກຄົນ ແລະຈະເອົາອອກມາອ່ານໃນໂອກາດງານບຸນປະຈຳປີ ທຸກໆ ປີຕະຫຼອດມາ.

ຄວາມເສື່ອມໂຊມຂອງວັນນະຄະດີໂບຮານ ແລະ ການກຳເນີດຂອງ ວັນນະຄະດີສະໄໝໃໝ່

ເຫດການທີ່ພາໃຫ້ມີຄວາມປ່ຽນແປງ ແລະ ເສື່ອມໂຊມຂອງວັນນະຄະດີໂບຮານ ສະຫຼຸບແລ້ວ ກໍແມ່ນອັນດ່ຽວກັບກັບເຫດທີ່ບຳນາຂຶ້ງການເກີດ ແລະ ການຂະຫຍາຍຕົວຂອງການປະພັນ ລາວສະໄໝໃໝ່.

ໃນຕອນທ້າຍໆຂອງສະຕະວັດທີສິບເຈັດ ຮາຊະອານາຈັກລ້ານຊ້າງໆ ໄດ້ແບ່ງແຍກອອກ ເປັນສາມອານາຈັກນ້ອຍໆ. ການອ່ອນກຳລັງລົງເປັນລຳດັບ ພາໃຫ້ລາວອາດສະເຖຍຍະພາບ ພາຍໃນ ຈົນຕົກຢູ່ຄົກເປັນຫົວເມືອງຂຶ້ນຂອງຕ່າງປະເທດໃນລະຍະຕໍ່ມາ. ເມື່ອຕົກຖ້າຍ ສະຕະວັດທີສິບແປດ ເຂດແດນທີ່ເຄີຍປະກອບເປັນປະເຫດລ້ານຊ້າງໆ ສ່ວນໃໝ່ ໄດ້ຕົກຢູ່ພາຍໃຕ້ ການຄວບຄຸມທາງການເມືອງຂອງຜອກໄຫຼສະຫຍາມ. ເມື່ອຫ້າຍສະຕະວັດທີສິບເກົ້າ ປະເຫດ ສະຫຍາມໄດ້ຖຶກບັງຄັບໃຫ້ເອົາດິນແດນລາວຢູ່ຝັ່ງຊ້າຍຂອງແມ່ນ້ຳຂອງຄືນໃຫ້ຝຣັ່ງ ຊຶ່ງໄດ້ ກາຍມາເປັນເຂດທີ່ປະກອບເປັນຂາຍແດນຂອງປະເທດລາວ ທີ່ເຮົາຮູ້ກັບມາເຫີ່າທຸກວັນນີ້.

ຜອກໄຫ ແລະ ຝຣັ່ງ ໃຊ້ເວລາຄົນສົມຄວນ ກ່ອນທີ່ວັດທະນະທຳຂອງຂະເຈົ້າ ຈະໄດ້ປະ ຮ່ອງຮອຍຮັບຫັກແໜ້ນໄວ້ໃນກຸ່ມດິນລາວ. ໃນຊຸມປີສຸດທ້າຍ ກ່ອນສິ້ນສະຕະວັດທີສິບເກົ້າ ຜອກໄຫຍັນຍອມທີ່ຈະຮັກສາລະບົບການເມືອງ ແລະ ວັດທະນະທຳຮັບເປັນຂອງພື້ນເມືອງໄວ້. ພ້ອມຄຽງກັບ ກັບກາງຕໍ່ເຈົ້ານາຍຫ້ອງຖິ່ນ ສິ່ງເຄື່ອງບັນນາການ ແລະ ເສຍສ່ວຍຄ່ອຍ. ຜອກ

Knowledge of literature, and literacy itself, were skills acquired at the temple, where young males commonly spent several years as novices and/or Buddhist monks. Regardless of their origins, literary works were typically presented in the form of Jataka Tales, life stories of the Bodhisattva recorded in the Tripitaka Buddhist scriptures. Lao literature was traditionally performed by monks, novices, or laymen with prior religious experience. Literary works were stored in temple libraries and private homes, and performed regularly during religious festivals throughout the year.

THE DECLINE OF TRADITIONAL LAO LITERATURE AND THE RISE OF A MODERN LITERARY TRADITION

THE same factors that caused the transformation and decline of traditional literature essentially brought about the creation and development of modern Lao writing.

In the late seventeenth century, the Kingdom of Lan Xang split into three smaller kingdoms. The subsequent weakness of the Lao led to internal instability followed by dependence upon and eventual domination by foreign powers. By the end of the eighteenth century, the region that had once comprised Lan Xang had largely fallen under the political control of the Thai. At the end of the nineteenth century, Siam was forced to cede to the French their Lao territories east of the Mekong River, an area that approximates the modern political entity of Laos.

The Thai and French did not immediately have a significant cultural impact on the Lao. Before the final years of the nineteenth century, the Thai were mostly content to preserve indigenous cultural and political systems, and depended on the local elite to deliver tribute and taxes. The French similarly viewed the development of Laos as a low priority in comparison with the neighboring colonies of Vietnam and Cambodia, which showed greater economic

ຝຣັ່ງເອງ ກໍຫລົ່ງເຫັນວ່າ ການພັດທະນາປະເທດລາວ ບໍ່ແມ່ນເລື່ອງຣັບຣ້ອນຜົງປານໃດ ຖ້າປຽບທຽບກັບປະເທດທິໂວເມືອງອື່ນ ໃຫ້ຄຽງຄູ່ທີທອງຄວາມ ແລະ ອະເໜບ ຊ້ງຫົວສອງ ປະເທດສະແດງວ່າ ມີເທງື້ກພະລັງທາງເສດຖະກິດຫລາຍກວ່າ. ສະນັ້ນວັດທະນະທຳ ເກົ່າແກ່ຂອງລາວ ຈຶ່ງບໍ່ໄດ້ຜັບຄວາມປ່ຽນແປງໃຫຍ່ຫລວງແຕ່ຢ່າງໃດ ຈົນເຖິງຊຸມປີ 1930 ແລະ ລຸມຫລັງນັ້ນ ເປັນຕົ້ນມາ.

ການຕັ້ງໂຮງຣຽນຫລວງຂອງຣັດຖະບານ ໃນສະຕະວັດທີຊາວ ຢູ່ພາກພື້ນອາຊີອາຄະເນ ໄດ້ສ້າງຍັງກະທົບອັນຫັກຫ່ວງ ຕໍ່ວັດທະນະທຳເກົ່າແກ່ທຸກແຫ່ງໃນຂົງເຂດນັ້ນ. ສີ່ລະປະລາວ ຊ້ງຮວມທັງວັນນະຄະດີ ໄດ້ຣັບຄວາມສຳຄັນບໍ່ຍ່ອຍລົງ ໃນອະນະທີ່ອຳນາດຂອງວັດ ຜູ້ເປັນເສົາຄ້ຳ ໄດ້ອ່ອນລົງ ເນື່ອງຈາກວ່າ ການສຶກສາທາງສາສະໜາ ໄດ້ຖຶກທົດແທນດ້ວຍໂຮງຣຽນຫລວງ ສະໄໝໃໝ່ ຊ້ງມີແຜນການສຶກສາທີ່ໂນ້ມອຽງໄປທາງຕາເວັນຕົກ. ຕາມປະເພນີແລ້ວ ວັດເອົາ ວັນນະຄະດີມາສອນໃຫ້ຄົບຮູ້ວ່າ ຄົບແມ່ນໃຜຢູ່ໃນສັງຄົມລາວ ແລະ ໃນໂລກທຳມະອັນກວ້າງໃຫຍ່. ພາຍໃຕ້ການປົກຄອງຂອງຝຣັ່ງ ການສຶກສາໃນລາວໄດ້ຈັດວາງໄປຕາມເປ້າໝາຍແບບອື່ນ. ລູກສິດທີ່ເຂົ້າໂຮງຣຽນຝຣັ່ງໃນປະເທດລາວ ໄດ້ຖຶກສັ່ງສອນໃຫ້ຮູ້ວ່າ ຄົບເປັນປະຊາຊົນທິໂວເມືອງອື່ນ ໂດຍມີປະເທດຝຣັ່ງເປັນຈຸດໃຈກາງ ສ່ວນຢູ່ປະເທດຂ້າງຄຽງໃນພາກຕາເວັນອອກສຽງເໜືອ ຂອງປະເທດໄທ, ລູກສິດທີ່ນັ້ນ ກໍຖຶກສິດສອນໃຫ້ເປັນພັນລະເມືອງຂອງປະເທດທີ່ຕົກຢູ່ພາຍໃຕ້ ການຄອບຄຸມທາງການເມືອງ ແລະວັດທະນະທຳຂອງປະເທດໄທພາກກາງ. ໃນເມື່ອມີການຖືວ່າ ວັນນະຄະດີໂບຮານເປັນອຸປະສັກ ແທບທີ່ຈະເຫັນເປັນສິ່ງນຳພາໃຫ້ຜັບຄວາມສຳເລັດ ໃນການທ່າຣຽນສະໄໝໃໝ່ ການຮຽນວັນນະຄະດີກໍຍຸຕິລົງ. ຄວາມຮູ້ພື້ນຖານທີ່ຈຳເປັນໃນການ ສືບທອດວັນນະຄະດີ ກໍເລີຍຖຶກປ່ອຍປະລະເລີຍບຳຄ້ວຍ ຢ່າງເຄັ່ງ ຄວາມຮູ້ທາງດ້ານຄົບ ຮັກສອນໂບຮານ, ວິທີອະນຸລັກໃບລານ ວິທີການສະແດງອອກເປັນບົດບັນເທິງ ຕະຫລອດ ເຖິງວິທີກ່າຍເພື່ອເຮັດສຳເນົາ ແລະ ອື່ນໆ. ດັ່ງນີ້ ວັນນະຄະດີຈຶ່ງບັນນີ້ ບັບທາງໄກຈາກຊີວິດ ປະຈຳວັນຂອງປະຊາຊົນ. ສ່ວນປະກອບອັນສຳຄັນຂອງວັດທະນະທຳໂບຮານ ກໍເລີຍຖຶກຍກວ່າ ເປັນສິ່ງເສດເຫລືອຈາກອະດີດທີ່ຂາດຄວາມຈະເລີນ ສ່ວນຄວາມສົນໃຈຈາກຕາເວັນຕົກນັ້ນ ຊ້ຳຖືວ່າເປັນໜ້າຊອບຊອນ ແລະ ຄອບເອົາແບບ. ໃນລະຍະທີ່ເປັນທິໂວເມືອງອື້ນຢູ່ນັ້ນ ນັກຣຽນລາວຜູ້ໄດ້ຣັບການສຶກສາໃນໂຮງຣຽນຫລວງ ໄດ້ຣຽນຮູ້ວັນນະຄະດີຂອງຝຣັ່ງ ແທບທີ່ຈະແມ່ນຂອງລາວ. ນິຍາຍທາງໂລກ ທີ່ບໍ່ມີເລື່ອງສາສະໜາມາກຽວຂ້ອງ ຊ້ງແຕ່ກ່ອນ ບໍ່ເຄີຍໄດ້ຍົບໃນສັງຄົມລາວ ໄດ້ກ່າຍມາເປັນສິ່ງທັບສະໄໝ ແລະມາແທບຄວາມສຳຄັນຂອງ ນິທານຄຳກອນ. ນິຍາຍສະໄໝໃໝ່ຂອງລາວເກີດຂຶ້ນ ກໍເນື່ອງຈາກວ່າ ພວກເຈົ້ານາຍໄດ້ ປະສິບການໃກ້ຊິດກັບວັນນະຄະດີຝຣັ່ງ ແລະ ໄດ້ຣຽນແບບໃນການຂີດຣຽນ.

ການທີ່ວັນນະຄະດີໂບຮານ ຍັງຕັ້ງຜັບຢູ່ໃນປະເພນີລາວມາເຖິງທຸກວັນນີ້ ສະແດງ ໃຫ້ເຫັນສອງແບວ ອັນນື່ງ ຄືປະຊາຊົນລາວສ່ວນໃຫຍ່ ຍັງຂາດການສຶກສາທີ່ທັບສະໄໝ ອັນທີ ສອງ ຄືການສຶກສາແບບສະໄໝໃໝ່ເອງ ກໍມີຜັບອັນຈຳກັດ ເພື່ອປ່ຽນແປງຄວາມຄິດ ແລະ

potential. The traditional culture of the Lao therefore did not undergo a great transformation until the 1930s or afterward.

The state institutionalization of secular education in twentieth-century Southeast Asia has had a profound effect on traditional cultures throughout the region. Lao art forms, including literature, were marginalized as the power of their patron, the Buddhist temple, was reduced, and religious education was replaced by modern schools with a western-oriented curriculum. Traditionally, literature served the temple by teaching an individual to accept his place within Lao society and the greater Buddhist world. Lao education under the French was tailored to suit a different goal. Students who attended French schools in Laos were taught to see themselves as colonial subjects in a world with France at its center. In neighboring northeastern Thailand, students were educated to be citizens of a country under the political and cultural domination of the central Thai. As traditional literature appeared to discourage rather than encourage modern educational objectives, it ceased to be taught. Elements of traditional Lao culture came to be viewed as remnants of an "undeveloped" past whereas western civilization was admired as a model for emulation. During the colonial period, Lao students educated at government schools were exposed to French literature in place of that of the Lao. Secular prose fiction, previously unheard of in Lao society, became fashionable among the upper class, replacing poetic epics in prominence. Exposure of the Lao elite to French literature at school, and their emulation of the literature, led to the origin of modern Lao fiction.

The fact that traditional literature continues to remain a living tradition in Laos in the present day is testimony both to the limited availability of government education to much of the country's in-

ຄວາມນິຍົມຂອງຜູ້ຖຮມ. ຖ້າປຽບທຽບກັບປະເທດສ່ວນໃຫຍ່ ໃນພາກພື້ນອາຊີອາຄະເນແລ້ວ ການສຶກສາສະໄໝໃໝ່ ໄດ້ເຂົ້າມາ ແລະ ແຜ່ຂະຫຍາຍໃນປະເທດລາວຫຼ້າຊ້າກວ່າໝູ່. ອີງຕາມ ການຄົ້ນຄວ້າໃນຊຸມປີ 1930 ຄັກລາວທີ່ເຂົ້າໂຮງຮຽນວັດ ມີສອງເທົ່າຂອງຄັກທີ່ເຂົ້າໂຮງຮຽນ ຫຼວງ[3] ໃນລະຍະເວລາດຽວກັນນີ້ ໂຮງຮຽນເອກຊົນບະບົດບ໌ທັບມິເຕື່ອ ແລະບອກຈາກ ອຽງຈັບແລ້ວ ໂຮງຮຽນຫຼວງອັ້ນມັດທະຍົມກໍ່ບໍ່ມີ. ນັກຮຽນຜູ້ທີ່ຕ້ອງການຮຽນຕໍ່ ຈິ່ງບໍ່ມີທາງ ອອກແບບອື່ນ ນອກຈາກໄປຮຽນຢູ່ວັດ (ເຖິງລະດັບມະຫາທາງສາສະຫນາ ກໍຖືວ່າໄດ້ຮຽນສູງ ສົມຄວນ) ຫຼືບໍ່ຄັ່ງນັ້ນ ກໍໄປຕ່າງປະເທດ. ໃນປັດຈຸບັນ ເອກຊົນບະບົດກໍຍັງອາດເຮີນໂຮງຮຽນຢູ່ ແລະ ທັງອາດຄນາຍຄຸຜູ້ມີຄວາມຮູ້ຄວາມສາມາດດ້ວຍ ເທດການທິສອງ ທີ່ຖ້ວງຄວາມ ກ້າວຫນ້າຂອງວັນນະຄະດີສະໄໝໃໝ່ ກໍແມ່ນການຫຼ້າຊ້າໃນການພັດທະນາທາງດ້ານ ເຕັກໂນໂລຊີ ເຊັ່ນ ເຄື່ອງຈັກ ເຄື່ອງພິມ ເປັນຕົ້ນ. ປື້ມທີ່ພິມອອກປາກົດໃຫ້ເຫັນຢ່າງສະໝ່ຳສະເໝີ ໃນປະເທດລາວ ກໍຫາມາເລີ່ມອັ້ນແຕ່ຕົ້ນຊຸມປີ 1940 ເທົ່ານັ້ນ. ສະແດງວ່າ ຫຼ້າຊ້າກວ່າເກືອບ ທຸກປະເທດ ໃນພາກພື້ນອາຊີອາຄະເນ. ຈົນມາເຖິງສະຕະວັດນີ້ ວິທີສຳເນົາຈາກຕົ້ນສະບັບ ກໍແມ່ນການກ່າຍແບບເກົ່າແກ່ ທີ່ໃຊ້ກັນມາເປັນຫຼາຍໆ ການສະຕະວັດ ຄື ໃຊ້ເຫຼັກຈານບອຮ ໃສ່ໃບລານ. ໃນຊຸມປີ 1930 ພວກພະສົງໃນອຽງຈັບມັກພາກັບເອົາບົທານໂບຮານລາວທີ່ພິມ ຢູ່ທາງພາກອີສານຂອງໄທ (ຊິ່ງຖືວ່າກ້າວຫນ້າແຕ່ໃນດ້ານເຕັກໂນໂລຊີ) ແລ້ວມາກ່າຍໃສ່ ໃບລານຕໍ່ ໂດຍມີຈຸດປະສົງເອົາໄປແຈກຈ່າຍກັນຕໍ່ໆໄປ.

ຜູ່ມລຳເບົາທີ່ບໍ່ຣາບພຽງ ແລະ ສາຍພູສູງຊັບ ພ້ອມທັງປ່າຕຶບຫນາທີ່ມີໃນລາວ ເປັນ ອຸປະສັກອັນໃຫຍ່ຫຼວງອິກແບບນິ່ງ ໃນການພັດທະນາປະເທດ. ຈົນເຖິງປັດຈຸບັນນີ້ ບາງເຂດ ຂອງປະເທດລາວ ຍັງຢູ່ໃນສະພາບໂດດດ່ຽວ ແລະ ຍັງຂາດການຕິດຕໍ່ຢ່າງເປັນປະຈຳກັບໂລກ ພາຍນອກຢູ່.[4]

habitants and the inability of modern schooling to transform the worldview of the Lao. In comparison with the majority of nations in Southeast Asia, the introduction and spread of modern education proceeded at a sluggish pace throughout Laos. The first lycee (upper-level high school) in the nation's capital was not established until 1947, shortly before independence. In the larger towns outside the capital, middle school was the highest educational level available, and in the rural areas where the majority of the people lived, government education was nonexistent. Students who wished to further their education had no alternative but to study at a temple or go abroad. Statistics taken from the mid-1930s show that twice as many Lao were being educated in the temples as in government schools (Gunn 1988). Even in the present, many of the rural communities in Laos are lacking in schools, teaching materials, and qualified teachers.

A second important factor that retarded the growth of a modern literature was the slow development of modern technology. Although printed publications in Laos date from the 1920s, the first Lao language newspaper to appear on a regular basis was not until the early 1940s, considerably later than in most of the nations within the region. Until the middle of this century, the primary method of reproducing a manuscript in Laos was the centuries-old practice of transcribing text onto strips of palm leaves with a stylus. In the 1930s, it was common for monks in Vientiane to take traditional Lao stories published in the more technologically advanced region of northeastern Thailand and copy them onto palm leaves for the purpose of circulation.

The rugged geography of Laos, with its extensive mountain ranges and forest, has also proved a formidable obstacle to the country's development. Certain areas of Laos remain isolated from substantial contact with the outside world although the situation is changing rapidly at present.[3]

ຮາກເຫງົ້າຂອງວັນນະຄະດີສະໄໝໃໝ່ ໃນເວລາເປັນ
ຫົວເມືອງຂຶ້ນຂອງຝຣັ່ງ (1893 ຫາ 1954)

ຈຳຜວກນັ້ງສືວັນນະຄະດີສະໄໝໃໝ່ຊຸມທຳອິດທີ່ປະພັບຂຶ້ນ ແລະ ອ່ານກັບໃບລາວ ກ່ແມ່ນໃນສະເພາະກຸ່ມຜວກເຈົ້ານາຍ ແລະ ສ່ວນໃຫຍ່ກ່ແມ່ນຢູ່ໃນເມືອງຫລວງວຽງຈັນ. ຄວາມຜິດແປກລະຫວ່າງຜວກປະຊາຊົນຮ່ວມຊາດສ່ວນໃຫຍ່ ກັບຜວກເຈົ້າຈອມກໍມີຢູ່ວ່າ ຜວກຊຸມນີ້ ໄດ້ຮັບການສຶກສາໃນໂຮງຮຽນທີ່ໃຊ້ພາສາຝຣັ່ງ ໃນການສອນ ແລະ ນັກຮຽນ ຜວກນີ້ໄດ້ຮຽນຮູ້ຜົງສາວະດານ, ວັດທະນະທຳ ແລະ ວັນນະຄະດີ ຂອງຝຣັ່ງທັງນັ້ນ ແທນທີ່ ຈະແມ່ນຂອງລາວ ແລະ ມີຫລາຍຄົນໃນຜວກນີ້ໄດ້ໄປຮຽນຕໍ່ຢູ່ປະເທດຝຣັ່ງເສດ. ສະມາຊິກ ໃນກຸ່ມເຈົ້ານາຍຫລາຍໆ ຄືນ ຈຶ່ງຮູ້ຈັກຫລາຍສິ່ງຫລາຍຢ່າງໆ ທີ່ກ່ຽວພັບຫາງສັງຄົມ ແລະ ວັດທະນະທຳຂອງຝຣັ່ງ ຫລາຍກວ່າຂອງລາວ. ຕົວຢ່າງເຈົ້າສຸວັນນະພູມາ ເມື່ອຕໍ່ມາໄດ້ເປັນ ນາຍົກລັດຖະມົນຕີຂອງປະເທດ ເປັນເວລາປະມານຊາວປີ ຮູ້ສຶກວ່າມີຄວາມສະດວກສະບາຍໃຈ ເວລາໄດ້ໂອ້ລົມເປັນພາສາຝຣັ່ງ ກວ່າພາສາລາວ.[5] ວັນນະຄະດີສະໄໝໃໝ່ຂອງລາວ ນັ້ນ ທຳອິດກໍໄດ້ປະພັບຂຶ້ນເປັນພາສາຝຣັ່ງໂດຍຮູບແບບວັນນະຄະດີຝຣັ່ງ. ນິຍາຍເລື່ອງທຳອິດ ທີ່ເປັນພາສາລາວ ແຕ່ງໂດຍ ສົມຈິນ ງ່ືນ ຊື່ເລື່ອງ ພະຜຸດທະຮູບສັກສິດ ໄດ້ພິມອອກໃນປີ 1944. ຜູ້ແຕ່ງໄດ້ຮຽນຄຳບ່າເປັນພາສາຝຣັ່ງ ແລະ ສັນນິຖານວ່າ ປ້ືມທີ່ພິມອອກເປັນພາສາລາວ ໃນເວລານັ້ນ ກໍລ້ວນເປັນຂອງແປກໃໝ່ ຈຶ່ງມີການໂຄສະນາຍາຍຫາງຫລັງປົກວ່າ: "ແຕ່ງເປັນ ພາສາລາວທີ່ອ່ານ ແລະ ເຂົ້າໃຈງ່າຍ![6]" ຈຸດປະສົງໃນການຂຽນວັນນະກໍານາງແບບໃໝ່ລະຍະນີ້ ແມ່ນບໍ່ມີລັກສະນະເຜີຍແຜ່ ແນວຄິດຫາງການເມືອງ. ພາຍໃຕ້ການນຳພາຂອງຈອມພົນ ປ. ພິບູນສົງຄາມ ໃນຊຸມປີ 1940 ປະເທດສະຫຍາມ ຊຶ່ງເປັນບ້ານພີ່ເມືອງນ້ອງໃຫ້ຄຣອງ ໄດ້ພະຍາຍາມຄຶ້ງຄຸດເອົາປະເທດລາວ (ແລະ ອານາເຂດອື່ນໆ ທີ່ຢູ່ພາຍໃຕ້ການປົກຄອງຝຣັ່ງ) ມາເປັນສ່ວນນຶ່ງຂອງລັດໄທໃหຍ່. ເຖິງແມ່ນວ່າ ພາສາຝຣັ່ງຈະເປັນພາສາຫາງການຂອງລາວ ໃນສະໄໝເປັນຫົວເມືອງຂຶ້ນກໍຕິ ແຕ່ໃນຊຸມປີ 1940 ກ່ອນຈະເຖິງສົງຄາມໂລກຄັ້ງທີສອງ ໄດ້ມີ ການສົ່ງເສີມໃຫ້ມີການໃຊ້ພາສາ ແລະ ວັດທະນະທຳລາວ ເປັນຫາງການ ທັງນີ້ເພື່ອພະຍາຍາມ ຫລໍ່ຫລອມຈິດສຳນຶກໃນຄວາມເປັນລາວ ຊຶ່ງແຕກຕ່າງໆກັນກັບຜວກໄທຍ່າງເຫັນໄດ້ຊັດ. ແຕ່ໃນ ຂະນະດຽວກັບ ນະໂຍບາຍດັ່ງກ່າວ ນີ້ຖືກສ້າງຂຶ້ນໂດຍອຳນາດການປົກຄອງຫົວເມືອງຂຶ້ນ ເພື່ອກີດກັນບໍ່ໃຫ້ຄົນລາວຕິດຕໍ່ເຊື່ອມໂຍງສາຍສຳພັນກັບຜວກໄທສະຫຍາມ.[7]

THE ORIGINS OF MODERN LITERATURE DURING THE FRENCH COLONIAL PERIOD, 1893 TO 1954

The earliest works of modern literature in Laos were composed and circulated exclusively among members of the Lao elite, predominantly in the capital city of Vientiane. In contrast to the majority of their countrymen, the Lao nobility studied at schools where the sole language of instruction was French, and French history, culture, and literature were taught in place of their own. Many continued their education in France. Members of the Lao elite frequently became more knowledgeable in matters related to French society and culture than the traditions of Laos. Prince Souvanna Phouma, for example, who was later to serve as prime minister of Laos for approximately two decades, felt more comfortable conversing in French than in Lao.[4] Modern Lao literature was originally composed in the French language and imitated French literary styles. The first modern novel composed in Lao, *Phra Phoutthahoup Saksit* (The Sacred Buddha Image) by Somchine Nginn, was published in 1944. The author wrote the introduction to the work in French and, presumably due to the novelty of publishing a work in Lao, advertised on the cover: "Written in easy-to-understand Lao language."[5] The motivation behind certain works of literature during this time was also overtly political in nature. Under the leadership of Field Marshal Phibunsongkhram in the 1940s, the neighboring nation of Siam sought to absorb Laos (and other territories under European colonial rule) as part of a Greater Siamese state. Whereas French remained the official language of Laos during colonial rule, in the years immediately preceding the Second World War, the use of the Lao language and culture were officially promoted in an attempt to forge a Lao national identity distinct from that of the Thai. In so doing, the intent of colonial administrators was to discourage Lao cultural affinity with the people of Siam.[6]

ວັນນະຄະດີລາວ ຈາກສະໄໝສົງຄາມໂລກຄັ້ງທີສອງ ເຖິງໄຊຊະນະຂອງພັກກອມມຸຍນິດ (1945 ເຖິງ 1975)

ວັນນະຄະດີລາວ ຈາກສະໄໝສົງຄາມໂລກຄັ້ງທີສອງ ຈົນເຖິງປັດຈຸບັນ ໄດ້ສະໃຫ້ເຫັນຄວາມ ປັ່ນປ່ວນທາງການເມືອງຂອງປະເທດລາວ. ເພື່ອໃຫ້ເຂົ້າໃຈເຖິງວັນນະຄະດີລາວ ຈຳເປັນຕ້ອງ ທົບທວນປະຫວັດສາດໃນສະໄໝດັ່ງກ່າວດ້ວຍ. ໃນລະຍະປີສຸດທ້າຍຂອງສະໄໝເປັນຫົວເມືອງ ຂື້ນຂອງຝຣັ່ງ ພວກຂະບວນການຊາດນິຍົມ ທີ່ຮູ້ຈັກວ່າ ລາວອິດສະຫຼະ ໄດ້ຖືກຈັດຕັ້ງຂື້ນ ໂດຍການນຳພາຂອງເຈົ້າຊາຍເພລາຍໆ ຄົນ. ເວລາຍີ່ປຸ່ນເຂົ້າຄອບຄອງປະເທດລາວ ໃນສະໄໝ ສົງຄາມໂລກຄັ້ງທີສອງ ພວກຍີ່ປຸ່ນໄດ້ຍຶກເອົາກຸ່ມລາວອິດສະຫຼະ ຂື້ນຮັບຜິດຊອບການປົກຄອງ ປະເທດ. ເວລາພວກຝຣັ່ງຍຶດອຳນາດຄືນໄດ້ໃນປີ 1946 ພວກຜູ້ນຳລາວອິດສະຫຼະໄດ້ພາກັນໂຕນ ໜີໄປຢູ່ປະເທດໄທ ແລະ ນະທີ່ນັ້ນ ພວກຂະເຈົ້າໄດ້ຕັ້ງຂະນະຣັຖະບານພັດຖິ່ນຂື້ນ. ເມື່ອປີ 1951 ຝຣັ່ງເສດໄດ້ມອບເອກະຣາດທີ່ບໍ່ສົມບູນໃຫ້ລາວ ແລະ ດ້ວຍເຫດນີ້ ກຸ່ມລາວອິດສະຫຼະຈຶ່ງ ສະຫຼາຍຕົວລົງ. ສະມາຊິກຜູ້ເປັນກາງໃນທາງການເມືອງບາງຄົນ ເຊັ່ນ ເຈົ້າສຸວັນນະພູມາ ຈຶ່ງຍືນດີກັບຄືນປະເທດ ເພື່ອເຮັດວຽກຮ່ວມກັບຝຣັ່ງ ເພື່ອຕຽມຕົວໃຫ້ລາວເປັນເອກະຣາດ ພາຍໃຕ້ເຕິຊສະຫະພັນຝຣັ່ງ ແຕ່ເຈົ້າສຸພານຸວົງ ຜູ້ເປັນບ້ອງຕ່າງແມ່ຂອງເຈົ້າສຸວັນນະພູມາ ບໍ່ພໍໃຈໃນເງື່ອນໄຂທີ່ຝຣັ່ງວາງຂອອກ ໃນຄວາມເປັນເອກະຣາດຂອງລາວ. ເຈົ້າສຸພານຸວົງຈຶ່ງໄດ້ ເຂົ້າຮ່ວມກຳລັງກັບພວກທະຫວຽດນາມ ເພື່ອຈັດຕັ້ງຂະບວນການຕໍ່ຕ້ານ ທີ່ເອີ້ນວ່າ ແນວລາວ ຮັກຊາດ. ເວລາປະເທດລາວໄດ້ຮັບເອກະຣາດ ໃນປີ 1954 ເຈົ້າສອງອ້າຍບ້ອງຕ່າງແມ່ ຈຶ່ງຕົກ ໄປຢູ່ຄົນລະຝ່າຍ ໃນການຄັດແຍ້ງກັນນີ້ ຊຶ່ງໄດ້ກາຍເປັນສົງຄາມກາງເມືອງເປີດກວ້າງທົ່ວປະເທດ. ແຕ່ພັາເສົ້າສະຫຼົດໃຈສຳລັບຄົນລາວ ເພາະວ່າແຕ່ລະຝ່າຍທີ່ກໍ່ກັບຂ້າມ ຕ່າງກໍ່ໄດ້ຮັບການ ຊ່ວຍເຫຼືອຈາກມະຫາອຳນາດພາຍນອກ. ຝ່າຍຣາຊະອານາຈັກໄດ້ຮັບການຊ່ວຍເຫຼືອຈາກ ສະຫະຣັຖອະເມຣິກາ ສ່ວນຝ່າຍແນວລາວຮັກຊາດ ໄດ້ຮັບການຊ່ວຍເຫຼືອຈາກ ທວຽດນາມເໜືອ ແລະ ສະຫະພາບໂຊວຽດ. ຫຼັງຈາກສົງຄາມກາງເມືອງໄດ້ຍຶກຍາວປີພາຍຫຼັງ ປະເທດ ລາວໄດ້ກາຍເປັນປະເທດທີ່ບໍ່ງ ທີ່ຖືກທຸ່ມລະເບີດໃສ່ຫຼາຍທີ່ສຸດໃນໂລກ.

ໃນລະຍະທີ່ມີສົງຄາມ ຄືຕັ້ງແຕ່ຕົ້ນຊຸມປີ 1950 ຈົນເຖິງ 1975 ຊຶ່ງເປັນປີທີ່ພັກກອມມຸຍນິດ ໄດ້ຮັບໄຊຊະນະ ວັນນະຄະດີໃນປະເທດລາວ ໄດ້ແບ່ງອອກເປັນສອງຈຳພວກຢ່າງຊັດເຈນ. ພວກໜຶ່ງ ແມ່ນຄຽນຂື້ນໃນເຂດແຄບທີ່ຢູ່ພາຍໃຕ້ການປົກຄອງ ຂອງຣັຖະບານຣາຊະອານາຈັກ ແລະ ອີກພວກໜຶ່ງ ແມ່ນຄຽນໃນເຂດ "ປົດປ່ອຍ" ຊຶ່ງຢູ່ພາຍໃຕ້ການປົກຄອງຂອງແນວລາວ ຮັກຊາດ.

LAO LITERATURE FROM THE SECOND WORLD WAR TO THE COMMUNIST VICTORY, 1945 TO 1975

Lao literature from the Second World War to the present reflects the turbulence of the country's politics. To understand the literature, it is therefore necessary to review Lao history during this period.

In the final years of French colonial rule, a nationalist movement known as the Free Lao (Lao Issara) was established under the leadership of several Lao princes. During the Second World War, the Japanese took control of the country and entrusted the country's administration to the Free Lao. When the French regained control of Laos in 1946, the leaders of the Free Lao fled to Thailand, where they set up a government in exile. In 1951, the French offered partial independence to the Lao, and in response, the Free Lao was dissolved. Moderate members of the group such as Prince Souvanna Phouma agreed to return and work together with the French to prepare for the country's independence within the French Union. However, Prince Souphannouvong, the half brother of Prince Souvanna Phouma, was not satisfied with French conditions for independence. He joined forces with the Vietnamese to create a resistance movement known as the Lao Patriotic Front (Neo Lao Hak Sat). When Laos received independence in 1954, the two half brothers, Prince Souvanna Phouma and Prince Souphannuvong, found themselves on opposing sides of a conflict that was soon to develop into a major war. Unfortunately for the Lao, each side of the internal conflict was supported by a major superpower. The Royal Lao government was backed by the United States whereas the Lao Patriotic Front received assistance from Vietnam and the Soviet Union. When the war was finally resolved two decades later, Laos had the distinction of being one of the most heavily bombed nations on earth.

Literature produced during the war, from the early 1950s to the communist victory in 1975, can be divided into two distinct groups: literature created in the regions of the country controlled by the Royal Lao government and literature from the "liberated zones" governed by the Lao Patriotic Front.

15

ວັນນະຄະດີລາວ ພາຍໃຕ້ຮັດຖະບານຮາຊະອານາຈັກ (1954 ເຖິງ 1975)

ຈຳພວກວັນນະຄະດີລາວທີ່ຕີພຍ່ໃນເຂດນີ້ ສ່ວນໃຫຍ່ແມ່ນບຸຮຸບຂັ້ນ ແລະແຈກຈ່າຍກັນຢູ່ແຕ່ ໃນວຽງຈັນ. ໃນຊຸມປີ 1950 ການພິມໃນລາວກໍຍັງຢູ່ໃນຂັ້ນຫລ້າຫລັງ. ວາລະສານລາຍ ເດືອນໃນສະໄໝນີ້ ບາງແບບບໍມີເນື້ອຫາໃນທາງວັນນະຄະດີ. ຜົມາເຖິງກາງຊຸມປີ 1960 ເລື່ອງສັ້ນ ລົງໃນໜ້າສືພິມ ແລະ ວາລະສານຢ່າງສະໝ່ຳສະເໝີ ພ້ອມທັງປົ້ມນິຍາຍກໍເລີ່ມປະກົດໃຫ້ເຫັນ. ນັກປະພັນຜູ້ສຳຄັນມີຫລາຍຄົນ ເຊັ່ນ ປາກຮບ (ປາໄນ) ດາຣາ (ດວງຈຳປາ) ແລະດວງເດືອນ (ດອກເກດ) ຊຶ່ງແມ່ນ ພວກລູກງ່ອງຂອງທ່ານມະຫາ ສີລາ ວິຣະວົງສ໌ ນັກປາດຄົນສຳຄັນ ດ້ານ ພົງສາວະດານ ວັດທະນະທຳ ແລະ ວັນນະຄະດີລາວ. ອທິບ ບຸນຍາວົງ ກໍແມ່ນນັກຮຽນຜູ້ທີ່ມີ ຊື່ສຽງຄົນນຶ່ງເໜືອນກັນ. ວັນນະຄະດີຟຮັ່ງ ແລະ ໄທ ໄດ້ມີອິດທິພົນໃນການປະພັນຂອງລາວ ຕະຫລອດຊຸມປີ 1960 ແລະ ທ້າຍປີຕົ້ນຂອງຊຸມປີ 1970. ເຖິງແມ່ນວ່ານັກປະພັນລາວສ່ວນຫລາຍ ໄດ້ຮັບການສຶກສາສູງສົມຄວນ ໃນດ້ານ ພາສາຟຮັ່ງ ແລະ ສາມາດອ່ານ ແລະ ເຂົ້າໃຈໄດ້ໂດຍບໍ່ມີ ບັນຫາ ແຕ່ພາສາໄທກໍລ້າຍຄືພາສາລາວ ແລະ ເຂົ້າໃຈໄດ້ໂດຍບໍ່ຍາກ. ຜົເຖິງຊຸມປີ 1970 ຈຳນວນຜູ້ອ່ານມີຫລາຍ ຜົທີ່ຈະຄົາຈຸບວາລະສານ ທີ່ທຸ່ມເທຫາພອຮຸບໄປທາງວັນນະຄະດີ ໂດຍສະເພາະ ເປັນຕົ້ນ ວາລະສານ ເພື່ອນແຄ້ວ ແລະ ຕິດຕາມດ້ວຍ ໄຜໜງານ ຊຶ່ງມີອາຍຸ ຕໍ່ມາໄດ້ຜຮງສອງເດືອນ ຫລັງຈາກການປະຕິວັດ. ວາລະສານ ໄຜໜງານ ໄດ້ຖືກກໍຕັ້ງໂດຍທ່ານ ມະຫາ ສີລາ ວິຣະວົງສ໌ ແລະ ຄະນະບັນນາທິການ ກໍປະກອບດ້ວຍພວກລູກງ ຂອງທ່ານເອງ ພວກນີ້ເປັນຫົວງຜູ້ຮຽນປະຈຳສ່ວນໃຫຍ່ດ້ວຍ.

ວັນນະຄະດີປະຕິວັດລາວ (ຕັ້ງຊຸມປີ 1950 ເຖິງ 1975)

ອີງຕາມເອກະສານທາງການຂອງລາວ ວັນນະຄະດີປະຕິວັດ ໄດ້ຮັບການພັດທະນາຈາກ ວັນນະຄະດີໂບຣານ ຂອງສາມັນຊົນທ່ອປະເທດ ທີ່ມີເນື້ອຫາສະແດງອອກເຖິງຄວາມ ຄຽດແຄ້ນຕໍ່ລັດທິສັກດິນາ ແລະ ການຄອບຄອງຕ່າງໆດ້ວ.[9] ນິທານຄຳກອນໂບຣານຄັ້ງ ສາມລຶບພະສູນ ຖືກຕີຄວາມໝາຍວ່າ ເປັນລະຫັດລັບໃນການຕໍ່ຕ້ານພວກຣຸກຮານໄທ ໃນສະໄໝຕັ້ນສະຕະວັດທີ ສິບເກົ້າ ແລະ ຍັງໄດ້ເອົາມາສຶກສອບນັກຮຽນລາວ ເວລາພວກ ຄອມມຸນິດໄດ້ຮັບໄຊຊະນະ ຈົນມາເຖິງເທົ່າທຸກວັນນີ້.[10] ຢ່າງໃດກໍດີ ເລື່ອງຕໍ່ສູ້ທາງການເມືອງ

LAO LITERATURE UNDER THE ROYAL LAO GOVERNMENT, 1954 TO 1975

Lao literature in this category was composed and circulated primarily in Vientiane. Publishing in Laos was still at a very basic stage in the 1950s. A few monthly magazines appeared during this period, some of which included literary content. By the mid-1960s, short stories were regularly featured in newspapers and magazines, and books of fiction began to appear. Major writers of fiction included Pakian (Pa Nai), Dara (Douang Champa), and Douangdeuane (Dok Ket), who were children of Maha Sila Viravong, an important scholar of traditional Lao history, culture, and literature.[7] Outhine Bounyavong was also a prominent author.

French and Thai literature formed the major influence on Lao writing throughout the 1960s and the first half of the 1970s. Whereas Lao people continued to learn French to the level where they could read and appreciate French literary works, the Thai language is similar enough to Lao to be understood without great difficulty. By the early 1970s, there was an audience large enough to support the existence of a popular magazine devoted solely to literature, initially *Pheuane Keo*, followed by *Phai Nam*, which lasted until two months after the revolution. *Phai Nam* was founded by the Lao scholar Maha Sila Viravong, and the editorial board consisted largely of his children, who were its major contributors.

LAO REVOLUTIONARY LITERATURE, EARLY 1950s TO 1975

According to official Lao sources, revolutionary literature developed from the traditional literature of the common people of Laos, which expressed the people's discontent with feudal rule and foreign domination (Bo et al. 1987: 297–298). For example, the ancient Lao poetic work *San Leup Pha Sun* has been interpreted as coded resistance to Thai invaders during the early nineteenth century, and taught to Lao schoolchildren as an example of the love that the Lao have

ທີ່ແອບແຝງໃນເນື້ອຫາຂອງວັນນະຄະດີໂບຮານນັ້ນ ເປັນການສະແດງອອກ ແລະ ລະບາຍຄວາມຮູ້ສຶກສ່ວນບຸກຄົນ ແຕ່ວັນນະກຳທີ່ຂຽນຂຶ້ນໃນເຂດ "ປົດປ່ອຍ" ຂອງແນວລາວຮັກຊາດ (ຊຶ່ງຕໍ່ມາໄດ້ກາຍເປັນວັນນະຄະດີຮ່ວມສະໄໝ) ໄດ້ຖືກພັດທະນາຂຶ້ນ ພາຍໃຕ້ການນຳພາຂອງກຸ່ມການປະຕິວັດລາວ.

ແນວລາວຮັກຊາດ ໃຊ້ວັນນະຄະດີເປັນວິທີສິ່ງແນວຄິດທາງການເມືອງ ໃຫ້ປະຊາຊົນຊຶ່ງບໍ່ຕ່າງກັນກັບວັດແຕ່ກ່ອນ ທີ່ສອນໃຫ້ຄົນຮູ້ວ່າ ຕົນແມ່ນໃຜ ແລະ ຄວນປະພຶດຕົວແນວໃດຕໍ່ກຸ່ມຄົນ ແລະ ສະຖາບັນຕ່າງໆ ໃນສັງຄົມ. ໃນລະຍະຊາວປີພາຍຫລັງສົງຄາມໂລກຄັ້ງທີສອງໜັງສືວັນນະຄະດີປະຕິວັດ ສ່ວນໃຫຍ່ໄດ້ແຕ່ງຂຶ້ນ ໂດຍໃຊ້ຄຳກອນແບບໂບຮານ. ຕະຫລອດເຖິງປະຈຸບັນນີ້ ຈຳນວນວັນນະກຳທີ່ພິມອອກເປັນຄຳກອນມີຈຳນວນຫລາຍສ່ວນຮ້ອຍ[11].

ໜັງສືທີ່ແຕ່ງເປັນສຳນວນຮ້ອຍແກ້ວ ທີ່ປາກົດໃຫ້ເຫັນໃນເຂດປົດປ່ອຍ ຈົນເຖິງກາງຊຸມປີ 1960 ປະກອບໄປດ້ວຍບົດຄວາມ, ບົດລາຍງານ ແລະ ບາງເທື່ອ ກໍເປັນສາລະຄະດີເລື່ອງຈິງ. ເລື່ອງຈຳພວກນີ້ ໄດ້ແຕ່ງຂຶ້ນໂດຍພວກພະນັກງານ ແລະ ທະຫານຂອງແນວລາວຮັກຊາດເພື່ອລົງໃນໜັງສືພິມລາວອິດສະຫລະ.[12] ບົດຄວາມໃນໜັງສືພິມ *ລາວອິດສະຫລະ* ຕາມທຳມະດາຈະປະກອບໄປດ້ວຍເລື່ອງຊີວິດຈິງ ຂອງຊາຍຍິງຈາກເຜົ່າຕ່າງໆ ທີ່ຍອມເສຍສະລະຄວາມສຸກສ່ວນຕົວເພື່ອອຸທິດຕົນແກ່ການປະຕິວັດ. ການພັນລະນາເຖິງຊີວິດ ແລະ ອຸດົມການຂອງວິຣະຊົນ ຜູ້ເຮັດການປະຕິວັດ ໄດ້ເອົາມາໃຊ້ເປັນຕົວຢ່າງໃນການແຕ່ງນິຍາຍຫລາຍໆ ເລື່ອງໃນຂັ້ນຕໍ່ມາ. ເມື່ອເຖິງຊຸມປີ 1965 ເລື່ອງສັ້ນກໍປາກົດເຫັນລົງໃນໜັງສືພິມຂອງພັກເລື້ອຍໆແລະໄດ້ພິມເປັນປຶ້ມກໍມີ. ເຖິງແມ່ນວ່ານິຍາຍປະຕິວັດທຳອິດກໍຂຽນແບບ "ລາຍງານ"[13] ກໍດີແຕ່ຕໍ່ມາການຂີດຂຽນແບບໃຊ້ສິລະປະ ກໍໄດ້ຮັບຄວາມສຳຄັນຂຶ້ນ ຕາມບາດກ້າວຂອງການພັດທະນາທາງວັນນະຄະດີ.

ວັນນະຄະດີລາວ ແຕ່ 1975 ເຖິງປະຈຸບັນ

ຕັ້ງແຕ່ປີ 1975 ຈົນເຖິງປະຈຸບັນນີ້ ວັນນະຄະດີຍັງຄົງດຳເນີນບົດບາດຮັບໃຊ້ທາງການເມືອງຢູ່ໃນລາວ. ຫລັງຈາກພັກຄອມມຸຍນິດໄດ້ຮັບໄຊຊະນະແລ້ວ ບ່ອນພິມ ແລະ ຈຳໜ່າຍວັນນະຄະດີປະຕິວັດ ປາກົດວ່າດີຂຶ້ນຫລາຍ ທັງນີ້ ເນື່ອງຈາກວ່າ ສູນກາງພັກໄດ້ຍ້າຍຈາກຊຳເໜືອມາຢູ່ນະຄອນຫລວງ. ຫລາຍປີທຳອິດ ຫລັງຈາກການປະຕິວັດ ຄ່າເຈ້ຍ ແລະ ຄ່າພິມ ແມ່ນໄດ້

traditionally felt for the homeland.[8] However, regardless of the extent to which political sentiment was expressed in traditional form in the past, literature composed in the "liberated zones" of the Lao Patriotic Front (and subsequently, contemporary literature) has developed according to the directives of the Lao revolutionary movement.

Much like the Buddhist temple, the Lao Patriotic Front made considerable use of traditional literary forms to convey its political message to the Lao people. During the two decades that followed the Second World War, Lao revolutionary literature was composed primarily in ancient poetic forms. Even at present, a considerable percentage of the literature published in Laos is written in traditional verse.[9]

Until the mid-1960s, prose narratives consisted of articles, reports, and an occasional story by staff and soldiers of the Lao Patriotic Front in their newspaper *Lao Issara* (Bo 1993: 27). Articles in *Lao Issara* typically consisted of the life stories of Lao men and women of various ethnic groups who sacrificed personal interest for the cause of the revolution. Idealized portrayals of revolutionary heroes were the model for many later works of Lao fiction. By 1965, short stories commonly appeared in the newspaper of the Lao Patriotic Front and in book form. Whereas Lao revolutionary fiction was originally composed "in the style of a report" (Bo et al. 1987: 389) considerations of an artistic nature grew in importance with the development of the literature.

LAO LITERATURE FROM 1975 TO THE PRESENT

From 1975 to the present, literature has continued to serve a political role in Laos. Following the communist victory, facilities for the production and distribution of revolutionary literature were greatly improved as the center of the Lao Patriotic Front moved from rural Sam Neua province to the nation's capital. In the early years after

ຮັບການຊ່ວຍເຫລືອ ຈາກຣັດຖະບານລາວ ແລະ ສະຖະພາບໂຊວຽດ. ປຶ້ມຕ່າງໆ ກໍແຈກຢາຍລ້າ ຫລືບໍ່ຂາຍໃນລາຄາຍ່ອມເຍົາ ແລະ ມີປຶ້ມຫລາຍເລ່ມໆ ທີ່ມີຈຳນວນພິມເຫື່ອລະສິບໆພັນຫົວ. ນັກປະພັນລາວ ຈາກລະຍະປຶ້ມໆເຖິງປະຈຸບັນ ຜູ້ຈະແບ່ງອອກເປັນສາມພອກດ້ວຍກັນ. ພອກທີ່ນຶ່ງ ປະກອບດ້ວຍນັກຂຽນທີ່ທຳການຂີດຂຽນເພື່ອຮັບໃຊ້ການປະຕິວັດໃນເຂດປົດປ່ອຍ ກ່ອນພັກຄອມມຸຍນິດໄດ້ຮັບໄຊຊະນະ. ນັກຂຽນຈຳພອກນີ້ ມີຄີ ຈັນທີ ເຕືອນສະຫວັນ, ສຸວັນທອນ ບຸບຜາບຸວົງ ແລະ ອື່ນໆ. ພອກທີສອງ ປະກອບດ້ວຍ ນັກຂຽນທີ່ຍັງຍົງມາແຕ່ລະບອບເກົ່າ ແລະ ຍັງຄົງສະແດງຄວາມສາມາດທາງການປະພັນ ເພື່ອຮັບໃຊ້ສັງຄົມລາວໃໝ່ ຕົວຢ່າງ ໃນນີ້ກໍມີ ອຸທິນ ບຸນຍາວົງ ຊຶ່ງເປັນນັກຂຽນຜູ້ມີຊື່ສຽງ. ນັກຂຽນຜູ້ສຳຄັນຄົນອື່ນໃນກຸ່ມນີ້ ກໍມີ ດາຣາ ວິຣະວົງສ໌ (ດວງຈຳປາ) ດວງເດືອນ ວິຣະວົງສ໌ (ດອກເກດ) ເສຣີ ມີລະໄມ (ເສຣີພາບ) ແລະອື່ນໆ. ພອກທີສາມ ໄດ້ແກ່ພອກນັກຂຽນໜຸ່ມນ້ອຍ ທີ່ເລີ່ມຕົ້ນອາຊີບຂີດຂຽນກ່ອນການປະຕິວັດ ຫລືໃນອັ້ນຕໍ່ມາ. ນັກຂຽນພອກນີ້ກໍມີ ບຸນທະນອງ ຊົມໄຊຍສິນ, ໄຊສວັນ ແພງພົງ, ວິເສດ ສະແຫວງສຶກສາ ແລະ ອື່ນໆ.

ນັກຂຽນລາວຈາກປີ 1975 ມາເຖິງປະຈຸບັນ ສວນຫລາຍຫຳມາທາກັບ ໂດຍເປັນພະນັກ ງານລັດ ໃນລະຍະສິບປີຫລັງການປະຕິວັດ ນັກຂຽນສວນຫລາຍ ເຮັດວຽກໃນສຳນັກພິມແຫ່ງລັດ ແປວັນນະກຳຄອມມຸຍນິດ ແລະ ສັງຄົມນິຍົມ ເປັນພາສາລາວ ບອກກັບການຂຽນນິຍາຍສວນຕົວ ໄປນຳ. ໃນປະຈຸບັນ ນັກຂຽນຫລາຍຄົນເຮັດວຽກປັບນັກຍ່າວໃຫ້ໜັງສືພິມ ແລະ ວາລະສານ ຂອງລັດ. ການຂຽນນິຍາຍແນ່ນໜ້າທີ່ສ່ວນນຶ່ງໃນໜ້າທີ່ທົ່ວໄປຫຼາຍທົ່ງຫລາຍຂອງເຂົາເຈົ້າ.

ເມື່ອຂ້ມທ້າຍປີ 1980 ພາຍຫລັງນະໂຍບາຍ "ເປີດກວ້າງ" ຂອງທ່ານກັອນບາຊ້ອບ ແລະ ການຫລົ້ມສະຫລາຍຂອງສະຖະພາບໂຊວຽດ ລັດຖະບານລາວເລີ່ມຕົ້ນປະຕິຮູບເສດຖະກິດ ແລະ ສັງຄົມຫລາຍແບບ ຊຶ່ງເປັນທີ່ຮູ້ຈັກທົ່ວໄປວ່າ "ຈິນຕະນາການໃໝ່". ນັກຂຽນລາວຈຶໂອກາດ ຊົມໃຊ້ ການເປີດເສຣີເພີ່ມຂຶ້ນນີ້ ພຍບໃຊ້ວັນນະກຳເພື່ອວິພາກວິຈານສັງຄົມລາວຢ່າງຮູ້ສຶກ ຮັບຜິດຊອບ. ນິຍາຍສະໄໝໃໝ່ມັກໃຫ້ຂໍ້ສັງເກດແບບຕໍານິຕິຊົມຕໍ່ສັງຄົມ ແລະ ວັດທະນະທຳ ລາວແຕ່ຫລິກເວັ້ນການວິພາກວິຈານທາງການເມືອງ ແຕ່ພ້ອມດຽວກັນນີ້ ກໍມີເລ່ອງບາງຈຳນວນ ທີ່ແບ່ໃສ່ການວິພາກວິຈານການເມືອງໂດຍກົງ ຍ່າງບໍ່ໜ້າເຊື່ອ.

the revolution, the cost of paper and printing was subsidized by the Lao government and the Soviet Union. Books were distributed free or at minimal cost, and individual print runs often ran into the tens of thousands. Lao authors dating from this period to the present can be divided into three categories. The first category includes writers such as Chanthy Deuansavahn and Souvanthone Boupphanouvong who originally served the revolutionary cause in the liberated zones prior to the communist victory. The second category consists of established authors from the old regime who have continued to use their literary skills in the service of the new Lao society. Outhine Bounyavong is a prominent example of this group,which also includes Dara Viravong (Douang Champa), Douangdeuane Viravong (Dok Ket), Seri Milamay (Seriphap). The third category is made up of a younger generation of writers who began their literary careers in the years immediately preceding the revolution or afterwards. Authors include Bounthanong Somsaiphon, Saisuwan Phengphong, and Viset Savengseuksa.

Lao writers from 1975 to the present generally work as civil servants. In the first decade after the revolution, many authors worked for the State Printing House, where they translated communist and socialist literature into Lao while composing their own fiction. At present, the majority of Lao authors are reporters for government newspapers and magazines. Writing fiction is one part of their overall duties.

In the late 1980s, following Gorbachev's policy of glasnost (openness) and the collapse of the Soviet Union, the Lao government initiated a series of economic and social reforms known collectively as Jintanakan Mai (New Imagination). Taking advantage of the resulting liberalization, for a short period of time Lao authors to a certain degree made use of fiction to offer constructive critical observations on the state of Lao society and culture. In recent years, however, as a result of severe government control, authors have avoided political analysis in their writing (except in the service of

ປັດໃຈທີ່ກະທົບເບື້ອໃນຂອງວັນນະຄະດີຮ່ວມສະໄໝນີ້ກໍຄື ຄວາມຕ້ອງການຂອງຕະຫລາດ. ນັກຂຽນລາວ ເມື່ອບໍ່ໄດ້ຮັບຄວາມຊ່ວຍເຫລືອຈາກລັດຖະບານແລ້ວ ຈຳເປັນຕ້ອງອັບອວາຍ ເພື່ອຫາເງິນໃຫ້ກຸ່ມລາຕາພີມ ທີ່ບັນນີ້ບັນແພງຂື້ນ. ຈຳນວນວັນນະກຳທີ່ພີມອອກເປັນປື້ມ ສະເລ່ຍ ແລ້ວມີປະມານ ບໍລະສິບເລື່ອງ ແລະ ພີມແຕ່ລະເທື່ອ ປະມານສອງພັນທິວ. ຜວກນິຍາຍຄຳກອນ ແລະຮ້ອຍແກ້ວ ສ່ວນຫລາຍລ້ງໃນຫັ້ງສືພີມ ແລະ ວາລະສານວັນນະຄະດີ. ໃນປະຈຸບັນ ຄວາມຕ້ອງການບອງຕະຫລາດ ເປັນຕົວກຳຫນົດທີ່ສຳຄັນຕໍ່ປະເພດຂອງວັນນະຄະດີ ທີ່ນັກ ປະພັນຈະແຕ່ງຂື້ນ. ຄັ້ງນັ້ນ ຈະສັງເກດເຫັນວ່າ ນິຍາຍຮັກ ແລະ ເລື່ອງທີ່ເປັນຄວາມບັນເທີງ ນັບມື້ ນັບຂະຫຍາຍຄວາມນິຍົມຫລາຍຂື້ນ.

ຄວາມແຕກຕ່າງທີ່ເດັ່ນ ລະຫວ່າງວັນນະຄະດີໂບຮານ ແລະ ວັນນະຄະດີສະໄໝໃໝ່ ຂອງລາວກໍຄື ລະດັບວັນນະຄະດີແຕ່ລະແນວ ໄດ້ເອົາເປັນສ່ວນປະກອບ ອັນສຳຄັນໃນຈິດສຳນຶກ ແລະ ວັດທະນະທຳລາວ. ວັນນະຄະດີໂບຮານ ໄດ້ຄຽນຂື້ນ ແລະ ເອົາສະແດງເປັນເລື່ອງນັບເຖິງກັບ ໃນຄົນແຄວນທີ່ຄົນລາວອາໃສຢູ່ເປັນຫລາຍໆ ຮ້ອຍປີມາແລ້ວ ສ່ວນວັນນະຄະດີສະໄໝໃໝ່ນັ້ນ ທາງກໍ່ເກີດຂື້ນມາໄດ້ພຽງແຕ່ເຄີ່ງ ສະຕະວັດເທົ່ານັ້ນ ແລະ ຍັງຕ້ອງການຈຳນວນຜູ້ອ່ານຫລາຍຂື້ນ ຫລືຈຳນວນຜູ້ຂຽນ ຫລາຍລົດຫລາຍຊາດ ຫລາຍຈຳນວນດ້ວຍ.

ຊີວິດ ແລະ ການປະພັນຂອງ ອຸທິນ ບຸນຍາວົງ [14]

ອຸທິນ ບຸນຍາວົງ ເປັນນັກຂຽນຜູ້ ມີຊື່ສຽງ ຂອງວັນນະກຳຮ່ວມສະໄໝຂອງລາວຄົນບຶ່ງ. ກ່ອນຫນ້າໂຮມເລື່ອງສັ້ນຊຸດນີ້ ຜົນງານຂອງ ອຸທິນ ໄດ້ຖືກແປອອກ ເປັນພາສາລັດເຊຍ, ທວງດນາມ ແລະ ໄທ. ຜັດທະນາການດ້ານຊີວິດນັກຂຽນຂອງ ອຸທິນ ຊຶ່ງຈະຂະທືນບາຍໃນຊິວະປະຫວັດ ຫຍໍ້ຕໍ່ໄປ ກໍມີຄວາມຄ້າຍຄືກັບກັບນັກຂຽນຄົນອື່ນໆ ຫລາຍຄົນຂອງລາວ ໃນສະໄໝດຽວກັນ. ອຸທິນ ເກີດເມື່ອປີ 1942 ຢູ່ໄຊຍະບຸຣີ ຊຶ່ງເປັນແຂວງຢູ່ພາກຕາເວັນຕົກສ່ຽງເຫນືອ ຂອງປະເທດລາວ. ເມື່ອອາຍຍັງເຍົາຍູ່ນັ້ນໄດ້ຖືກສົ່ງໄປຣຽນຫັ້ງສືກັບພີ່ນ້ອງຢູ່ວຽງຈັນ ຊຶ່ງບ່ອນນັ້ ໂອກາດທີ່ຈະ ໄດ້ຮັບການສຶກສາ ແລະວຽກງານມີຫລາຍກວ່າຢູ່ທາງຊົນນະບົດ. ໃນລະຍະເວລາທີ່ ອຸທິນ ຣຽນຫັ້ງສືຢູ່ນັ້ນ ພາສາທີ່ເພີ່ນໃຊ້ສອນນັກຣຽນ ແມ່ນພາສາຝຣັ່ງ ແລະ ໃນທ້ອງຣຽນວັນນະຄະດີ ເພີ່ນສອນໃຫ້ນັກຣຽນຮຽນຄຸນຄ່າຂອງວັນນະຄະດີຝຣັ່ງ. ນຶ່ງໃນຈຳນວນຄຣູສອນຂອງ ອຸທິນ ແມ່ນທ່ານ ສົມຈິນ ວົນ ຜູ້ແຕ່ງນິຍາຍລາວ ຄົນທຳຊິດ ແລະເປັນນັກກະວີຜູ້ແຕ່ງຄຳກອນເປັນພາສາ ຝຣັ່ງຜູ້ໂດ່ງດັ່ງຜູ້ນຶ່ງ. ອຸທິນ ຕ້ອງອອກໂຮງຣຽນຍ້ອນຄວາມທຸ້ງຍາກທາງການເງິນ. ໃນ

government policy), or have sent their works to be published in Thailand, or in some cases have stopped writing altogether.

Market demand is increasingly affecting the content of contemporary literature. Lao authors, no longer subsidized by the government, are struggling to meet the rising cost of publishing. The number of book-length collections averages approximately ten per year with an average print run of two thousand copies. The large majority of poetry and fiction is published in newspapers and literary magazines. As literature comes to depend on public appeal, romance and general entertainment are rapidly gaining in popularity.

A significant difference between the ancient and modern literary traditions of the Lao is the extent to which each has been incorporated into Lao consciousness and culture. Whereas traditional literature was composed and performed in areas inhabited by the ethnic Lao for several centuries, modern Lao prose fiction has existed for only half a century and has yet to possess either a large audience or a wide range of composers.

THE LIFE AND WORK OF OUTHINE BOUNYAVONG

Outhine Bounyavong is a well-known author of contemporary Lao fiction. Prior to this collection, his works have been translated into Russian, Vietnamese, and Thai. Outhine's development as a writer, which is described in the brief biography that follows, resembles that of many other major Lao authors from the same period.[10]

Outhine was born in 1942 in Sayabouri, a province in northwestern Laos. At an early age, he was sent to live with relatives in Vientiane, where opportunities for education and employment were greater than in the countryside. During his school years, French was the language of instruction, and literature classes taught students to appreciate works of French origin. Among Outhine's teachers was Somchine Nginn, the author of the first Lao novel and a noted composer of French verse.

ຊຸມປີ 1960 ແລະ ຕົ້ນຊຸມປີ 1970 ເຮົາໄດ້ເຮັດວຽກຕ່າງໆ ຫລາຍແບບ ເຊັ່ນ ໄດ້ເປັນສະໜຽຼບ
ຢູ່ບໍລິສັດໄຟຟ້າ, ເຮັບບັນມາຮັກໄນຂໍ້ອງສະໜຸດ ຂອງຜວດກອຄໍ້ງການທຼະແທລວງອ່າວ ອະເມຣິກັນ ແລະ
ເປັນຜູ້ກຳບັບຊີຂອງບໍລິສັດຍີ່ປຸ່ນ ທີ່ຮັບຜິດຊອບໃນການສ້າງອະທຽຼຊຼາຍທາງຍຼບລ້ວງຢູ່ສະໜາມ
ບິນອຼງຈັນ.

ຕັ້ງແຕ່ສະໄໝຍັງເປັນທ້ອເມືອງຊຶ້ນຂອງຝຮ່ຼງ ຈົນເຖິງປະຈຸບັນ ປຶ້ມທີ່ມີຈຳໜ່າຍໃນອຼງຈັນ
ຊື່ງມີຈຳນວນຈຳກັດ ມີຊິດທີ່ພິບຍ່າງສູງຕໍ່ລັກສະນະການປະຜັບຂອງບັກຂຽນລາວ. ໃນຊຸມປີ 1960
ຮ້ານຂາຍປຶ້ມໃນອຼງຈັນ ມີແຕ່ສອງຮ້ານເທ່ານັ້ນ. ຮ້ານນຶ່ງຂາຍໜັງສືຕ່າງໆ ເປັນພາສາໄທ
ສ່ວນຮ້ານທີສອງ ຂາຍແຕ່ໜັງສືທີ່ແຕ່ງເປັນພາສາຝຮ່ຼງ. ຂທິບເຂົງ ໄດ້ຄຸບເຄຼຍກັບບໍຍຼາຍ
ອະເມຣິກັນ ໃນເວລາທີ່ໄດ້ເຮັດວຽກໃນທ້ອງສະໜຸດຂອງອຼງການທຼະແທລວງອ່າວອະເມຣິກັນ.

ຈຳຜວກການຮຶດຂຽນໃນຄັ້ງເລີ່ມແຮກຂອງອຸທິບ ປະກອບດ້ວຍເລື່ອງສັ້ນ ແລະ ສາລະຄະດີ
ທີ່ເປັນຮ້ອຍແກ້ວ ໜລືແບບຄຳເວົ້າເປັນທຳມະດາ ຊຶ່ງຜູ້ກ່ຼງວໄດ້ສ່ງລົງ ໜັງສືພິມ ແລະ ວາລະສານ
ໂດຍບໍ່ໄດ້ຄ່າຂຽນ. ຜູ້ຮ່ານທີ່ມີຈຳນວນຈຳກັດຢູ່ແລ້ວ ໃນຄຼວບັ້ນ ຊໍ້ມັກຮ່ານເລື່ອງຕະໜລິກ
ເຮທຮາ ຫລາຍກວ່າບໍຍຼາຍທີ່ມີແກ່ນສານສຳຄັນ. ໃນກາງຊຸມປີ 1960 ອຸທິບ ໄດ້ພິມປຶ້ມທ້ອທຳ
ຮິດອອກມາ ຊຶ່ງເປັນໂຮມເລື່ອງສັ້ນຊຸດຊື່ວ່າ ຊີວິດນີ້ຄືລະຄອນກ້ອມ. ໃນເວລານັ້ນ ປຶ້ມບໍຍຼາຍ
ເປັນສິ່ງທາຍຍາກ. ນັກປະຜັບເຂົງບໍ່ພຽງແຕ່ທາເງິນທີ່ຈຳເປັນມາພິມປຶ້ມເທ່ານັ້ນ ແຕ່ຕ້ອງຮັບ
ຜິດຊອບທາງຈຳໜ່າຍດ້ວຍຕົນເຂົງນຳດ້ວຍ. ອຸທິບ ຕ້ອງຍ່າງເລາະຕາມທຼະບົບຂອງເມືອງ
ອຼງຈັນ ເພື່ອເອົາປຶ້ມໄປຝາກຂາຍບຳຮ້ານການຄ້າ, ທ້ອງຮັບແຂກຂອງໂຮງແຮມ ແລະ ບ່ອນຊື້ນໆ
ທີ່ເຫັບວ່າຈະມີລົບຊື້. ໃນທີ່ສຸດ ປຶ້ມຂອງເຂົ້າ ທີ່ຂາຍອອກກໍ່ມີປະມານເລຼ່ຽບໍ່ຂອງຈຳນວນ
ສອງພັບທ້ອ ທີ່ພິມທັງໝົດ.

ໃນທ້າຍຊຸມປີ 1960 ແລະ ຕົ້ນຊຸມປີ 1970 ອຸທິບ ໄດ້ເລີ່ມມີຄວາມສຳພັບກັບບັກຂຽນກຸ່ມນຶ່ງ
ຊຶ່ງເປັນຜວກລູກາຂ ຂອງທ່ານມະຫາ ສີລາ ວິຣະວົງສ໌ ນັກປາດ ຜູ້ເບີກທາງວັນນະຄະດີລາວ.
ໃນທີ່ສຸດ ອຸທິບ ກໍໄດ້ແຕ່ງດອງກັບ ດວງເດືອນ ວິຣະວົງສ໌ (ດອກເກດ) ຊຶ່ງເປັນບັກຂຽນຜູ້ມີ
ຜືນງານຫລາຍ ໃນວົງການຮຶດຂຽນ ແລະ ຍັງເປັນບັກປະຜັບທີ່ເດ່ນ ໃນກຸ່ມບັກຂຽນຜູ້ຍິ່ງລາວ
ໃນປະຈຸບັນ.

ທ້າຍຊຸມປີ 1960 ແລະ ຕົ້ນຊຸມປີ 1970 ເປັນລະຍະທີ່ປະເທດລາວ ຜ່ານຄວາມສັບສົນ
ປັ່ນປ່ວນ ແລະ ການປ່ຽນແປງວັນຄະທິກສະເທືອນ. ບັກຮຽນປະຕິວັດຄົບນຶ່ງ ໄດ້ພັນລະນາເຖິງ
ສັງຄົມອຼງຈັນໃນສະໄໝນັ້ນວ່າ "ວັດທະນະທຳອະເມຣິກາແບບຈອມປອມ" ຊຶ່ງມີທັງໂຮງໂສເພນີ
ແລະ ໂຮງຕົ້ມລຳໆ[15]. ຜ້ອມຄຽວກັບບັກຂຽນເລື່ອງທ້ອງທ່ອ ຊີ ໂປນ ເຕຣ ກໍໄດ້ພັນລະນາ

Outhine was forced to leave school as a result of financial difficulties. During the 1960s and early 1970s, he held a wide variety of jobs, including clerk at an electrical firm, librarian at the United States Information Service (USIS), and bookkeeper for a Japanese company that was expanding the runway of the Vientiane airport.

From the period of French colonization to the present, literary influences on authors of Lao fiction have been dictated by the limited supply of books available in the nation's capital. During the 1960s, there were only two bookshops, one that sold Thai language material and another that sold works composed in French. Outhine became familiar with American fiction while working at the library of the USIS.

Outhine's earliest writing consisted of short stories and prose pieces which appeared in various newspapers and magazines. The limited audience that existed at the time preferred humorous works to fiction with a serious theme. In the mid-1960s, Outhine published his first book, a collection of short stories entitled *Sivith Ni Ku Lakone Kom* (Life Is Like a Short Play). At the time, collections of Lao fiction were rare. It was not only necessary for an author to finance the cost of his publication, but also to take responsibility for its distribution. Outhine walked the streets of Vientiane, placing books in coffee shops, hotel lobbies, and anywhere else he imagined an audience to exist. Approximately half of the two thousand copies of his book were eventually sold.

In the late 1960s, Outhine began to associate with a group of writers who were the children of the pioneering Lao scholar Maha Sila Viravong. He eventually married one of the most prolific writers in this group, Duangdeuane Viravong (Dok Ket), who remains to this day one of the most prominent female Lao authors.

The 1960s and early 1970s was a period of turbulence and traumatic change in Laos. A Lao revolutionary writer once described the society of Vientiane during these years as a "bastardized version of American culture" with its "whore-houses and dance halls" (Bo et al. 1987: 398–99), while the travel writer Paul Theroux described

ບໍ່ແຕກຕ່າງຫຍັງຈາກທັດສະນະທີ່ກ່າວມາແລ້ວວ່າ "ເມືອງວຽງຈັນເປັນເລື່ອງຕະຫລົກປະຈໍາວັນ
ອະເມຣິກັນ ທີ່ລາດາແຕພງ ເປັນບ່ອນທີ່ເກີດບທຸກສິ່ງຢ່າງຕ່ອງຂຶ້ນມາຈາກບ່ອນອື່ນ.[16] ລັດຖະບານ
ຣາຊະອານາຈັກ ເອົາຕົວລອດໄດ້ ຍ້ອນອາໄສການຊ່ວຍເຫລືອທາງການເງິນອັນມະຫາສານ
ຈາກອະເມຣິກາ. ການສໍ້ລາດບັງຫລວງມີທົ່ວທຸກແຫ່ງ, ເຈົ້າບ່າຍບາງຄົນຍົບຄົວຢູ່ກັບແບບ
ມະຫາເສດຖີຢ່າງປະຈັກຕາ ໃນຂະນະທີ່ປະຊາຊົນສ່ວນໃຫຍ່ ທຸກຈົນເຕັມທີ. ໃນຕົວເມືອງ
ຫລວງອະທຍາດສໍາວຽງຈັນ ບໍ່ມີໃຜທີ່ບໍ່ຮູ້ບໍ່ເຫັນກອງທະຫານໃຫຍ່ອະເມຣິກັນ ທີ່ມາຕັ້ງຢູ່ນີ້
ພ້ອມທັງການຄ້າໂສເພນີ, ຢາເສບຕິດ ແລະ ພວກນັກເລງບໍ່າດ້ວຍ. ສັງຄົມວຽງຈັນຈຶ່ງຜິດແປກ
ໄປຈາກບ່ອນອື່ນໆ ທົ່ວປະເທດ ພ້ອມທັງແປກຕ່າງຈາກກັດຫະນະທໍາກໍ່ແກ່ອິກ. ໃນຂະນະທີ່
ວັນນະກໍາສະໄໝໃໝ່ຂອງລາວຕອນຕົ້ນໆ ມີຈຸດປະສົງໃຫ້ຄວາມບັນເທິງແກ່ຜູ້ອ່ານຈໍານວນ
ເລັກນ້ອຍ ໃນກຸ່ມຄົນຮັ່ງມີເທ່ານັ້ນ ນັກຂຽນລາວທີ່ບັນລຸຕົນໍາວະໃນເວລານີ້ ເຂົ້າໃຈວ່າ
ການຂຽນນິຍາຍເປັນວິທີທີ່ໄດ້ຜົນດີຢ່າງນຶ່ງ ເພື່ອວິພາກວິຈານຄວາມເປັນໄປໃນສັງຄົມລາວ.
ເລື່ອງທີ່ ຂຸຫິນ ຂຽນຂຶ້ນກ່ອນໝູ່ໃນຍຸດນີ້ ແມ່ນໄດ້ຮຽນໃນລະຍະນັ້ນເອງ. ລາຄາຂອງຄວາມຕາຍ
ໄດ້ພັນລະນາເຖິງຊາຕາກໍາຂອງເມຍທະຫານຄົນນຶ່ງ ທີ່ພະຍາຍາມພາລູກຫຼາຍໄປຢ້ຽມຜົວ
ຜູ້ປະຕິບັດງານຢູ່ຕ່າງແຂວງໂດຍອາໄສຊີ່ບົນທະຫານ. ບາງ ແລະ ລູກ ພາກັບໄປໂປລຖ້າຂຶ້ນ
ຍົບມື້ແລ້ວມື້ເລ່າ ແຕ່ລະມື້ ທີ່ຜ່ານໄປໂດຍທີ່ບາງບໍ່ມີໂອກາດໄດ້ຂຶ້ນຍົບເລີຍ. ຄວາມໂຊກບໍ່ດີ
ຂອງບາງນີ້ ຄືບໍ່ມີເງິນເພື່ອໃຫ້ເປັນສິນບົນແກ່ນາຍຮ້ອຍເອກທະຫານ ຜູ້ກໍາກັບເອົາຄົນ
ຂຶ້ນຍົບ. ຄົກ ແລະ ແຕ້ງ ພິມເມື່ອປີ 1974 ເປັນການປຸກຮຸບລະຫວ່າງການປະພຶດຂອງ
ຄົນບາງຈໍາພອກໃນສັງຄົມລາວ ແລະ ຂອງພາສອງຕິວ ແລະ ເຈົ້າຂອງພຍາດ້ວຍ. ໃນຂະນະ
ທີ່ພຍາສອງຕິວຍາດຊີງກັບກັນເສດຍາທະານທີ່ເຫລືອຈາກລອບຕົວ ເຈົ້າຂອງພຍາທັງສອງກໍ
ທະເລາະວິວາດກັບນໍາເລື່ອງທີ່ໄຮ້ສາລະ. ທໍາບອງວິຈານສັງຄົມໃນທາງອ້ອມນີ້ ເປັນວິທີ
ປ້ອງກັນຜູ້ຂຽນໄປໃນຕົວ. ໃນເວລາຄວາມພຍາ ໃນປະເທດລາວຖືວ່າເປັນສັດທີ່ຕ່າງຂ້າ
ຖ້ງນັ້ນເວລາເອີ້ມາປຸກຫລຸບໃສ່ກັບຄົນ ໃນສັງຄົມແບບນີ້ແລ້ວ ກໍຖືວ່າແສນບໍ່ຫຍອຍ.

ຫລັງຈາກໄຊຊະນະຂອງຜັກຄອມມຸຍນິດ ເມື່ອປີ 1975 ຂຸຫິນ ໄດ້ດໍາເນີນອາຊີບບັກ
ປະພັບ ພາຍໃຕ້ສະພາວະການທີ່ແຕກຕ່າງເກົ່າທີ່ສຸດ. ໃນລະຍະສິບປີ ຫລັງຈາກປະຕິວັດ ເອົາໄດ້
ເຮັດວຽກນໍາສໍານັກພິມແຫ່ງລັດ ຕ່ມຢູ່ສໍານັກພິມກ້າວໜ້າ (ທີ່ ໂມສກູ) ແປຫັງສືຈາກ
ຮັງກິດ ແລະ ຝຣັ່ງມາເປັນພາສາລາວ. ຊຸມປຶ້ມໆ ຂອງລະບອບໃໝ່ພວກນັກຮຽນໄດ້ຖືກສິ່ງ
ອອກໄປສໍາພາດທະຫານປະຕິວັດ ແລ້ວມາລຽງມືຮຽນອິວະປະຫວັດຂອງອະເຈົ້າ. ຜົນທີ່ໄດ້
ມາຈາກໂຄງການນີ້ກໍຄື ໜັງສື ສຽງກ້ອງຂອງລັດທິວິລະຊົນປະຕິວັດ ພິມໃນປີ 1982 ຊຶ່ງ ຂຸຫິນ

it in not dissimilar terms as "one of America's expensive practical jokes, a motiveless place where nothing was made, everything imported" (Theroux 1977: 234). For its survival, the Royal Lao government depended on a massive dose of American financial aid. Corruption was rampant, and a few prominent families enjoyed conspicuous wealth while the majority of people lived in poverty. In a capital the size of Vientiane, the large American military presence was highly visible, accompanied by prostitution, drugs, and organized crime. Vientiane society was not only starkly at odds with the rest of the country but also with traditional culture. Whereas earlier works of modern Lao fiction had served merely as entertainment for a small elite, the generation of Lao writers who came of age during this time quickly grasped the concept that fiction was an effective form of social commentary and criticism. The earliest stories in this collection of Outhine's works were composed during this period. "Death Price" describes the problems faced by a poor woman when she attempts to visit her husband, who is stationed up-country as a soldier. She is forced to wait at the airport for several days, continually denied permission to board a plane because she cannot afford to bribe the lieutenant in charge of seating assignments. In "Dic and Daeng," published in 1974, the behavior of certain members of Lao society is compared to the actions of two dogs and their owners. As the dogs bully each other in competition over scraps of food, the owners of the animals are continually drawn into their petty conflicts. On one level, the indirect nature of the criticism provides protection for its author. At the same time, in a country where dogs are viewed as contemptuously as they are in Laos, a comparison of this type is particularly biting.

After the communist victory in 1975, Outhine continued his career as a writer under greatly different circumstances. In the first decade after the revolution, he initially worked for the State Publishing House, followed by employment at the Progress Publishing House in Moscow, where he translated English and French works into Lao. In the early years of the new regime, authors were sent to

ໄດ້ຮຽບເລື່ອງເຂົ້າປະກອບທລາຍກວ່ານັ້ນ. ອຸທິນ ເປັນຕົນບົ່ງໃນຈຳນວນຜູ້ລິເລີ່ມກໍຕັ້ງ ວັນນະສິນ ຊຶ່ງເປັນພັງສິວາລະສານ ທີ່ອຸທິດສະເພາະການຍົກຮຽບທາງວັນນະຄະດີ ແລະ ວັດທະນະທຳທີ່ສຳຄັນທີ່ສຸດໃນປະເທດລາວ ມາເຖິງເທົ່າທຸກວັນນີ້.

ເລື່ອງສັ້ນຢູ່ໃນຍຸກນີ້ ມີສອງເລື່ອງທີ່ຖືວ່າ ເປັນແບບສະບັບຂອງວັນນະຄະດີສະໄໝ ຫລັງການປະຕິວັດ. ປະກອບສ່ວນ ພິມໃນປີ 1990 ໄດ້ວາດພາບຄວາມສາມາດຂອງປະຊາຊົນ ໃນການຮັບໃຊ້ປະເທດຊາດຂອງຕົນ ບໍ່ວ່າຈະມີຊັ້ນຕ່ຳແພງໆ ແລະ ສະຖານະພາບໃດໃນສັງຄົມ. ເທດການທີ່ລະທິບາຍໃນບົຍາຍນີ້ ເກີດຂຶ້ນເມື່ອປີ 1988 ຊຶ່ງເປັນເວລາທີ່ປະເທດລາວ ແລະ ປະເທດໄທ ມີເລື່ອງພິພາດກັນຢ່າງຮຸນແຮງ ກ່ຽວກັບບັນຫາເລື່ອງຊາຍແດນ. ຕົວເອກໃນເລື່ອງນີ້ ແມ່ນຊາຍທຸກຈົນຄົນນຶ່ງ ທີ່ທຳມາຫາລ້ຽງຊີບໂດຍການເປັນຢ່າງສ້ອມແປງເກີບເກົ່າ. ເລື່ອງສັ້ນ ເລື່ອງນີ້ ເລີ່ມຕົ້ນດ້ວຍຄວາມບໍ່ພໍໃຈຂອງຢ່າງແປງເກີບ ຕໍ່ລູກຄ້າຄົນນຶ່ງ ທີ່ບໍ່ກັບມາເອົາເກີບຄືນ. ເວລາເຈົ້າຂອງເກີບກັບມາໃນທີ່ສຸດ ຜູ້ກ່ຽວກັບມາໃນຍຸດແຕ່ງກາຍຂອງທະຫານ ແລະ ອາຂ້າງ ນຶ່ງຂາດເສຍໄປ. ຊາຍໜຸ່ມເຈົ້າຂອງເກີບ ໄດ້ລະທິບາຍວ່າຕົນໄດ້ອາສາສະໝັກໄປຮັບເສີກຢູ່ ຊາຍແດນ ແລະ ຈາກການຮົບຄັ້ງນີ້ຕົນໄດ້ກາຍເປັນຄົນພິການກັບມາ. ບາງຢ່າງເອົາເກີບທີ່ ແປງແລ້ວນັ້ນ ສົ່ງໃຫ້ທະຫານພິການໜຸ່ມ ໂດຍບໍ່ໄລ່ເອົາຄ່າແປງແຕ່ຢ່າງໃດ ຊ້ຳມີຄວາມ ພູມໃຈວ່າ ເຖິງຕົນຈະຕ່ຳຕ້ອຍ ເປັນພຽງຄົນແປງເກີບ ແຕ່ກໍມີຄວາມສາມາດຊ່ວຍຊາດໄດ້. ເລື່ອງທີສອງ ຄື ຄົນງາມ ພິມຄັ້ງທີນຶ່ງໃນປີ 1978 ເປັນເລື່ອງທີ່ມີເນື້ອຫາຄ້າຍໆ ກັບບົຍາຍ ອື່ນໆ ໃນສະໄໝນີ້ທີ່ພັນລະນາເຖິງ ການພົວພັນຂອງແມ່ຍິງລາວໃນການປະຕິວັດ. ນີ້ເປັນເລື່ອງ ຂອງສາວລາວຄົນນຶ່ງ ທີ່ໄດ້ຮັບຄວາມກົດຂີ່ໃນສັງຄົມສັກດີນາບັ້ງທລວງຂອງວັດທິທ້ຍາຍ ຈຶ່ງກ່ອນ ການປະຕິວັດ ແຕ່ບັ້ນປ່ຍໄດ້ພົບຄວາມຮັກ ແລະຄວາມມັ້ນຄຶ ຈາກໜຸ່ມທະຫານຂອງການປະຕິວັດ. ຕົວເອກຂອງເລື່ອງນີ້ ແມ່ນຍິງສາວຄົນນຶ່ງ ຊື່ ແພງຄຳ ຜູ້ບໍ່ເປັນຄົນເດັ່ນໃນສັງຄົມເພາະວ່າ ເປັນຄົນຈົນ. ຕົ້ນເລື່ອງເປີດຂຶ້ນ ທີ່ຮ້ານລຳວົງໃນງານບຸນ ແຕ່ລະຮອບລຳວົງ ບໍ່ມີໃຜມາໂຄ້ງ ແພງຄຳໄປຟ້ອນ ເພາະວ່າ ເຄື່ອງນຸ່ງຂອງນາງບໍ່ທັນສະໄໝ ຊ້ຳຕັ້ນລຳແບບບຕາວັນຕົກກໍບໍ່ເປັນ. ເຖິງຢ່າງໃດກໍດີ ໃນທີ່ສຸດກໍມີຊາຍບ່າວນຶ່ງ ໃຫ້ຄວາມສົນໃຈແກ່ນາງ ແລະ ບອກແພງຄຳເປັນທາງ ສ່ວນຕົວວ່າ ເຮົາເຂົ້າໃຈຄຸນຄ່າແທ້ຂອງ "ຜວກຄົນຈົນ, ຊາວນາ ຊາວສວນ ແລະ ກຳມະກອນ". ພໍຫລັງຈາກການປະຕິວັດແລ້ວ ແພງຄຳ ຈຶ່ງຮູ້ວ່າ ບ່າວໜຸ່ມຜູ້ທລື່ອມໃສໃນຕົວນາງນັ້ນ ເປັນສະມາຊິກຂອງກອງທັບປະຊາຊົນ. ສອບພອກນາງສາວຜູ້ຮ່ວມມີທ້ຽງທລາຍທີ່ເປັນຄູ່ແຂ່ງ

interview revolutionary soldiers and record their life histories. A major result of this project was *Sieng Kong Khong Latthi Vilason Pativat* (The Echoing Sound of the Doctrine of Revolutionary Heroes), published in 1982, in which Outhine was the major contributor. Outhine was also one of the founders of *Vannasin*, a magazine devoted to literature and culture, which remains the most important literary publication in Laos to the present day.

Two stories in this collection are typical of literature composed in the years following the revolution. "Contribution," published in 1990, illustrates how people can serve their nation, regardless of their status in society. The story takes place in 1988, at a time when Laos and Thailand were involved in a short but violent border dispute. The main character is a poor man who supports himself by repairing shoes. As the tale begins, the shoe-mender is upset that a customer has not returned to collect a pair of shoes. When the owner of the shoes eventually returns, he is dressed in a military uniform and missing one of his legs. The man explains that he volunteered to fight in the border clashes, from which he has returned as a cripple. The shoe-mender gives the shoes to the crippled soldier without asking for payment. He realizes with pride that even a humble shoe-mender can, in his own way, contribute to his country's war effort. A second story, "What a Beauty," first published in 1978, is similar in plot to several works from this period that describe the relationship of Lao women to the revolution. In this type of story, a Lao woman oppressed by the corrupt capitalist society of pre-revolutionary Laos ultimately finds respect and romance from the revolutionary cadres. The story's heroine, a young woman named Phaengkham, is unpopular because she is poor. During the Lao *lamvong* dance described in the story's opening scene, she cannot find a dance partner because her clothes are not fashionable and she does not know how to dance in western style. Eventually, however, one man shows an interest in her and explains to her privately that he understands the true value of poor people, farmers, peasants, and laborers. Only after the revolution does Phaengkham learn

ຂອງແຜວຄຳ ທີ່ຮ້າບລຳວິງໃນສະໄໝກ່ອນການປະຕິວັດບັ້ນ ຫລັງຈາກຜ່າຍຄອມມຸຍບິດໄດ້
ໄຊຊະນະແລ້ວ ຜວກບາງງຫລົ່ານັ້ນ ກໍໂດນໜີໄປຈາກປະເທດ ຫລືບໍ່ ກໍຖືກສິ່ງໄປຢູ່ "ຄອບບາງ
ເພື່ອຮັບການອົບຮົມໃໝ່".

ໃນຕົ້ນຊຸມປີ 1990 ອຸທິນ ໄດ້ຍ້າຍໄປເຣັດວຽກຢູ່ກົມວັນນະລະຕິ, ກະຊວງຖແຫລວງຂ່າວ
ແລະ ວັດທະນະທຳ. ເອົາໄດ້ຮຽບເລື່ອງສຳລັບເດັກ ຂຶ້ນໃນປີ ມີໂຮມເລື່ອງສັ້ນທີ່ເປັນສຸພາສິດ
ມີຊື່ວ່າ ປາຕ໌ໂລພາ. ໃນເວລາຕ່ອກັນນີ້ ກໍໄດ້ເອົານິທານ ຄຳກອນໂບຮານ ມາຕຸດເປັນຄຳຮ້ອຍ
ແກ້ວ ທັງນີ້ ກໍເພື່ອຍາກໃຫ້ວັນບະກຳກັນສຳຄັນນີ້ ໄປເຖິງຜູ່ອ່ານຮຸ່ນໃໝ່. ໃນປີ 1992 ອຸທິນ ແລະ
ພັນລະຍາ ໄດ້ເຕີບທາງມາທີ່ມະທາວິທະຍາໄລວ່ຊີງຕັນ ຢູ່ເມືອງຊິອາໂຕ້. ບະນີ້ ຫົວສອງ
ໄດ້ສອນພາສາລາວ ໃຫ້ບັກຣຽນອະເມຣິກັນ ເປັນເວລາບໍ່ງປີ. ເມື່ອກັບປະເທດລາວ ອຸທິນ
ໄດ້ຊ່ວຍກໍຕັ້ງ ໂຮງພິມ ໄຜ່ທານມ ໃສ່ຕາມຊື່ ວາລະສານວັນບະລະຕິ ທີ່ທ່ານມະຫາ ສິລາ
ວິຣະວົງສ໌ ເປັນຜູ່ເລີ່ມ.

ເລື່ອງສັ້ນຂອງ ອຸທິນ ໃນລະຍະປີຫລັງໆນີ້ ຊີ້ໃຫ້ເຫັນສະພາບຂອງຄວາມປ່ຽນແປງ
ຕ່າງໆໃນລາວ ພ້ອມທັງວັດທະນະທຳຂອງປະເທດດ້ວຍ. ການປະພັນຂອງເຂົາ ສ່ວນໃຫຍ່
ໄດ້ເນັ້ນໃສ່ຄວາມເປັນທ່ວງຕໍ່ສະພາບແວດລ້ອມ. ຈຳປາຟ້າບ້ານ ພິມເທື່ອທຳອິດໃນປີ
1980 ອະທິບາຍເຖິງເດກການທີ່ພາໃຫ້ມີການຕັດຕັ້ງພາກຂາມ ຢູ່ຄຸ້ມບ້ານບ່ອງໃນເມືອງ
ວຽງຈັນ ເພື່ອໃຫ້ຄວາມສະດວກແກ່ການຕັ້ງເສົາໄຟຟ້າ. ເລື່ອງນີ້ ໄດ້ຊີ້ໃຫ້ເຫັນຄວາມບໍ່
ພໍໃຈຂອງປະຊາຊົນ ຕໍ່ເດກການທີ່ເກີດຂຶ້ນ, ຢ່າງໃດກໍດີ ບົຍາຍຈົບລົງໃນທາງບວກ ເພາະຜູ່
ບັນຍາຍ ໄດ້ເອົາຕົ້ນດອກຈຳປາ ປູກແທບຂ່ອງວ່າງທີ່ຕົ້ນໄມ້ໃຫຍ່ຖືກຕັດລົງ.[17] ເລື່ອງທີ່ ອຸທິນ
ມັກເອົາມາຽຮຸບເລື້ອຍໆ ກໍຕີ ຄວາມສະຫລາດຮອບຮູ້ຂອງຊາວລາວໃນຊົນນະບົດ ແລະ
ປະເພນີໂບຮານອັນມີຄ່າ. ສະນັ້ນ ຄວນເບິ່ງພັກໄປຕື່ມວ່າ ເລື່ອງຕ່າງໆງແບບນີ້ບໍ່ພຣງແຕ່ມີ
ຈຸດປະສົງສະແດງຄວາມພູມໃຈຂອງຄົນລາວ ໃນວັດທະນະທຳຂອງຕົນ ແຕ່ເປັນການຕຶອນ
ສະຕິ ໃຫ້ລະວັງຕິດຕໍ່ຄວາມລົບທນ້າກັນວ່ອງໄວຂອງສະໄໝໃໝ່ ອີກຢ່າງນຶ່ງ ກໍຕີ ການຮັບເອົາ
ວັດທະນະທຳ ແລະ ປະເພນີຕ່າງໆປະເທດມາໃຊ້ຢ່າງງ່າຍໆ ກ່າຍເປັນເລື່ອງທຳມະດາ.
ບົຍາຍຕ່າງໆ ໄດ້ຮຽບຂຶ້ນໃນເວລາທີ່ວັດທະນະທຳເກົ່າແກ່ ກຳລັງຖືກລົດຖານະລົງ ມາເປັນ
ພຣງເຄື່ອງຂອງໂບຮານ ທີ່ເຜີ່ຍເອົາເກັບໄວ້ໃນທໍພິພິທະພັນ ເພື່ອຫວັງສ່ິງດຽວຄ່ຮ ນຳລາຍໄດ້
ຈາກຜວກທ່ອງທ່ຽວ. ພັກຕ່ຳ ທີ່ພິມໃນປີ 1990 ເປັນເລື່ອງຂອງຍິງສາວ ທີ່ອະໂມຍສາຍແຂວ
ເງິນຂອງຄົນທີ່ໄປຫາບບ້ານແຄມທ່າ. ເຖິງຈະກັບແທບຍ້ອນຄວາມບໍ່ຊື່ສັດນັ້ນຫາງກໍບໍ່ກ່າເຈົ້າ
ເລື່ອງນັ້ນສິ່ງຄືນເຈົ້າຂອງເດີມ ຍ້ອນຢ້ານຖືກເປີດເຜີຍວ່າ ຕົນເປັນຄົນຂີ້ລັກ. ນາຍບ້ານ
ໄດ້ແກ້ໄຂບັນຫາການອະໂມຍໃນບ້ານຢ່າງໆສະຫລາດສະຫລວງ ໂດຍໃຊ້ວິທີຈາກນິຕິດທອງໂບຮານ.
ນາຍບ້ານສັ່ງໃຫ້ລູກບ້ານແຕ່ລະຄົນ ຫາກັບເຣັດພິກຕ່ຳໆມາໃຫ້ຕົນຜູ່ລະພິກ. ຜູ່ຂີ້ລັກ
ໄດ້ເອົາສາຍແຂວເງິນສິ່ງເຈົ້າຂອງຄົນ ໂດຍບໍ່ໃຫ້ຮູ້ວ່າ ໃຜເປັນອະໂມຍ ເພາະຂອງທີ່ສິ່ງຄືນນັ້ນ
ໄດ້ເອົາໃສ່ກັບຕ່ຳແລ້ວພິກໃນໃບຕອງກ້ວຍ.

that her admirer is a member of the Lao People's Army. As for the wealthier women who had been her competition on the pre-revolutionary dance floor, after the communist victory they all have either fled the country or been sent away "to one of those Women's Islands to be re-educated."

In the early 1990s, Outhine was employed at the Ministry of Information and Culture. He composed children's fiction, including *Pa Kho Lopha* (The Greedy Striped Snake-Headed Fish), a collection of short stories which teach moral lessons. He also rewrote Lao poetic classics in simple prose to make them more accessible to a modern generation. In 1992, Outhine traveled with his wife to the University of Washington in Seattle, where they both spent a year teaching the Lao language to American students. Upon returning to Laos, he helped establish a printing shop which was named *Phai Nam* after the literary magazine founded by Maha Sila Viravong.

Outhine's short stories of recent years provide a commentary on the changing state of Laos and its culture. Much of his work is devoted to environmental concerns. "Frangipani," originally published in 1980, describes an incident in which tamarind trees are torn down to facilitate the placement of power lines in a Vientiane neighborhood. The story reveals the action's negative effect on the neighborhood's people. The tale ends on a positive note, however, as frangipani trees planted by the narrator and his neighbors eventually grow to replace the trees that were cut down.[11]

Another topic commonly addressed in Outhine's fiction is the wisdom of Lao villagers and the value of traditional customs. In the story "Wrapped-Ash Delight," published in 1990, a village girl steals a silver belt that a bather has left on a riverbank. Although she later feels guilty about her action, the young woman is afraid to return the stolen object and expose herself as a thief. The problem is cleverly solved through the use of a traditional custom. Each of the villages who had been present at the river bank when the belt was stolen is instructed to bring a packet of ashes wrapped in a banana

ທ້າຍສຸດນີ້ ເລື່ອງສັ້ນຕ່າງໆຂອງ ອຸທິນ ກໍຄືອລຳພະບົດຂອງວັນນະຄະດີຮ່ວມສະໄໝ
ຂອງລາວ ພ້ອມດຽວກັບ ກໍໃຫ້ຄວາມກະຈ່າງແຈ້ງກັບມີຄ່າໃນສະພາບຄວາມປ່ຽນແປງ
ຂອງສັງຄົມລາວ ດ້ວຍສາຍຕາຂອງນັກປະພັນຜູ້ມີບົດບາດໃນວົງການອິດຈຸງຮັບຍາ ງບາງ
ບົບຕັ້ງແຕ່ສະໄໝກ່ອນການປະຕິວັດ ຈົນມາເຖິງປະຈຸບັນນີ້.

1. ການຄົ້ນຄວ້າຕ່າງໆ ທີ່ມີໃນສະຫະຣັຖອະເມຣິກາ ທຸກວັນນີ້ແມ່ນເວົ້າເຖິງປະຫວັດສາດຄວາມເມືອງຂອງລາວ
ກັບການພົວພັນໃນສິ່ງຄວາມຫວງຄມນາມ ເປັນສ່ວນໃຫຍ່.

2. ມີປຶ້ມໂຮມເລື່ອງສັ້ນ ແປເປັນພາສາອັງກິດ ທີ່ພິມຢູ່ຢ່າໂນຍ ໃນສະໄໝສິ່ງຄວາມຫວງຄມນາມ ແຕ່ເປັນເລື່ອງ
ແມ່ນບີຍາຍແຕ່ງຂຶ້ນກ່ອນ 1975 ໃນເຂດປົດປ່ອຍ ຊຶ່ງຢູ່ພາຍໃຕ້ການຄຸ້ມຄອງຂອງແນວລາວຮັກຊາດ.
3. ຈາກປຶ້ມ ການຕໍ່ສູ້ທາງການເມືອງໃນລາວ ໂດຍ ເຈພຣີ ເກັນ ໜ້າ 38.
4. ເຫດການກໍຄລັງມີການປ່ຽນແປງຢ່າງວ່ອງໄວ. ໃນເຂດຊົນບົດ ຫລັກສາຍອາກາດ ເພື່ອຮັບການສ່ງ
ໂທລະພາບຈະປາກົດໃຫ້ເຫັນຕາມຫລັງຄາເຮືອນ ບັນນີ້ ບັບຫລາຍຂຶ້ນ.
5. ເຖິງຢ່າງໃດກໍດີ ບໍ່ຄວນລືມວ່າ ສະມາຊິກຫລາຍຄົນຂອງພວກຊັ້ນສູງນີ້ ຍັງມີຄວາມຜູກພັນໃຈ ໃນ
ວັດທະນະທຳເກົ່າແກ່ ແລະ ໄດ້ພົວພັນໃນການສົ່ງເສີມວັດທະນະທຳນີ້ຢ່າງແຂງແຮງ. ມີລາງ ເຈົ້າຊີວິດ
ສິສະຫວາງວັດທະນະ ໄດ້ຮັບໂຮມຕັ້ມສະບັບຫຍ້ສິຜູກໃບລານ ເປັນຈຳນວນຫລວງຫລາຍ ຢູ່ພະລາຊະວັງຫລວງ
ພະບາງ ແລະ ໄດ້ຄຸ້ມກາກົມການພິມວັນນະຄະດີສຳຄັບນີ້ໄວ້ດ້ວຍ.
6. ບີຍາຍເລື່ອງນີ້ ສໍ່ໃຫ້ເຫັນຄວາມປະສົມຂອງຊອງຊາດໄປຕົ້ມຊີກ ຄືຕົວເອກໃນເລື່ອງ ແມ່ນ ລູກຊຸດດາຈາກພໍ່
ຝຣັ່ງ ແລະ ແມ່ລາວ.
7. ໃນອະນະທີ່ພວກກໍຕໍ່ານບາດຕົວເມືອງຂຶ້ນ ທຳຕົວອາາຮັກແພງວັນນະຄະດີ ແລະ ພາສາລາວ ຢູ່ນີ້ ພວກເຂົາ
ຂ້າຕາວິທີທາງທີ່ຈະເອົາຕົວຫຍ້ສິ ໂດຍມງ ມາຂອງແຫນຕົວຫຍ້ສິລາວ. ມີການເຊື່ອວ່າ ຖຸດຄົນລາວຮູ້ນຫລ້າງໄດ້
ຮ່າຮຽນຫຍ້ສິ ໂດຍມງ ຕາມທີ່ຈະແມ່ນຂອງລາວເອງ ພວກຂະເຈົ້າຄິງສູດເສຍຄວາມສາມາດທີ່ຈະຮງ ແລະ
ເຂົ້າໃຈພາສາໄທ ເພາະອັກສອນໄທ ມີຄວາມຄ້າຍຄືກັນກັບຕົວຫຍ້ສິລາວ ໝລາຍ. ໃນປີ 1944 ໄດ້ມີຄຳລັດ
ບົງ ອອກມາວ່າ ໃຫ້ມີການ ຍົກເລີກການໃຊ້ພາສາລາວເປັນທາງການ ຕາມໂຮງຮຽນ ແລະ ໂຮງການປົກຄອງຕ່າງໆ.
ແຕ່ພວກຍ່ປຸ່ນ ໄດ້ເຂົ້າຄອບຄຸມປະເທດລາວ ກ່ອນທີ່ຈະມີການປະຕິບັດຕາມຄຳສັ່ງນີ້. ການຕໍ່ສູ້ທາງການເມືອງ ໂດຍ
ເຈພຣີ ເກັນ ໜ້າ 102-106.
8. ນາມປາກກາທີ່ນັກຂຽນມັກໃຊ້ເປັນປະຈຳ ແມ່ນຢູ່ໃນວົງເລັບ.
9. ວັນນະຄະດີລາວ ໂດຍ ບໍ່ແສງຄຳ ວົງດາລາ ແລະ ຄະນະ ໜ້າ 297-298.
10. ຄຳກອນນີ້ ແມ່ນຖຸດມາຈາກເລື່ອງໃນປຶ້ມ ເຜີຍສາມລົບບໍ່ສູນ ແຕ່ງໂດຍ ສ. ດຄງຄາ ຊຶ່ງໄດ້ ພິມຕື້ມຂຶ້ນສະຫຼ້ອຫຼັງ
ຫລັງຈາກການພັກອອມນຍບົດໄດ້ຮັບໄຊຊະນະມາ ຄືຕົ້ງແຕ່ປີ 1975. ບົດແປ ວັນດຽວກັບນັ້ນ ຈະເຫັນປາກົດໃນວົງວົງຈາກນ
ວັນນະຄະດີທາງການ ວັນນະຄະດີລາວ ໂດຍ ບໍ່ແສງຄຳ ວົງດາລາ ແລະ ຄະນະ ໜ້າ 269-274. ຄຳກອນນີ້
ຊ້ຳກຶກປະຕິຮັບຄວນບົງໆ ໂດຍພວກໄທ ຊຶ່ງບໍ່ເປັນສິ່ງແປກປະຫລາດເລີຍ ເຊັ່ນດຽວໆ ນັກປາດໄທກຸ່ມກັບ
"ວັນນະຄະດີ ໄທອິສານ" ຜູ້ມີຊື່ສຽງກັນບໍ່ໆໄດ້ລົງເຈວ່າ ເປັນການອິດຈຸງທາງຜຸດທະປະຈິກຂະຍາ (ຈະຊະນຸດ ເຮືອງສູ້ວັນ
ໃນ ຂອງກີຣີສາມ ໜ້າ 136-137)
11. ຄຳກອນແປຈາກ ສາມລົບບໍ່ສູນ ທີ່ມີໃນປຶ້ມ ເຜີຍສາມລົບບໍ່ສູນ ຂອງ ສ. ດຄງຄາ ເປັນຕົວຢ່າງສຳລັບ
ທີ່ຄວນສັງເກດວ່າ ບັນຕິ ວິທີໃຊ້ການບອກໂນບາຍ ເພື່ອສົ່ງບົດຮຽນການເມືອງ. ບົດແປນີ້ ມີດ້ວຍກັບຫົງທ7ທ 66
ໜ້າ ແຕ່ກໍຮຽບເປັນແບບຄຳກອນ ທີ່ຄ່າຍຄືກັບກອນ ສະບັບດັ້ມຕົມເລີຍ.
12. ການປະຕິວັດລາວ ແລະ ວັນນະຄະດີປະຫວັດ ໂດຍ ບົວແກ້ວ ຈະເລີມລົ້ງສິ ໜ້າ 27.
13. ວັນນະຄະດີລາວ ໂດຍ ບໍ່ແສງຄຳ ວົງດາລາ ແລະ ຄະນະ ໜ້າ 389
14. ຂໍ້ຄວາມກ່ອງກັບຊີວະປະຫວັດທະຍ ໄດ້ມາໂດຍການສຳພາດນັກປະພັນເອງ ໂດຍກົງ ເມື່ອ ຄືຫອບກໍລະກິດ
1997.
15. ວັນນະຄະດີລາວ ໂດຍ ບໍ່ແສງຄຳ ວົງດາລາ ແລະ ຄະນະ ໜ້າ 398-399
16. ຄະຫລາດຕາມທາງລົດໄຟໄທຍ ໂດຍ ໂປນ ເດ່ຍ ໜ້າ 234.
17. ເຖິງທ່ານຜູ້ຍັງຈ໌ຈຳຄຸດຕາກໍການເຊົ້າສະຫລັດຂອງຕົ້ນໄມ້ແກ່ນ ທີ່ຍືນລຸກນຕັ້ນເປັນສະຫວ້າ ຕາມ
ສາຍຖະໜົນຄອງວງ ມາຫລາຍຂຶ້ນຄົມ ແຕ່ເພື່ອຄວາມຈະເລີນ ຕົ້ນໄມ້ແສນງາມກໍມາຕົກລົງໃນພົບຕາດວງ
ເມືອງໆພ່ງນີ້ເອງ. ເລື່ອງສັ້ນເລື່ອງນີ້ ຊອງແສງຄວາມເປັນຈິງ ຖືກຕ້ອງແລ້ວ.

leaf to the house of the village headman. By placing the silver belt in the banana leaf, the guilty woman is able to return the stolen object without being shamed. It must be emphasized that stories of this type are not merely intended as a patriotic expression of Lao appreciation for their own culture. These stories serve as a warning against the rapid pace of modernization as well as the unquestioning acceptance of foreign culture and values that is becoming the norm. Outhine writes at a time when traditional culture is increasingly being relegated to the status of an artifact, destined to be placed in museums for the sole purpose of bringing in foreign revenue.

In recent years, Lao society has rapidly changed as result of the increasing cultural impact of the west. Vientiane in the late 1990s is strikingly different than it was at the beginning of the decade. One hopes that the increased contact between Laos and the west will not only result in the westernization of Laos, but also in a greater understanding of Lao society in the west. This collection of short stories by Outhine Bounyavong is intended as a step in that direction. The fiction collected in this book not only serves as an introduction to contemporary Lao literature, but also provides valuable insight into the changing state of Lao society, as viewed from the perspective of a Lao author whose works span from the pre-revolutionary period to the present.

NOTES

1. Studies that exist at present in the United States are largely devoted to Lao political history in relation to the Vietnam War.

2. A few short collections of Lao fiction in English translation were published in Hanoi during the Vietnam War. However, they consist solely of stories composed prior to 1975 in the "liberated zones" controlled by the Communist Lao Patriotic Front.

3. TV antennas on rural rooftops are an increasingly common sight in Laos. Thai television, videos, and popular music are influencing the present generation of Lao both in urban and rural areas.

4. It must be noted, however, that many members of the French-educated elite remained proud of traditional culture and were actively involved in its promotion. Thao Phetsarat, for example was influential in the use of literature and other espects

of traditional Lao culture in the creation of a modern Lao national identity (Koret 1999).

5. Further reflecting the hybrid nature of the work, the hero of the story is the son of a French man and a Lao woman.

6. Ironically, for the same reason that colonial administrators espoused the promotion of Lao language and literature, they also attempted to replace the Lao script with roman characters. It was thought that if future generations of Lao were taught the roman script in place of their own, they would lose the ability to comprehend the Thai language, which has an alphabet similar to Lao. A decree to officially abolish the use of the Lao script in schools and government administration was issued in September 1944. However, the Japanese occupied the country before the decree had a practical effect. (Gunn 1988: 101–6).

7. Pen names commonly used by the authors are in parentheses.

8. This interpretation of the poem is the topic of the book *Pheuy San Leup Bo Sun* by S. Desa, which has been reprinted four times since the communist victory in 1975. The same interpretation can be found in the official Lao work of literary criticism, *Vannakhadi Lao*, by Bo Sengkham Vongdala et al., pp. 269–74. Not surprisingly, the poem is given a different interpretation by the Thai. A prominent Thai scholar of Lao literature, for example, has analyzed the work as Buddhist philosophy (Jarabut Reuangsawan 1977: 136–37). The same verse is commonly performed in southern Laos as courtship poetry.

9. The interpretation of the ancient poem *San Leup Pasun* in the book *Pheuy San Leup Bo Sun* by S. Desa is a noteworthy example of how traditional poetry is used to convey a political message. The interpretation, fifty-six pages in length, is composed in a verse form that is similar to the poem itself.

10. This biographical sketch is largely based on the author's interview with Outhine Bounyavong in July 1997.

11. For those who recall the sad fate of many of the beautiful trees that until recently lined both sides of Khu Viang Road in Vientiane, this story is particularly relevant.

BIBLIOGRAPHY

Western Language Sources

Gunn, Geoffrey C. *Political Struggles in Laos 1930–1954*. Bangkok: Editions Duang Kamol, 1988.

_____. *Rebellion in Laos: Peasants and Politics in a Colonial Backwater*. Boulder, CO: Westview Press, 1990.

Koret, Peter. "Lao Literature." In *Traveller's Literary Companion to Southeast Asia*. Brighton, United Kingdom: In Print, 1994.

_____. "Books of Search: The Invention of Lao Literature as an Subject of Study." In *Lao: Culture and Society*, edited by Grant Evans. Chiang Mai, Thailand: Silkworm Books, 1999.

LaFont, P. B. "Laos." In *Southeast Asia: Languages and Literatures: A Select Guide*, edited by Patricia Herbert and Anthony Milner, pp. 67–76. Arran, Scotland: Kiscadale Publications, 1989.

Peltier, Anatole R. *Le Roman Classique Lao*. Paris: Ecole Francaise D'Extreme Orient, 1988.

Stewart-Fox, Martin. *Buddhist Kingdom, Marxist State: The Making of Modern Laos*. Bangkok: White Lotus, 1996.

Theroux, Paul. *The Great Railway Bazaar*. London: Penguin Books, 1977.

Lao Language Sources

Dr. Bo Saengkham Vongdala, Boua Keo Chaleunlangsi et al. *Vannakhadi Lao*. Vientiane: Social Science Research Institute, 1987.

Boua Keo Chaleunlangsi. *Kan Pativat Lao Lae Vannakhadi Pativat*. Vientiane: Seuksa Printing House, 1993 (originally printed in Sam Neua Province, 1972).

Outhine Bounyavong et al. (Nangseu Phim Siang Pasason) *Siang Kong Khong Latthi Vilason Pativat*. Vientiane: State Printing House, 1982.

S. Desa. *Pheuy San Leup Bau Sun*. Vientiane: State Publishers and Distributors, 1993.

Thai Language Sources

Jarubut Reuangsuwan. *Khaung Di Isan*. Bangkok: Kan Sasana Publishing House, 1977.

Thanya Sangkhaphanthanon (Phaithun Thannya). "Chom Na Reuang San Ruam Samay Khaung Lao," in *Prakotkan Haeng Wannakam*. Bangkok: Nakhaun Publishing House, 1995.

ແພງແມ່

ຫ ລັງຈາກຍ່າງຜ່ານປ່າມາປະມານສອງຊົ່ວໂມງ ພວກເຮົາກໍມາຮອດບ່ອນໂລ່ງ ຊຶ່ງອ້າງ
ທາງດ້ານຂວາມື ເປັນທົ່ງນາ, ດ້ານຊ້າຍມື ເປັນສວນຜິນລະປູກ ເຊັ່ນ ຝ້າຍ, ງາ,
ໝາກແຕງ ... ແພງແມ່ງຍ້າພຽງທໍ່ສນອຳກ

ເສັ້ນທາງກວ້າງຜ່າວງທຽວໄດ້ ແລະໄປສຸດລົງບ່ອນທີ່ມີຕົ້ນໄມ້ອຽງໆ ຊຶ່ງຕົ້ນຜ້າວ
ພົ້ນເດັ່ນຂຶ້ນກວ່າໝູ່. ຫລັງຄາເຮືອນປະກົດໃຫ້ເຫັນພຽງສອງ-ສາມຫລັງ ເບື່ອງຈາກ
ຖືກຕົ້ນໄມ້ປົກບັງ. ພວກເຮົາໃກ້ຈະຮອດຈຸດໝາຍປາຍທາງເຂົ້າໄປແລ້ວ.

ຂະນະເດີນທາງພວກເຮົາ ມີສາມຄົນນຳກັນ, ສອງຄົນເປັນນັກຂ່າວ ຊຶ່ງມາເກັບກຳຂໍ້ມູນ
ກ່ຽວກັບການລົບລ້າງຄວາມບໍ່ຮູ້ໜັງສື ແລະ ຂ້າພະເຈົ້າ ໃນຖານະນັກຂຽນ ມາຊອກຮູ້ຊີດຄອງ
ປະເພນີເກົ່າແກ່ໃນເຂດຊົນນະບົດ ແລະມີທາບປາກເບິ່ງເພື່ອບັນທຶກໄວ້ເປັນລາຍລັກອັກສອນ.

ຄວາມຮູ້ສຶກເກົ່າໆ ໄດ້ກັບຄືນມາສິງໃນດວງຈິດຂອງຂ້າພະເຈົ້າ, ເປັນຄວາມຮູ້ສຶກ
ຂອງຄົນພາກຕຸ່ມທານ ແລ້ວກັບຄືນບ້ານເດີມ. ກິ່ນຂອງຫຍ້າອື (ຫຍ້າຝະລັ່ງ) ຕາມແຄມ
ທາງລອຍມາເຂົ້າດັງ, ສຽງສຽງສິຽງຂອງກໍໄຄ້ດັງອອດແອ໋ດ, ສຽງຈັກຈັ່ນດັງວ່ອນມາແຕ່ໄກໆ ...
ທັງໝົດເຫລົ່ານີ້ ພາໃຫ້ຮູ້ສຶກວ່າ ຕົນເອງຜວນມຸ່ງໜ້າກັບຄືນສູ່ບ້ານເດີມ. ໃນຕົວຈິງ
ພວກເຮົາຜວນກັບສູ່ບ້ານເດີມຂອງບຸນຄ້າ ໜຶ່ງໃນຂະນະເດີນທາງຂອງພວກເຮົາ.

ບຸນຄ້າ ສະແດງຄວາມຕື່ນເຕັ້ນອອກມາຢ່າງເຫັນໄດ້ຊັດ ເມື່ອຜານຊົນນະບົດແຫ່ງນີ້
ປະກົດຄ່ອຍຕໍ່ໜ້າ.

"ຫລາຍປີແລ້ວ ທີ່ເຮົາອອກຈາກບ້ານໄປ, ຜົນຫລອງເຫັນປາກທາງເຂົ້າສູ່ບ້ານ ປະກົດ
ວ່າຄວາມຄິດເມື່ອຍຫນີໄປຫມົດ. ຜານບ່ອນນີ້ເຮົາຈື່ຈຳໄດ້ຕິດຕາ." ເຮົາເອີ່ຍ ຂຶ້ນແກມສຽງທິວ.

ຂຽນ ເດືອນທັນວາ ປີ 1990

MOTHER'S BELOVED

WE were walking on a trail wide enough for an oxcart. After traveling through the jungle for two hours, we came upon an open meadow. Across the road on our right were fields of cotton, sesame, cucumbers, and other valuable crops. In the distance, we saw coconut trees, which overshadowed smaller trees. Among the trees, we saw two or three rooftops, with a few others hidden behind the thick foliage. At last, we were nearing our destination.

Two journalists accompanied me on the journey. They came to collect information about the village illiteracy rates, while my purpose was to record oral folk stories, which would be used as teaching materials.

As I walked along the side of the trail, certain feelings and memories began to surface. I reflected on how I had left and returned to my own birthplace. Along with these flashes of emotional memory, in the wind I could smell the pungent scent of the *khio* grass. I heard the stalks of bamboo creaking against one another, *ood . . . aed . . .* From afar, the sound of cicadas fiddling with their wings made a beautiful music that echoed in my ears. All of these sounds conjured up the familiar atmosphere of my own birthplace. But in fact, we were all returning to the birthplace of Bounkham, one of my traveling companions.

As he came within sight of his former village, Bounkham cried out excitedly, "It's been twenty years since I left this place! When I see the trail leading to my village, all my tiredness seems to vanish. It's like a picture engraved in my memory." Bounkham's voice was filled with laughter.

ແພງແມ່

ບຸນຄ້າເລົ່າວ່າ ເອີ້າເກີດຢູ່ບ້ານນີ້, ແມ່ເອີ້າຕາຍເມື່ອເອີ້າອາຍຸ 8 ປີ, ແລ້ວພໍ່ກໍໄປເອີ້າ
ເມຍໃຫມ່ຢູ່ບ້ານອື່ນ ແລະ ຍ້າຍຄອບຄົວໄປເຫຍໃຫມ່ເລື້ອຍໆ ສະໄຫມສົງຄາມ, ຈົນມາ
ເຖິງຄຣອນີ້ ເອີ້າຈິ່ງມີໂອກາດກັບຄືນຄືນມາ. ເອີ້າມີລູງຜູ້ໜຶ່ງເປັນອ້າຍແມ່ ຍັງຄົງຢູ່ໃນບ້ານນີ້
ແຕ່ກໍເຖົ້າຫລາຍແລ້ວ. ເອີ້າອິດສາເອີ້ານິມມາຕ້ອນລຸງຂອງປ່ອງ, ເອີ້າມາຫລາຍກວ່ານີ້ກໍບໍ່ໄດ້
ເພາະເສັ້ນທາງບໍ່ສະດວກ.

"ຊິມີໃຈຈິ່ໂຕໄດ້ບໍ່ລະ?" ອ້າພະເຈົ້າຖາມ.

"ຄົງບໍ່ມີໃຈຈິ່ເອີ້າດອກ ແຕ່ກໍຊິໄປສືບທາງທາງເອີ້າ, ຜິຈິ່ເຮືອນລຸງໄດ້ຢູ່."

ພວກເຮົາຍ່າງໄປ ຫົວແບນເບິ່ງສອບຜິນລະປູກຂອງປະຊາຊົນ ດ້ວຍຄວາມຊົບຊົນ,
ໄປໄດ້ອິກໄລຍະໜຶ່ງ ກໍຜິ້ຍິງແມ່ມານຄົນໜຶ່ງ ຖືກະຕ່າໃສ່ຜັກອອກມາຈາກສອບຄ້າບ
ຊ້າຍມື.

"ສະບາຍດີອາ ເຈົ້າຢູ່ບ້ານນີ້ບໍ?" ບຸນຄ້າຖາມ.

"ເອີ ຢູ່ບ້ານນີ້ລະ ... " ນາງຕອບດ້ວຍທ່າທາງເຕັມໄປດ້ວຍຄວາມສົງໄສ ເພາະພວກ
ເອີ້າເປັນຄົນແປກໜ້າ.

"ພວກເຮົາມາແຕ່ໃນເມືອງ. ອ້ອຍເປັນລູກຫລານບອງບ້ານນີ້ລະ, ຈາກໄປຫລາຍປີ
ຈິ່ງໄດ້ກັບມາຄາມ." ບຸນຄ້າເວົ້າຕໍ່ ເພື່ອໃຫ້ຍິງແມ່ມານຄົມດຄວາມລະແວງສົງໄສ.

"ເອີ ຊັ້ນບໍ, ຈິ່ບໍ່ໄດ້ໆ ອັນຜູ້ເກີດໃຫມ່ໃຫຍ່ລບນີ້. ພວກເຈົ້າແມ່ນລູກຜູ້ໃດ ຫລານຜູ້ໃດ?".

ແຕ່ລະຄືນພວກເຮົາບອກຊື່ຕົນເອງ, ສອບບຸນຄ້າຍັງແຖມບອກຊື່ພໍ່ແມ່ ແລະຊື່ລຸງ
ທີ່ຍັງຢູ່ໃນບ້ານນີ້ຕື່ມອິກ. ຝ່າຍຍິງແມ່ມານບອກວ່າ ຮູ້ຈັກລຸງຂອງບຸນຄ້າ ຊຶ່ງເຮືອນຢູ່ຄຸ້ມໃຕ້,
ສອບລາວເອງຢູ່ຄຸ້ມເໜືອ ແລະ ເອີ້ນກັບວ່າ ແມ່ປຸ່ນ. ບຸນຄ້າ ຮັຮຫ່າຊຶ່ງລົງ ເພາະບໍ່ເຄີຍໄດ້ຍິນ
ຊື່ນີ້ມາກ່ອນ ແຕ່ກໍເວົ້າອອກມາແກ້ເກ້ືອວ່າ :

"ເອີ ແມ່ປຸ່ນນີ້, ເປັນຈັ່ງໃດ ເອີ້າບ້າ຺ຍປາຍບ້ານເຮົາ?"

38

BOUNKHAM told us that he was born here. Here, too, his mother died when he was only eight years old. His father remarried, taking as his wife a woman from another village, and the family moved from village to village during the years when war and strife tore the country apart. Not until now did Bounkham have the opportunity to return. An uncle, his mother's brother, still lived in the village, but he was very old. Bounkham had brought two cans of condensed milk as a gift of respect for his uncle. He could not bring more than two because the trail was rugged and the extra cans would have been too heavy to carry.

"Will anyone in the village remember you?" I asked.

"I don't think anyone will remember, but I will try to ask the people in the village where my uncle's house is, since I don't remember exactly."

We kept walking, admiring the abundance of the gardens and orchards as we looked here and there. Then, from one of the gardens on our left, a pregnant woman appeared, carrying a basket of various vegetables.

"*Sabaydee*, Auntie![1] Where do you live?" Bounkham inquired politely.

"Oh, around here . . ." she answered hesitantly, suspicious of our unfamiliar faces.

"We came from the city. I am from this village, but I went away many years ago. I've come back to visit," Bounkham explained, hoping to ease the woman's mistrust.

"Oh, really? I don't recall anyone of your age who grew up here. Whose son or nephew are you?"

We told her our names. Bounkham even mentioned the names of his parents and uncle. The pregnant woman told Bounkham that she knew his uncle well: he lived in the southern part of the village. She lived in the northern part and called herself "Mae Poon." Bounkham showed he had never heard the name before. Nevertheless, he responded casually, as if he remembered her, "Oh, Mae Poon, how is everything in our village?"

ຍິ່ງແມ່ມານບອກວ່າ ໄທບ້ານກໍມີຜ່ຢູ່ຜໍກໍ່ມ, ປູກຜັງຫລາຍ ແຕ່ສິ່ງອອກຂາຍໄດ້ພຽງ
ຫນ່ອຍດຽວ ເພາະທົບທາງບໍ່ສະດວກ. ເອົາແລ້ວ ລາວກໍກ້າວອອກຈາກພົບທາງ ເພື່ອລົງ
ໄປສູ່ທີ່ບາດຄ້ານຢອງມີ ໂດຍບອກພວກເຮົາວ່າ ຈະແວ່ເອົາບອນຢູ່ຖຽງບາໄປເກືອຫມູ.
ບຸລຄ້າເຊີ່ນໃສ່ຫັງຈິກບ້ານມີນປ່ອງທີ່ງອອກມາຈາກຖິ່ງຢ່າມ.
"ປົດຄູວອາ, ເອົາຮັບບໍ່ກ່ອນ, ເອົານີມປ່ອງນີ້ໄວ້ກ່ອນ."
"ເຮີ ບຸລຄ້າບ້າງຊູເບິ່ລູກຫລານ." ຍິ່ງແມ່ມານກ້າວ ແລ້ວກໍແຍກທາງໄປຕ່າງທາກ,
ສ່ອນພວກເຮົາຍ່າງໆຕາມເສັ້ນທາງເດີມຕໍ່ໄປ.
   ຂ້າພະເຈົ້າ ກາວຊິ່ມເຊີຍບ້າໃຈຮັບສູ່ງສິ່ງຢອງບຸລຄ້າ ທີ່ເອົາບ້ານມີມມາສ່ອງບ່ອງ ເພື່ອ
ຕ້ອງລຸງ ແຕ່ກໍ່ຕ້ອງເສຍສະຫລະໃຫ້ຄືນອື່ນໄປທີ່ງບໍ່ງປ່ອງ. ບຸລຄ້າ ເວົ້າດ້ວຍຄວາມ
ຜາກຜູມໃຈວ່າ: "ໃນຄອບຄົວເຮົາ ເລີຍສອນກັບແບບນີ້ ໂດຍສະເພາະແມ່ເຮົາເລີຍສິ່ງສອນ
ວ່າ ຖ້າເຮົາມີຢອງກິນຕິດມີ ແລ້ວໄປພົ້ແມ່ມານ ຕ້ອງປັນໃຫ້ໂລດ, ມີທນ່ອຍທລິມີທລາຍ
ກໍຕ້ອງປັນໃຫ້. ມັນເປັນປະເພນີທີ່ຄິນສ່ອນທລາຍໃນບ້ານນີ້ ເລີຍປະຕິບັດກັບມາ."
   ຜົ້ເຮົາເລີຍເລົ່າສູ່ຟ້ງ ໂດຍທີ່ງຕາມປາກຄຳຢອງແມ່ວ່າ ຕອນທີ່ແມ່ຖືຜາເຮົານັ້ນ, ມື້ທນື່ງ
ແມ່ໄປສອນຢູ່ບອກບ້ານ, ອະນະຢ່າງໆໄປຕາມທາງ ເລີຍໄປພົ້ໄທບ້ານ ຫ້າ-ທົກຄົນ ກັບມາແຕ່
ໂທ່ເນື້ອ ໂດຍທາມຟາມມາໂຕທບໍ່ງ. ເມື່ອປາກຂຶ້ນແບ່ງເປັນພູດ ພວກໂທ່ເນື້ອໄດ້ແບ່ງ
ໃຫ້ແມ່ເຮົາພູດທບໍ່ງ ເທ່າກັບພູດຂອງຜູ້ອື່ນ. ຮັບນີ້ເປັນສິດຂອງແມ່ມານ ຕາມປະເພນີທີ່
ເລີຍປະຕິບັດກັບມາຢູ່ບ້ານນີ້. ຜູ້ໄດ້ຄົ່ມທນູ່ກໍມີຕໍ່ນາຍຜານ ຜູ້ເປັນເຈົ້າຂອງປືນ ຄືໄດ້ສອງພູດ
ແຖມຍັງໄດ້ທິວ, ອາຫນັງສີ ແລະທນັງຟານອິກ. ແລງນີ້ນັ້ນ ຄອບຄົວເຮົາໄດ້ກິນລາບຟານ,
ຜົຕອບເຖິກກຮອບຊຸແຈງໆ ແມ່ເຮົາກໍອອກລູກເປັນຜູ້ຊາຍ ຜູ້ຊີ່ງພວມອຍ່າງໆກັບໄປຢາມບ້ານເດີມ
ຢູ່ຄຽວນີ້.

The pregnant woman replied that the villagers were comfortable. "They have enough to eat and enough to make ends meet. . . . We sell a lot of crops, but earn very little profit because the bad trails make travel difficult." After she spoke, she descended into the rice field on the right side of the road. She told us she had to gather plants to feed her pigs.

Bounkham took one can of condensed milk from his bag and called out to her, "Wait, Auntie! Please take this. Please take this can of condensed milk."

"Bless you, my son," said the pregnant woman. After thanking him, she went off in a different direction.

We continued along the same trail as before. I praised Bounkham's kind heart. He had brought two cans of condensed milk especially for his uncle but he had given one away to a complete stranger.

In Bounkham's reply, I heard both pride and happiness. "In my family, we were taught to do this, especially me. My mother taught us that if we are carrying food with us when we see a pregnant woman, we must give her a share. No matter how much or how little, we must give her some of it. It's our tradition. Many people in this village do it.

"My father told me a story which my mother had told him," Bounkham went on. "He said that when she was pregnant with me, she liked to walk beyond the village. One day while she was walking along the side of the trail, she came upon a group of five or six villagers who had just returned from hunting. They had one deer with them, which they skinned, and began to divide the meat. The hunters gave a share to my mother, the same amount handed out to most of the others. This is the *right* of a pregnant woman, according to our tradition. The only person who got a larger share was the hunter who owned the gun. He received a double portion, including the head, the four legs, and the skin.

"That evening my family got to eat deer *laap*.[2] Later, near dawn, my mother gave birth to a baby boy, the same one who is now walking toward his birthplace."

ພວກເຮົາຕ່າງໆກໍພາກັນຕື່ນເຕັ້ນ, ເພື່ອນບັກຢາວອີກຄົນໜຶ່ງ ເວົ້າຢອກວ່າ: "ຟານໂຕ
ນັ້ນເກີດມາເປັນຄົນຊື່ ບຸນລ້າ ແລ້ວຕີຊັ້ນ!"

"ໃຫບ້ານເຮົາເຈົ້າກໍເຊື່ອຈັງຊັ້ນລະ, ຖ້າຟານໂຕນັ້ນໄປເກີດເປັນຟານອີກ ມັນຄົງຖືກຍິງ
ຕາຍຊ້ຳແລ້ວ ຊ້ຳອີກ, ຕາມໄດ້ຍິນຊາວບ້ານເລົ່າມາວ່າ ປ່າເຂດນີ້ບໍ່ມີຟານເຫລືອຈັກໂຕ
ແລ້ວຄຣອບ." ບຸນລ້າວ່າ.

"ໜບ້າເສຍດາຍບໍ," ຂ້າພະເຈົ້າຈິມ.

ບຸນລ້າເລົ່າຕໍ່ໄປວ່າ: "ແມ່ມານມີຄວາມຕ້ອງການກິນອາຫານຫລາຍ ເພື່ອໄປບຳລຸງລູກ
ຢູ່ໃນທ້ອງ, ເມື່ອແມ່ມານໄປພົບພໍ້ຄົນທີ່ມີອງກິນຕົນມີ ປະກົດວ່າຄວາມຢາກຄວາມທືວມັນ
ຣຸນແຮງ ປານວ່າຊິກິນຊ້າງໝົດທັງໂຕ. ອັນນີ້ແມ່ນເຮົາໄດ້ຍິນຈາກປາກຂອງແມ່ມານ
ຄຶ - ຜູ້ໃຄບໍ່ເຊິນກິນ ຫລືບໍ່ແບ່ງປັນຂອງກິນໃຫ້ ແມ່ມານຈະຈື່ບໍ່ລືມ ... ຈີໃນແງ່ເປັນຜູ້ບໍ່ເຫັນໃຈ
ແມ່ມານ ຊັ້ນໃດ."

"ແມ່ເຮົາບໍ່ມີໂອກາດເຫັນລູກຊາຍຕອບໃຫຍ່ກາຍໜ້າບານບານເລີຍ. ພໍເຮົາເລົ່າວ່າ ແມ່ຮີຄົນ
ຟານໂຕນັ້ນ ທີ່ຖຶກຍິງຕາຍ, ແມ່ບໍ່ຍອມກິນຊີ້ນຟານເລີຍ ແຕ່ກໍຮັບເອົາຜູດຊື້ນ ເພື່ອໃຫ້ສະມາຊິກໃນ
ຄອບຄົວໄດ້ກິນ. ເມື່ອເຮົາເກີດມາ ແມ່ຈຶ່ງຮັກຫລາຍເປັນພິເສດ, ແມ່ຕັ້ງຊຶໃຫ້ວ່າ ບຸນລ້າ ແຕ່ກໍ
ມັກເອີ້ນວ່າ ຄຳແພງຂອງແມ່ ຫລື ແພງແມ່ ..."

ເວລານີ້ ພວກເຮົາຍ່າງມາເກືອບຮອດປະຕູຮົ້ວເຂົ້າສູ່ບ້ານ. ຂ້າພະເຈົ້າຮູ້ສຶກໝ່ໃຈທີ່ໄດ້
ເດີນທາງມາບ້ານນີ້ ເຖິງແມ່ນວ່າ ທິນທາງບໍ່ສະດວກສະບາຍກໍຕາມ ແຕ່ຄວາມຄຶດບາງຢ່າງໆ
ຄຶງໃຫ້ຂ້າພະເຈົ້າຫລຽວຄືນຫລັງໄປບ່ຽງໆຢູ່ແມ່ມານຄືນນັ້ນ. ບາງລັບຫາຍໄປແລ້ວ, ແຕ່ໃນ
ມະໂນພາບ ບາງຢັງຢູ່ກັບຂ້າພະເຈົ້າ. ເປັນຄັ້ງທຳອິດທີ່ຂ້າພະເຈົ້າຮູ້ສຶກວ່າ ຖຶກພິດຄັບຈາກຄວາມຈິງ
ສຳປະຊັນຍະ ນັ້ນຄຶການມີພັນຍະໃນການປະກອບສ່ວນ ເພື່ອຊີວິດບໍ່ຍອຍໆ ທີ່ຈະເກີດມາໃນໂລກ.

We were extremely excited. One of the journalists joked, "That deer must have been reincarnated as Bounkham!"

"The villagers think that way. If the deer was reincarnated as another deer, it probably would get shot again. As I've heard the villagers say over and over, the jungle in this area no longer has any deer," said Bounkham.

"What a terrible loss," I added, and Bounkham continued with his story.

"A pregnant woman has to eat a lot in order to nourish the baby inside her womb. When a pregnant woman sees someone with food, she is seized by intense hunger, as if she could eat an elephant. A pregnant woman told me this. And if someone doesn't offer her a share of the food, that woman will never forget. She will remain bitter toward the one person who didn't have compassion for her. According to my father, my mother felt sorry for the deer that had been shot. She herself never ate the venison, but she took her share home for her family so they would have a chance to eat meat. When I was born, my mother loved me especially dearly. But my mother never had the opportunity to see her grown son's happy face. She named me 'Bounkham,' but she liked to call me 'my beloved' or 'Mother's beloved.'"

At this moment, we neared the gate leading to the village. The trail was rough, and stirred by Bounkham's story, I glanced back in the direction of the expectant mother. She had already disappeared into the field, but she remained in my memory. For the first time, I felt a sense of shared obligation to help a tiny being who would be born into this world.

NOTES

1. "Auntie" and other kinship terms are used to show respect when addressing strangers.

2. Traditional dish made of minced meat mixed with spices and a myriad of local herbs. *Laap* means "prosperity and good luck."

ແຮງເສຍສະຫລະ

ລົດຖີບ ລົມພັດມາ ເຍັນສະບາຍ ...

ຂ້າພະເຈົ້າຈິ່ມຄ່າງນີ້ຢູ່ໃນໃຈເປັນປະຈຳ, ແຕ່ແບ່ງອນລະວ່າ ຄວາມສະດວກສະບາຍ ໃນການຂີ່ລົດຖີບ ຍ່ອມດ້ອຍກວ່າການຂີ່ລົດຈັກ ຫລືລົດໂອໂຕ - ໂດຍສະເພາະຍາມຝົນຕົກ ແລະ ຍາມແດດຮ້ອນໆ. ເຖິງຢ່າງໃດກໍຕາມ ຫລັງຈາກທີ່ຂີ່ລົດຖີບແອ່ງແດດ ເທື່ອຍ້ອຍ ເທື່ອຍັງແລ້ວ ບັ່ງເອີນມີລົມພັດມາ ຂ້າພະເຈົ້າກໍເວົ້າກັບຕົນເອງຄືເກົ່າ:

ຂີ່ລົດຖີບ ລົມພັດມາ ເຍັນສະບາຍ ...

ເວລາຂີ່ລົດຖີບແອ່ງແດດນັ້ນ ເຖິງວ່າຕົນເອງຈະລຳບາກປາບໃດກໍຕາມ ແຕ່ເມື່ອມາເຫັນຄົນ ຍັງຢູ່ແຄມທາງ ຄອງຖ້າລົດແລ້ວ ຂ້າພະເຈົ້າກໍຄິດຍາກຊວນເອົາເຈົ້າຂຶ້ນຊ້ອນທ້າຍໄປນຳ ທັງນີ້ ເພາະຄິດວ່າ ຜູ້ທີ່ຍົບຕາກແດດ ຄອງຖ້າຍູ່ແຄມທາງນັ້ນ ອາດຈະຫລະມານໃຈກວ່າເຮົາ ຜູ້ທີ່ຂີ່ລົດຖີບແອ່ງແດດຫລາຍຕໍ່. ຂ້າພະເຈົ້າກໍໄດ້ແຕ່ຄິດເທົ່ານັ້ນ, ບໍ່ກ້າຊວນຜູ້ໃດ ຖ້າບໍ່ລຶ້ງກັນ ເພາະສະພາບຕົນເອງກໍ່ຮັດຕະຄັດຢູ່ແລ້ວ, ຖ້າຈະຍິບຍື່ນຄວາມສະດວກສະບາຍໃຫ້ຜູ້ອື່ນ ມັນຄວນຈະຢູ່ໃນສະພາບທີ່ດີກວ່ານີ້ ເຊັ່ນ ຂວນຂີ່ລົດຈັກ ຫລືລົດໂອໂຕ ຈະເປັນການເຫມາະສົມກວ່າ.

ແລ້ວວັນຫນຶ່ງ ຂ້າພະເຈົ້າກໍມີຜູ້ຂໍຊ້ອນທ້າຍລົດຖີບນຳ ໂດຍບໍ່ຄາດຄິດມາກ່ອນ.

"ຈັ່ງໃດເວີ້ຍ! ບໍ່ເຫັນຕັ້ງຄືນ ຢໍໄປນຳແດ່." ເອີງຍິ້ມສືບຍາບໃຫ້ຂ້າພະເຈົ້າ ຢຸດທັ້ງ ກ່າງທັກທາຍແບບກັບເຮົາ. ຂ້າພະເຈົ້າງົງ ຄິດບໍ່ອອກວ່າ ເຄີຍພົບພໍ້ກັບຢູ່ໃສ, ແຕ່ໃນ ເມື່ອເຂົາມາແບບເພື່ອນມິດ, ຂ້າພະເຈົ້າກໍຕອບສະໜອງແບບເພື່ອນມິດ. ຄັ່ງນີ້ ບໍ່າຫນັກ ທ້າສີບກວ່າກີໂລ ຈົ່ງເຕັງລົງທີ່ແຍ່ງລົດຖີບ ແລ້ວຂ້າພະເຈົ້າກໍໄດ້ອອກແຮງຕື່ມອີກ ເພື່ອໃຫ້ ລົດເຄື່ອນໄປ.

"ໄປໄກປານໃດລະນີ້?" ຂ້າພະເຈົ້າຖາມ.

"ບໍ່ໄກ, ຍ່ານຫນ້ານີ້ເຮົາກໍລົງດອກ."

ພິມເທື່ອທຳອິດ, ປີ 1988 ໃນໂຮມເລື່ອງສັ້ນ "ແຮງໃຈ".

SACRIFICE

B ICYCLE riding—it's cool when the wind blows. . . .
I comforted myself with this thought regularly, but riding on a bicycle, although comfortable, was certainly less glamorous than riding on a motorcycle or in a car, especially in the soaking rain or under the hot sun. In any case, if there was a gentle breeze after a hot and exhausting ride, I liked to repeat the same sentence to myself over and over again.

Bicycle riding—it's cool when the wind blows. . . .

Although pedaling a bicycle was exhausting in this heat, I felt sorry for those who had to wait along the road. I thought of offering one of them a ride because I felt that they must be more miserable standing in the hot sun than I was riding a bicycle. However, I did not dare offer my help because I didn't know anybody, and besides, I was in a fairly difficult situation myself. To reach out and offer comfort, one should be in a superior position: offering a ride on a motorcycle or in a car would be more appropriate.

Then one day, somebody did end up riding on the bicycle with me unexpectedly.

"Hi mate, how are things? I haven't seen you in a long time. Can I get a ride?" He waved his hands for me to stop and greeted me in a very familiar and informal manner. I was stunned. I had no idea where I had met this person before, but since he approached me in such a friendly way, I had to reciprocate in kind. Therefore, a weight of more than fifty kilograms was added onto the back of my bicycle. I had to pedal harder to make it move.

"So, how far are you going?" I asked.

"Oh, not far! I'll get off soon."

"ລັບໄປໄກ ຊິບໍ່ໄດ້ໄປສິ່ງ ເພາະອິກສອງທລັກກໍຈອດບ້ານເຮົາແລ້ວ."

"ເອີ ... ເຮົາບໍ່ຈອດຜູ້ນດອກ."

ຕະທລອດທາງ ເອົາລືມເລື່ອງທີ່ມັນບໍ່ເປັນທຍັງຈິ່ງໄດ້ຢ່າງໆໄປກາບ. ເອົາວ່າ ຄອບຄົວມີ
ລົດທິບສອງລັບ ແຕ່ລັບທນຶ່ງເພ, ອິກລັບທນຶ່ງ ຊ້າໃຫ້ເມຍໄປແລ່ນບ່ວງກ ເຊັ່ນເອກະສານເຫິນທາງ
ເພື່ອໄປຢາມບ້ານ. ບອກນັ້ນ ເອົາຍັງຢ້ອງວ່າ ລົດທິບ ອ້າພະເຈົ້າແຂວງແກ່ນຄົ, ທິບນ່ອນ, ຊ້ອນ
ສະບາຍ ... ອ້າພະເຈົ້າໄດ້ແຕ່ຟັງເປັນສ່ວນໃຫຍ່, ແລະ ຄິດຢູ່ເລິກບໍ່ແລ້ວວ່າ ເອົາແມ່ນໃຜ?
ຊິ່ວ່າຢ່າງໃດ? ຖ້າຈະຖາມ ມັນກໍຮູ້ສຶກມິອັນໃດອັນທນຶ່ງມາຕັບຣຄໄວ້ ແລະ ຢ້ານເອົາເວົ້າໃສ່ວ່າ
"ຈິທມູ່ລູ່ກັບໄດ້ ຊັ້ນບໍ່?" ຄັງນີ້ ອ້າພະເຈົ້າຈິ່ງເຊື່ອເອົາວ່າ ເອົາກໍຄື ທນຶ່ງໃນບັນດາເພື່ອນມິດ
ໃນອະດິດ. ຄິດຄັງນີ້ແລ້ວ ກໍສະບາຍໃຈ ແລະ ທິບລົດຕໍ່ໄປ ...
ໄປອິກບໍ່ໄກປານໃດ ເອົາກໍເວົ້າຂຶ້ນວ່າ: "ຈອດແລ້ວ ຈອດແລ້ວ! ເຮົາລົງ ກ່ອນຄື." ເອົາລົງໂດຍທີ່
ອ້າພະເຈົ້າບໍ່ຕ້ອງຢຸດລົດ. ອ້າພະເຈົ້າວາງຫລັງໄປເບິ່ງທນ້າເອົາ ເພາະເປັນໂອກາດສຸດທ້າຍ.
ເອົາກ່າວຂອບໃຈ ແລະຍິ້ມໃຫ້ ອັນເປັນການສະແດງຄວາມເປັນກັນເອງ. ອ້າພະເຈົ້າຄຶກທົວ
ຕອບຮັບຄວາມຂອບໃຈຂອງເອົາ ແລ້ວກໍທິບລົດຕໍ່ໄປ.
ອ້າພະເຈົ້າຄິດສິ່ງໃສໃບຄວາມຄິດຈໍາຂອງຕົນ, ຄັງນີ້ ຈິ່ງບໍ່ກ້າຕິລາຄາວ່າ ເອົາເປັນ
ຄົນແປກທນ້າ, ແຕ່ເມື່ອມາສິມມຸດວ່າ ເອົາເປັນຄົນແປກທນ້າ ອ້າພະເຈົ້າກໍບໍ່ເສຍທາຍທຍັງ
ແຖມຍັງດີໃຈຊ້ຳ ເພາະຄິດວ່າ ຕົນເອງໄດ້ຊ່ອຍຄົນຜູ້ທນຶ່ງ ທີ່ບໍ່ຮູ້ຈັກມາກ່ອນໃຫ້ໄປເຖິງ
ຈຸດທມາຍປາຍທາງໄດ້ໄວກວ່າການຍ່າງໆ ທລືຢ່າງທນ້ອຍ ກໍໃຫ້ເອົາອິດເມື່ອຍທນ້ອຍລົງ.
ການໃຫ້ຄວາມຊ່ອຍເທລືອແກ່ເພື່ອນມະນຸດນັ້ນ ເປັນຄວາມສຸກຢ່າງທນຶ່ງຂອງຄົນ. ແຕ່ຄົນເປັນ
ສັດໂລກທີ່ມີກຸດນົມິວາດ, ການພົວພັນກັນ ຈິ່ງມີລະບຽບແບບແຜນ, ມີມາລະຍາດ ໂດຍສະເພາະ
ຢູ່ໃນຕົວເມືອງ, ມີບາງຄົນຕ້ອງການຄວາມຊ່ອຍເທລື ແຕ່ກໍອັດອໍໄວ້ ເພາະຢ້ານເສຍກຽດ
ເສຍອາດ, ທ້ວຍ້ານຄົນອື່ນຖຖົມຂີ່ນ. ມີບາງຄົນຍາກໃຫ້ຄວາມຊ່ອຍເທລື ແຕ່ກໍສ່ວງເລໃຈ
ເພາະຢ້ານວ່າຄົນອື່ນ ທລິໄຝ່າຍຮັບ ຈະເບິ່ງໄປໃນແງ່ບໍ່ດີ - ຊ້າບໍ່ທນ່າ ອາດຈະກາຍເປັນວ່າ
ທນີ່ບປະທມາດກັນຊ້ຳ. ຄັງນີ້ ຄົນຜູ້ຕ້ອງການຄວາມຊ່ອຍເທລື ແລະ ຄົນຜູ້ຍາກໃຫ້ຄວາມ
ຊ່ອຍເທລື ຈິ່ງບໍ່ຄ່ອຍພົບກັນ ທັ້ງທີ່ເຖິງທາງໆສັ້ນຄຽວກັນ.
ທລາຍວັນຕໍ່ມາ ອ້າພະເຈົ້າກັບບ້ານ ທ່າມກາງແສງແດດອັນຮ້ອນຣະລິນ ຂອງເຄືອນພຶດສະພາ,
ຕາມທາງ ເທັນຊາຍຂຸລາຄົນທນຶ່ງ ຍືນຢູ່ແຄມທາງ, ສາຍຕາລາວແນບບ່ຽວລົດແຕ່ລະຄັບ

"I won't be able to take you farther than two kilometers, OK? That's where I live," I warned him.

"Oh, I'll get off way before that," he assured me.

Throughout the entire trip, he kept talking about why he was walking to work today. It seemed there were two bicycles in his family, but one was broken and his wife was using the other one to get travel documents for a visit to her home village. Then he exclaimed over the qualities of my bicycle, that it was strong, easy to pedal, and almost effortless for a rider to board. . . . Most of this time, as I listened, I wondered over and over again: Who was he? What was his name? It would be embarrassing to bluntly ask his identity. I was afraid he would reply, "Gee, can't you remember old friends?" Perhaps he was one of my many past acquaintances. Satisfied with that, I pedaled on quietly.

Soon he exclaimed, "We're here, we're here! I'm getting off, OK?" I did not have to stop to let him off. I turned to have a good look at him before we parted. He thanked me and waved to show his camaraderie. I nodded in acceptance and continued on my way.

Because I doubted my memory, I didn't want to condemn him as a bold stranger. Well, what if he was a stranger? There had been no harm done. In fact, I felt happy to have been able to help a total stranger by getting him to his destination faster than if he had walked. At least the ride might have done something to alleviate his exhaustion. Helping others was a joy. However, human beings have their dignity, their pride, and a well-defined plan for social interaction, which has to be observed when approaching others, especially in large cities. Some people need assistance, but do not dare ask for fear of being humbled and looked down upon. Others want to offer help, but hesitate because they're afraid people might interpret the gesture in the wrong way. This is why the person who needs help and the one who wants to offer it do not meet each other at the same level, even though they travel the same road.

Many days later, on my way home in the hot sun of May, I saw an old man standing by the roadside. His eyes clung anxiously to

ທີ່ຜ່ານໄປ ດ້ວຍຄວາມຈິດຈ່. ເມື່ອຂ້າພະເຈົ້າ ໄປໂກ້ໆ ກໍໄດ້ສືບແສງຕາກັບລາວ ມັນເປັນສິທບ້າງ ແວວຕາຂອງລີນທີ່ຕ້ອງການຄວາມຊ່ວຍເຫລືອ. ຂ້າພະເຈົ້າຕັດສືນໃຈຢຸດລົດຖີບ ແລ້ວຖາມ ຂື້ນກ່ອນ.

"ລຸງຊີໄປໃສ?"

"ເມືອບ້ານຢູ່ສີໄຄພຸ້ນ."

"ລຸງຊ້ອນທ້າຍລົດຖີບໄດ້ຢູ່ຕີ, ຫລາງຊີໄປສົ່ງ."

"ໄດ້ຢູ່, ລຸງຊໍໄປນຳແດ່."

ແລ້ວຂ້າພະເຈົ້າກໍໄດ້ລຸງແປກຫນ້າຄົນຫນຶ່ງ ນັ່ງຊ້ອນທ້າຍໄປນຳ. ບ້ານລຸງ ຢູ່ກາຍຂ້າມ ຂ້າພະເຈົ້າໄປອີກໄກ ແຕ່ຂ້າພະເຈົ້າ ກໍໄປສົ່ງລາວຮອດຈຸດຫມາຍປາຍທາງແລ້ວຈຶ່ງກັບຄືນມາ ບ້ານຕົນເອງ. ຂ້າພະເຈົ້າຮູ້ສຶກເປັນສຸກຢູ່ໃນໃຈ ແລະ ຈົ່ມອອກມາຄ່ອຍໆວ່າ: ຊີ່ລົດຖີບ ລືມພັດມາ ເຍັນສະບາຍ.

ຄັ້ງຫນຶ່ງ ຂ້າພະເຈົ້າມີລົດຈັກໄວ້ໃນຄອບຄອງ. ມັນເປັນລົດຈັກຣຸນຄາສີຂຽວ ຂຶ້ງຫມູ່ ຂອງຂ້າພະເຈົ້າ ນຳມາຝາກໄວ້ ເພາະເຂົາມີວຽກຕ້ອງເດີນທາງໄປປະຕິບັດງານຢູ່ຫ່າງຖຸ່ນ. ເຂົາເປັນໂສດ ແລະ ພັກຢູ່ທີ່ພັກຂອງຜະນັກງານ. ເຂົາບອກວ່າ ໄລຍະທີ່ເຂົາບໍ່ຢູ່ນີ້ ຂ້າພະເຈົ້າ ມີສິດໃຊ້ລົດຕາມສະບາຍ. ຕັ້ງນີ້ ຂ້າພະເຈົ້າຈຶ່ງໃຊ້ມັນເປັນພາຫະນະໄປການເກືອບທຸກວັນ, ແຕ່ກໍ ໃຊ້ຢ່າງລະມັດລະວັງ ເພື່ອບໍ່ໃຫ້ເກີດການເສຍຫາຍ ຫລືເປ່ເພ. ຕະຫລອດເວລາສອງອາທິດ ທີ່ລົດຈັກຢູ່ນຳັບນັ້ນ, ກໍເກີດມີ ກໍລະບິເປັນຕາຫນ້າຫົວ ຍ້ອນຄວາມບໍ່ຣອບຄອບຂອງຂ້າພະເຈົ້າ, ເຈົ້າອິກຢ່າງ ກໍແນ່ນອນຄືນເອງເສືອກບໍ່ເຂົ້າເລື່ອງ:

ແມ່ຍິງຄົນນັ້ນ ຢູ່ໃນໄວສາມສິບກວ່າ, ອາດຈະແກ່ກວ່າຂ້າພະເຈົ້າ ສີ່ ຫລືຫ້າປີ, ບາງຍິນ ຕາກແດດຄອຍຖ້າລົດ. ຂ້າພະເຈົ້າເຫັນວ່າ ບາງຍາມກໍໃຫ້ລົດຍຸດ, ທຳຄິດ ຄືດວ່າ ບາງຍາມກໍໃສ່ ຂ້າພະເຈົ້າ, ແຕ່ອະນະຄຮວກັບ ກໍມີລົດຕັກຊີດັບຫນຶ່ງແລ່ນມາ ແລ້ວກາຍໄປເລີຍ ເພາະມີຄົນ ໂດຍສານເຕັມລົດແລ້ວ. ເມື່ອເປັນຕັ້ງນັ້ນ ຂ້າພະເຈົ້າ ຈຶ່ງຢຸດລົດໂກ້ໆ ກັບນາງ ແລະ ຖາມຂຶ້ນ:

"ລົດຕັກຊີມັນເຕັມແລ້ວ ຈຶ່ງບໍ່ຢຸດ. ໄປບໍ່? ຂອຍຊີໄປສົ່ງ."

"ເລື່ອງອິຫຍັງຢ້ອຍຊີໄປລົດຈັກນຳເຈົ້າ!" ນາງເຮັດສຽງແຂງ.

"ບໍ່ໃຫ້ຈ້າງດອກ, ຊີໄປສົ່ງຂຶ້ໆ" ຂອຍວ່າດ້ວຍຄວາມບໍ່ລືສຸກໃຈ.

"ບໍ່ວ່າແຕ່ໃຫ້ຊີ່ລ້າ, ຈ້າງໃຫ້ຂ້ຍັງບໍ່ນ່າ."

"ເຫັນໃຈເຈົ້າທີ່ຕາກແດດ, ຫວັງດີນຳຂຶ້ງດອກ."

"ຂອບໃຈໃນຄວາມຫວັງດີ. ແຕ່ຢ່າຫວັງລວຍເດີ!"

each passing vehicle. When I came closer I met his eyes. His face and eyes cried out for help. I stopped my bicycle and approached him.

"Where are you going, Uncle?" I asked.

"I'm going home to Sikhay."

"Would you care for a ride? I'll take you home."

"Oh, yes. Please."

So I let another complete stranger ride with me. The man lived beyond my home, but I decided to take him all the way, then I made a U-turn back to my house. I felt good as I mumbled to myself: "Bicycle riding—it's cool when the wind blows. . . ."

On another occasion, I was left in charge of a motorcycle. A friend had asked me to look after his green Honda while he went on an assignment in a rural area. Since he was single, he lived in the workers' dormitory and allowed me to use the bike while he was gone. So the Honda became my mode of transportation to work every day, and I meant to treat it with the utmost care so it would not be stolen or break down. During those two weeks that I was in charge of that bike, many funny incidents occurred because of my carelessness, or rather because I wanted to show off.

I saw a woman of about thirty, maybe four or five years older than I, waiting for a taxi in the hot sun. She was waving her hand to stop a car. I thought at first she was waving at me until I noticed a cab slowing down. It did not stop, however, because it was already full of passengers. So I pulled up close to her and said, "The cab was already full, that's why it didn't stop. Would you like a ride with me? I'll take you home."

"What's the idea? Why should I go with you?" she shot back, displeased.

"You don't have to pay. I'll just give you a free ride," I assured her sincerely.

"Free or not, I won't ride with you even if you pay me!"

"I saw you in the hot sun and, really, I mean well!"

"Yeah, right. You mean well, but don't expect something else. Thanks, but no thanks!"

ອ້າຍພະເຈົ້າບໍ່ຕໍ່ຄວາມຍາກ ເລີຍອີ່ລົດບີ່ຈາກໄປ ທັງບໍ່ຍອມທລຽວຫລັງ ໃຫ້ບາງຄັ້ງທັບ
ທນ້າອີກ ເພາະຮູ້ວ່າ ຕິບເຊງຖືກເບິ່ງໃນແງ່ບໍ່ດີ. ອ້າຍພະເຈົ້າບໍ່ຢາກປະນາມຜູ້ຍິງຄົນນັ້ນດອກ
ເພາະບາງເຮົດຖືກແລ້ວ ທີ່ປະຕິເສດການອີ່ລົດນ່າຄັນແປກທນ້າ. ບາງເປັນຄົນຮອບຄອບ,
ມີສະຕິລະວັງຕົວ. ແມ່ຍິງທີ່ມີຄຸນສົມບັດ ບໍ່ແມ່ນຈະໄປອີ່ລົດນ່າຄັນຊື່ນ ໂດຍບໍ່ເລືອກທນ້າ.
ຂະນະອີ່ລົດໄປ ອ້າຍພະເຈົ້າກໍທົບທວນປະໂຫຍກຄຳເວົ້າຂອງບາງຢູ່ໃນໃຈໄປຕະຫລອດທາງ:
"ຢ່າທວັງລອຍເດີ້! ຢ່າທວັງລອຍເດີ້!"
ອ້າຍພະເຈົ້າບໍ່ຄິດຄຸດຄວມດອກ ທີ່ຕິບເຊງຖືກເບິ່ງໃນແງ່ບໍ່ດີ, ແຕ່ກໍຮູ້ຄືໃໄປຕະຫລອດ
ທາງ, ທມາຍຄວາມວ່າ ທົວຢູ່ໃນໃຈ ທົວຂວັນຕິບເຊງຫັ້ນລະ!
ແຕ່ອ້າຍພະເຈົ້າກໍບໍ່ຍອມທໍ້ຖອຍ ໃນເມື່ອຄິດວ່າ ຕິບເຊງຢາກເຮັດແນວທີ່ບໍ່ລີສຸດ ປວດໃສ.
ເມື່ອຄັ້ງທຳອິດບໍ່ໄດ້ຍິນ, ອ້າຍພະເຈົ້າກໍທົດລອງຂ້າງສອງອີກ ເຜື່ອຈະສະທລຸບຜິນວ່າ ເປັນແນວ
ໃດແລ້ວຈະບໍ່ໄດ້ເຮັດອີກ ຖ້າບໍ່ເປັນຜິນດີ.
ເຊົ້າວັນທນື່ງ, ອ້າຍພະເຈົ້າໄປປະການຕາມປົກກະຕິ, ອີ່ລົດຈັກໄປຮອດຄຸ້ມທົວເມືອງ ກໍທັບ
ຍິງສາວຄົນທນື່ງ ຍືນຢູ່ແຄມທາງ ມີຖິງບໍ່ໃບໂຕ. ອ້າຍພະເຈົ້າຜ່ອນຄວາມໄວລົງ ບໍ່ຄ່ອຍບ້ານັບ
ຈັກທບ່ອຍ, ຄາວທນື່ງ ຈັກລົດກໍມຍອດລົງ ແລະ ໄປຸດຢູ່ໃຫ້ຫຍິງຄົນນັ້ນ. ອ້າຍພະເຈົ້າລ້ງລົດ
ແລ້ວທຳທ່າແປງບ່ອນນັ້ນບ່ອນນີ້ຢູ່ຄົນຕົນ, ຕໍ່ມາ ກໍທິດລອງຕິດຈັກ - ມັນຕິດໄດ້ດາດດຽວໂລດ!
ອ້າຍພະເຈົ້າງາກໄປທາຍິງຄົນນັ້ນ. ບາງມີທ່າທາງກະວົນກະວາຍ, ຄົງຮ້ອນໃຈ ຢາກໄປໃຫ້ເຖິງ
ຈຸດທມາຍປາຍທາງແຫ່ງໃດ ແທ້ງທນື່ງ.
"ບໍ່ອງຖ້າຄົນມາຮັບບໍ?" ອ້າຍພະເຈົ້າຖາມ.
"ເອີ ... ອາ! ບໍ່ອງຖ້າລົດຕັກຊິ້." ບາງເວົ້າກະຕຸກກະຕັກ.
"ຄັນຟ້າວ ອ້າຍຊິໄປສົ່ງ."
"ກ່າຟ້າວແດ່ ເພາະບໍ່ອງຮັບເອົາເຄື່ອງກັບໄປສົ່ງແມ່ຢູ່ໂຮງທມໍ."
"ເຊິນຕິ, ອ້າຍຊິໄປສົ່ງ."
ບາງສະແດງຄວາມຍິນດີ ແລະ ຂອບໃຈທີ່ອ້າຍພະເຈົ້າຍື່ນມືເຂົ້າໄປຊ່ວຍ. ອ້າຍພະເຈົ້າ
ໄປສົ່ງບາງ ທີ່ປາກທາງເຂົ້າໂຮງທມໍມະໂຫສິດ. ບາງລົງລົດກ່າວຂອບໃຈອີກເທື່ອທນື່ງ
ແລ້ວຜອກເຮົາກໍຈາກກັນໄປຄົນລະທາງ. ອ້າຍພະເຈົ້າມຸ່ງທນ້າໄປອີກ ບໍ່ໄກ ກໍຮອດໂຮງການ ແລະ
ມີເວລາເທລືອຢູ່ທ້າບາທີ ຈຶ່ງຮອດເວລາເຂົ້າການ.
ເວລາຜ່ານໄປສອງອາທິດ, ທມ່ອງຂອງອ້າຍພະເຈົ້າກໍມານ່າເອົາລົດຈັກຄືນ. ລົດຢູ່ໃນສະພາບ
ແລ່ນໄດ້ດີ ຄືກັ່ງຕອບທ່ທມ່ເຮົາມາຝາກໄວ້ທຳອິດ. ທມົບອກວ່າ ເວລາໃດມີອຸກຈຳເປັນຕ້ອງ

I didn't linger, but rode off immediately and did not look back. My gesture had been misunderstood. I didn't want to judge that woman. She was right to refuse a ride from a stranger. She was being alert and careful. Why would a decent woman go off with a stranger? I pondered her words along the way: "Thanks, but no thanks!"

No, I wasn't upset that I had been seen in the wrong light. Instead, I felt amused and had to smother an outburst of laughter as I rode away.

But I did not give up on helping others, especially when I believed my intentions were honorable. If I was not successful in the beginning, I would try a second time to see how it went. If, again, I was not well received, I wouldn't make another attempt.

One morning I was on my way to work as usual. As I approached Hua Muong district on my motorbike, I spotted a young woman standing by the roadway, holding a *pinto*[1] with one hand. I slowed down by easing up on the throttle, and the bike soon coasted to a halt very close to where the young woman was standing. I got off the bike and pretended to tinker with it here and there for a while. Then I tried to start it up again. And since there was nothing wrong with it, of course, it started right away. I turned to look at the woman, who appeared very anxious and in a hurry to reach her destination quickly. So I asked, "Excuse me, are you waiting for someone?"

"Well, uh . . . I'm waiting for a cab," she answered uneasily.

"If you're in a hurry, can I take you there?"

"Well, sort of . . . uh . . . I'm taking this food to my mother in the hospital."

"Would it be all right if I gave you a ride?"

Overjoyed by my offer, she accepted gratefully. I gave her a ride to the entrance of the hospital. She got off, mumbled her thanks once more, and we went our separate ways. I arrived at work five minutes early.

After two weeks had passed, my friend came back to reclaim his motorcycle. The bike was still in good shape, as it had been when he

ໃຊ້ ກໍໃຫ້ບອກ, ຫມໍຍິນດີຈະໃຫ້ຢືມ. ທັງສອງເຮົາເປັນຫມູ່ຄູ່ຮັກແຕ່ຕອນມາແຕ່ຕອນບຽນຢູ່ໂຮງຮຽນອຸດົມ.

ອ້າຍພະເຈົ້າຄືນມາຂີ່ລົດຖີບເປັນປະຈຳທຸກມື້, ບໍ່ວ່າໄປວຽກສ່ວນຕົວ ຫລືໄປການ. ບາງຄັ້ງເຫັນຜູ້ຕຶກຜູ້ແກ່ຢືນຢູ່ແຄມທາງ ອ້າຍພະເຈົ້າກໍຊວນຂຶ້ນທ້າຍໄປບໍາ ຖ້າແມ່ນຈຸດຫມາຍບ່ໄກ ແລະ ຜ່ານໄປຕາມເສັ້ນທາງດຽວກັນ, ບາງຄົນກໍປະຕິເສດ - ອາດເນື່ອງມາຈາກຄວາມບໍ່ສະດວກ ບາງປະການ ໃນການຂຶ້ນທ້າຍລົດຖີບ. ແຕ່ສິ່ງທີ່ອ້າຍພະເຈົ້າບໍ່ເຮັດອິກ ກໍຄື ອບແມ່ຍິງ ທີ່ບໍ່ລຶ້ງເຄີຍກັນ ຂຶ້ນຂຶ້ນທ້າຍ ຖ້າວ່າ ບໍ່ໄດ້ຮັບການຍໍຮ້ອງກ່ອນ.

ບົດມ້ວນທ້າຍ

ມັນເປັນແລງວັນເສົາ. ອ້າຍພະເຈົ້າໄປຢ້ຽມຍາມຫລານ ທີ່ປ່ວຍເປັນພະຍາດໄຂ້ເລືອດອອກ ຢູ່ໂຮງພະຍາບານ. ຂະນະນີ້ ເປັນເຖິນທິສາມແລ້ວ ທີ່ພະຍາດໄຂ້ເລືອດອອກລະບາດໃນກຳແພງ ນະຄອນວຽງຈັນ. ມັນເປັນຄັ້ງຮ້າຍແຮງທີ່ສຸດເທົ່າທີ່ເຄີຍເປັນມາ, ມັນເລີ່ມຕົ້ນແຕ່ເຖິນພິດສະພາ 1987 ແລະ ເກີດຂຶ້ນໃນຫລາຍແຫ່ງຂອງປະເທດ, ແພດໄດ້ແນະນຳຫລາຍຢ່າງກ່ຽວກັບວິທີ ປ້ອງກັນ ແລະ ປິ່ນປົວ, ວິທີຫນຶ່ງກໍແມ່ນ ໃຫ້ເດັກນ້ອຍກິນຫມາກໄມ້ຫລາຍໆ ເຊັ່ນ ບ່າຫມາກ ພ້າວ, ນ້ຳຫມາກນາວ, ຫມາກກ້ຽງ ແລະ ອື່ນໆ ...

ຢູ່ອ້າງຕິກປິ່ນປົວເດັກນ້ອຍ ມີຄົນຍິນຈຸ່ມກັນຢູ່. ບາງຄົນມາຕິດຕາມເບິ່ງລູກ ເບິ່ງຫລານ ຫລືບໍາສິ່ງຂອງຈຳເປັນມາໃຫ້ຜູ້ປ່ວຍ. ມີສຽງໂສເຫລ້ກັນ, ຖາມກັນ ເຄື່ອງຢາພື້ນເມືອງ, ຖາມຫາຮ້ານຂາຍຢາ, ເຄື່ອງຜາຫະນະໄປມາ ...

"ລູກຂ້ອຍ ຄັນໄດ້ມາໂຮງຫມໍໄວ ກໍຄືຊິບໍ່ອາການຫນັກຈັ່ງຊີ້, ຍາກນໍາບໍ່ມີລົດລາ, ມັນເລີ່ມ ຄິງຮ້ອນແຕ່ຕອນແລງ ຈົນມື້ຕໍ່ມາ ຈຶ່ງໄດ້ມາໂຮງຫມໍ." ຄົນຫນຶ່ງ ຈົ່ມດ້ວຍນ້ຳສຽງມີຄວາມກັງວົນ.

"ລູກຂ້ອຍຜັດແຕ່ຄິງອຸ່ນຊຶດປົກກະຕິ ກໍຟ້າວເອົາມາໂລດ, ໄດແຕ່ແຕ່ຄືນ ເຮືອນໃຫ້ມີ ລົດໃຫຍ່ - ລາວບອກໄວ້ກ່ອນວ່າ, ຄັນເດັກນ້ອຍເຈັບເປັນ ຮີບໄປເຊິ່ນ ເອົາໂລດ, ລາວຜາມໆ

entrusted it to me. He said he'd be more than happy to let me borrow it whenever I needed it. We've been good friends since high school.

So I returned to riding my bicycle once again. When I saw older people waiting by the roadside, I sometimes invited them to ride with me, especially if they were heading in the same direction and the distance was not too great. Some people refused the offer, probably because they felt that riding on the back of a bicycle was not that comfortable. However, I never again offered a ride to any woman who had not requested one.

EPILOGUE

ON Saturday evening, I went to the hospital to visit a nephew who was sick with hemorrhagic dengue fever. The epidemic had entered its third month in the Viengchan municipality. This particular outbreak, which had begun in May 1987 and spread throughout the country, was the most serious of all. Physicians suggested various preventive measures as well as methods of caring for the sick. One recommendation was to give the children lots of fluid, such as coconut, citrus, and other fruit juices.

There were a few people gathering next to the children's ward. Some of them were with their sick children and others carried needed items for the sick. All sorts of discussions were heard. There were questions about traditional remedies, about the pharmacy, about transportation. . . .

"If my child had received immediate attention, he probably wouldn't have gotten this sick. It's so hard without transportation. You see, he had a fever the evening before, but we couldn't get him to the hospital until the next day!" lamented one person, full of anxiety.

"I didn't take any chances. When my baby had a slight temperature, I rushed him here right away. It is such a blessing to have a

ແຕ່ຄືນນີ້. ຢູ່ຄຸ້ມຂ້ອຍ ໃກ້ແລ້ນໄປຫາແຕ່ລາວຫັ້ນລະ. ລາວຊຸ່ອຍບໍ່ລີກຄາບສິ່ງໂຮງຫມໍ ຢູ່ເລື້ອຍໆ. " ຜູ້ຫນຶ່ງເວົ້າຈ່ອຍຈ້ອຍ.

"... ຂ້ອຍທວະ ເຊ ວ່າຊິມາເອົາເລືອດອອກໃຫ້ຫລາບ ແຕ່ເລືອດບໍ່ແມ່ນກຸ່ມດຽວກັບ ກຳເລີຍບໍ່ລີຈາກໃຫ້ເດີກບໍ່ອຍຢູ່ຕຽງຂ້າງຫັ້ນສາ ... ມີແຕ່ຜູ້ຕ້ອງການເລືອດ, ໂອຍຈ້ງແມ່ນບໍ່ອຍ ຍາກມີເລືອດຫລາຍໆ ຊິບໍ່ລີຈາກໃຫ້ມັນໄດວ່ຜູ້ລະ ... " ທິກຜູ້ຫນຶ່ງຕອບຄຳຖາມຂອງຫມໍ ດ້ວຍາເຂົ້າທຫຂ້າພະເຈົ້າ.

ແລະ ມີສຽງຜູ້ຍິງຄັງຂຶ້ນວ່າ: " ຂ້ອຍເຫງກ່ຍາກບຳເລື່ອງລົດລາພາທະນະ, ຈ້າງແຕ່ ຕັກຊິຫລາຍ ກໍ່ໄທວ, ລູກກໍ່ເຈັບພາບກັບສອງຄືນ. ມີ້ກ່ອນລູກສາວກໍກ ຊິເອົາເຂົ້າມາສ່ງແມ່, ມັນຍັງຖ່າລົດຕັກຊິຕັ້ງຄືນ, ພໍມີລົດຈັກຄັບຫນຶ່ງມາຈອດ ແລ້ວຜູ້ຊິກ່ຂັບອາສາມາສ່ງ ຈ່ງໄດ້ ມາຮອດ. ມີຄືນໃນບຸນຈ່ງຊິກ່ໄດແດ່ ... "

ຂ້າພະເຈົ້າບໍ່ຢາກເຊື່ອດອກວ່າ ຜູ້ທີ່ຂັບຂີ່ລົດຈັກຄັບນັ້ນ ແມ່ນຂ້າພະເຈົ້າເອງ ເພາະ ເຫດການມັນຜ່ານມາຫລາຍເດືອນແລ້ວ, ຫລືບາງທີຍິ່ງຄືນນັ້ນຢາກມີເລື່ອງສືນທະນາບຳຫມໍ ກຳເລີຍຍກເລື່ອງເກົ່າມາເລົ່າໃຫມ່, ເຮັດຄືວ່າ ມັນເກີດຂຶ້ນມີ້ກ່ອນ ມື້ວານ. ບໍ່ ... ຂ້າພະເຈົ້າບໍ່ ເຊື່ອຕາມທີ່ຕົນເຫງຄິດດອກ, ແບວໃດມັນກໍ່ຕ້ອງມີຜູ້ໃດ ຜູ້ຫນຶ່ງ ຂັບອາສາສ່ງລູກສາວຂອງລາວ. ຄິດດັ່ງນີ້ແລ້ວ ຂ້າພະເຈົ້າຍິ່ງເປັນສຸກຢູ່ໃນໃຈ. ການໄດ້ຍິນໄດ້ຟັງເລື່ອງຄືນທີ່ມີບ້າໃຈ ເສຍສະຫລະນັ້ນ ພາໃຫ້ຮູ້ສຶກສະບາຍໃຈ, ດັ່ງນີ້ ເມື່ອຂ້ຶລົດຖີບ ເຖິງວ່າລົມບໍ່ພັດ ມັນກໍ່ສຶກເຢັນ ສະບາຍໃນທົວໃຈ.

neighbor with a car. Whenever a child is sick, we can ask him for help. He is so kind and has brought us here so quickly and so often!" said another with gratitude.

" . . . Who? Me? Oh, I'm here to give blood to my nephew, but unfortunately we don't have the same type, so I decided to donate mine to the child in the next bed. Everyone needs blood. I wish I had plenty of it to go around."

Then a woman's voice spoke: "Me, too, I have trouble with transportation. I can't afford too many taxi rides, especially now with two children sick at the same time. The other day, my eldest daughter was on her way here and was waiting for a cab a long time. Then a motorcyclist stopped and offered her a ride so she could get here real fast. You know, it's so nice to know that kind people still exist. . . . "

It was hard to believe I was the motorcyclist she was praising, because the incident had occurred many months ago. Maybe that woman simply needed to talk and kept repeating the same story over and over again, making it sound as if the event had just happened yesterday or the day before. I really didn't want to think it was me she was talking about. In any case, there really might be someone else who offered a ride to her daughter. And yet, I couldn't help feeling very happy hearing stories about people who were kind and generous.

So whenever I ride my bicycle, even sometimes when a breeze isn't blowing, I still feel very cool in my heart.

NOTES

1. Tiffin carrier. A stack of small interlocking metal pots arranged vertically in a carrier, which is very convenient for carrying foods of different consistency, taste, and temperature.

ຄົນງາມ

ລຳ ວິງຜ່ານໄປແລ້ວສິບສອງຮອບ ແຕ່ແພງລຳບໍ່ໄດ້ຟ້ອນຈັກເທື່ອ, ຮອບທີສິບສາມ ກໍກຳລັງຟ້ອນກັບຢູ່ຢ່າງມ່ວນຊື່ນ.

ນາງບົວຢູ່ແປ້ນມ້າ ໃກ້ກັບວິງຄົນຕີທີ່ກຳລັງສິ່ງສຽງອຶກກະທຶກ, ເປັນນາງສາວຄົນດຽວ ທີ່ເຫລືອຄ້າງ, ໝາຍຄວາມວ່າ ບໍ່ມີຜູ້ເອົາພວງມະໄລໄປຟ້ອນຄືສາວອື່ນໆ. ນາງບົວ ຟັງຄົນຕີ, ຟັງເພງສຽງດັງໂອກອາກ ຈາກນັກຮ້ອງຜົມຍາວທີ່ບຸ່ງໂສ້ງຂາບານ.

ບໍ່ ... ບໍ່ແມ່ນແພງລຳຟັງດ້ວຍຄວາມຊາບຊຶ້ງສົນໃຈດອກ, ແຕ່ນາງຈຳໃຈຟັງ, ເຖິງ ບໍ່ຟັງ ສຽງເພງມັນກໍເຂົ້າຫູເຮົາ, ນາງຟັງເພື່ອຂ້າເວລາ, ຟັງເພາະນາງບໍ່ມີທະຍັງເຮັດ, ມີແຕ່ ນັ່ງໃຈ່ມໂປມ, ຟັງເພື່ອແກ້ເກີ້ ເພາະນາງບໍ່ໄດ້ອອກໄປຟ້ອນຄືໝູ່.

ນາງບົວເກືອບບໍ່ເຫປັວບໍ່ຕິງ ເບິ່ງນັກຄົນຕີເສບ ເກືອບບໍ່ພັບຕາ, ຄົນໆ ນາງກໍຫລຽວໄປ ເບິ່ງໝູ່ທີ່ກຳລັງຟ້ອນຢູ່ດ້ວຍຄວາມຮູ້ສຶກຕ່ຳຄ້ອຍບ້ອຍໃຈ.

ນັ້ນ ... ລັດຄາພອນກຳລັງຟ້ອນອອກໜ້າໝູ່, ນາງຍິ້ມແຢ້ມ, ທ່າທາງອວດອ່ຽງແຕ່ຈັກ ໜບ່ອຍ ເພາະເປັນສາວງາມ ແລະ ເປັນເຈົ້າຂອງພວງມະໄລໃນຮອບນີ້, ໝາຍຄວາມວ່າ ຜູ້ເຫມິງຮອບບົ່ວຊັ້ຮ່ເອົານາງໃຫ້ໄປຍືນຢູ່ກາງເວທີ ເພື່ອມອບພວງມະໄລໃຫ້ແກ່ຜູ້ເຫມິງ, ນາງເປັນເຈົ້າຂອງພວງມະໄລມາແລ້ວສາມຮອບ.

ຖັດຈາກລັດຄາພອນ ແມ່ນສອບນະພາ, ສາວງາມອີກຄົນໜຶ່ງ ຊື່ວໃນງ ກໍໝາຍຕາເອົາໄວ້ ໃຫ້ເປັນເຈົ້າຂອງພວງມະໄລ. ນາງຟ້ອນທຸກຮອບບໍ່ເວັ້ນຫວ່າງ. ຄົນທີ່ຟ້ອນແອ່ນປານບິກ ຍຸງລຳແຜນ ເປັນເປົ້າສາຍຕາຂອງບ່າວເຫຶ່ນ ບ່າວແກ່ ອີກຫລາຍໜຶ່ງ ກໍແມ່ນ ຟ້າວິຈິດ.

ພິມເທື່ອທຳອິດ, ປີ 1978 ໃນໂຮມເລື່ອງສັ້ນ "ສຽງເອີ້ນຂອງໃຈ."
ພິມເທື່ອທິສອງ, ປີ 1988 ໃນ ວັນນະສິນ.

WHAT A BEAUTY!

THE twelfth round of *lamvong*[1] had just ended and Phaengkham hadn't danced even once. Now the thirteenth was starting and everyone was having a good time.

She sat on a bench next to the band and its loud music. She was the only girl who was still sitting alone because no man had offered her a garland.[2] So she sat and listened to the obnoxious songs sung by the long-haired, bell-bottomed singer on the bandstand. She didn't listen to the songs with delight or interest, she just listened. The noise penetrated her ears whether she enjoyed it or not. She listened because she had no choice. She listened because there was nothing else to do. She listened to pass the time and to hide the embarrassment of being left alone at a public dance.

She sat there almost without moving, staring at the players in the band without even blinking an eye. Once in a long while she glanced with envy and frustration at her friends on the dance floor.

Over there . . . Laddapone was leading. Laddapone smiled constantly and a little snobbishly, maybe because she was a beautiful girl and had been chosen to present a garland to the "sponsor" for this round. The sponsor was usually a rich man of high status, or sometimes the representative of a company, who paid for a round of dancing. This person could select a girl to present him with bunches of garlands. She was called the "owner of the garlands." Before each round of dance, the chosen girl was asked to stand in the middle of the floor and offer garlands to the sponsor, who would distribute them among his friends. Each friend then took a garland to the young woman with whom he wished to dance.

Following Laddapone was Sohnnapa, another beauty who had been designated as the next "owner of the garlands." She had danced every

ຄົນງາມ

ຕິດຕາມດ້ວຍຂອນອະມິງ ສາວຄົ້ງກໍ່ງຄັງຄືນ ສົມເປັນດາລາປະຈຳຮ້ານລຳວົງ ເພາະບາງ
ເປັນເຈົ້າຂອງພວງມະໄລມາແລ້ວທິກຮອບ. ຄົນອື່ນໆນັ້ນ ເປັນເຈົ້າຂອງພວງມະໄລພຽງ
ຜູ້ລະທບື່ງຮອບ ສອງຮອບ ທໍ່ນັ້ນ. ສ່ວນແພງຄຳ ບໍ່ພຽງແຕ່ບໍ່ໄດ້ເປັນເຈົ້າຂອງ
ມະໄລຈັກຮອບ, ບາງຍັງບໍ່ມີຜູ້ໃດມາໂຄ້ງເອົາໄປຟ້ອນ ແມ່ນແຕ່ຮອບດຽວ. ຄັ່ງນີ້ ບາງຈຶ່ງ
ເປັນບຸກຄົນທີ່ພວກບາງສາວດ້ວຍກັນເວົ້າຂວັນ ເວົ້າເຍີ້ຍ ຫລືເປັນຕິວຕະຫລົກ ໃນບົດ
ສົນທະນາຂອງຫມູ່ເພື່ອນ. ລັດຖາພອນຈະເບິ່ງຫນ້າສອນມະພາ ແລ້ວຍິ້ມຫົວ ທັງຫລຽວມາ
ເບິ່ງແພງຄຳ ຄືຄັ່ງຈະເວົ້າວ່າ: "ແພງຄຳ ບໍ່ໄດ້ຟ້ອນນຳຫມູ່ອີກແລ້ວຮອບນີ້." ຫລື ຂອນອະມິງ
ຈະຫົວຂັ້ນຄ່ອຍໆກັບຫມູ່ ແລ້ວເວົ້າຂັ້ນວ່າ:

"ບັ່ງຕິບຍຸງອິກຕາມເລີຍ ແພງຄຳມະ, ຜູ້ຊາຍນີ້ກໍຈັ່ງແມ່ນໃຈດຳບໍ່ ບໍ່ຈອງເອົາລາວໄປຟ້ອນ
ຈັກຮອບ ພໍຍົກແດ່ງຍົດຂາແດ່."

ແມ່ນແທ້ ... ທີ່ວ່າ ແພງຄຳບໍ່ງາມຄືຫມູ່, ແຕ່ງຕິວບໍ່ທັບສະໄຫມ, ເຕັ້ນລຳ ແບບສາກົນກໍ
ບໍ່ເປັນ. ແພງຄຳສະຫວ່ງຮມຈຮມຕິວ, ບໍ່ກະໂດດໂລດເຕັ້ນ, ບໍ່ຄັບໃນສັງຄົມ.

ບາງເປັນລູກຂອງຄົນທຸກຍາກ ຕ້ອງຊ່ວຍແມ່ ເຮັດເຂົ້າຫນົມຄືກຂາຍ, ຕ້ອງເບິ່ງແຍງບ້ອງ
ຕັ້ງທິກຄົນ. ພໍບາງເປັນຊ່າງໄມ້, ຫາມະຂອງຄອບຄົວບໍ່ຄືເລີຍ, ຂາດງ ເຮືອງ, ເງິນຂຸ້ຄົ້ງ
ບຸ່ງງາມໆ ກໍບໍ່ນຳເພີ່ມ.

ສ່ວນບາງສາວອື່ນໆ ໂດຍສະເພາະທີ່ກ່າວບາມມາແລ້ວນັ້ນ ລ້ວນແຕ່ເປັນລູກຜູ້ຮັ່ງມີ,
ລູກເຈົ້າລູກນາຍ. ພວກບາງຈັບຈ່າຍເງິນບໍ່ອັ້ນ, ຕັດເສື້ອ ແລະ ໂສ້ງ ຂາບານເປັນປະຈຳເກືອບ
ທຸກຄືຫນ, ປາມວ່າບຸ່ງເທື່ອຫນຶ່ງສອງເທື່ອ ແລ້ວໂຍນຖິ້ມໂລດ. ສ່ວນແພງຄຳນັ້ນ ປີຫນຶ່ງ
ຫລືສອງປີ ຈຶ່ງໄດ້ຕັດເສື້ອພຽງຫນຶ່ງໂຕ, ຄັ່ງນີ້ ບາງຈຶ່ງບຸ່ງແຕ່ເຄື່ອງເກົ່າ, ເບິ່ງເປັນກໍ່ສ່ ເມື່ອ
ສົມທຽບໃສ່ສາວອື່ນໆ ໃນຮ້ານລຳວົງ, ຜູ້ຊາຍຈຶ່ງບໍ່ສົນໃຈ, ບໍ່ຈອງເອົາບາງໄປຟ້ອນ, ປ່ອຍໃຫ້
ບາງບັ່ງຄອງດາຍ ກາຍເປັນຄົນທີ່ຫນ້າສົງສານ.

"ກໍດີ ... ບໍ່ຕຶກບໍ່ງຕິວອອກໄປຢືນຢູ່ກາງເວທີໃຫ້ຄົນເບິ່ງ ປານວ່າຈາວຂາຍສົນຄ້າ." ບາງຄິດ.

round since the night began. The most graceful person and the focus of all male eyes, both young and old, was Farvichit. Then came Ohn-Anong, whose sharp nose and arched eyebrows so befitted the star of a dance floor. As well as being lovely, these girls also sported beautiful names. Their names were so lengthy, sophisticated, and pleasing to the ear, yet very different from the common Lao names. Phaengkham's name was short, simple and easy to remember.

And as for Phaengkham, not only did she have no garland to show, but no one had offered to dance with her, not even once. She was soon the target of gossip and ridicule, the clown of the night. Laddapone would look at Sohnnapa, then smile while turning to glance at Phaengkham as if to say, "Poor Phaengkham. No dance for her again this round." Or Ohn-Anong might whisper mockingly, "Poor Phaengkham. She has to go on slapping at mosquitoes as usual. These men are so completely hardhearted. Couldn't they at least offer her one dance . . . just enough to stretch her limbs?"

It could be said . . . that Phaengkham was not as beautiful as the others. Nor did she dress in the latest style. She didn't know how to dance in the modern way. She was not outgoing and popular in social situations. She was quiet and humble. A daughter from a rather poor family, she helped her mother sell *kanomkok*[3] and look after her six siblings. Her father was a carpenter. The family status didn't have a lot of money, and there was never enough to buy new and beautiful clothes.

But the other girls, especially those whose names have been mentioned, were the daughters and nieces of rich and influential men. They had money to spend. New blouses and pants were made for them almost every month, as if they were going to wear them once or twice and discard them without a second thought. But Phaengkham could afford a new blouse only once a year or once every two years. She had to wear the same clothes over and over again. Among these beauties, Phaengkham certainly looked pitiful. And since no man was interested in dancing with her, she was left alone in the *lamvong* stand to feel sorry and awkward.

"Well . . . it's a good thing I haven't been called up to stand in the

ແມ່ນແທ້, ສາວງາມຕາມຮ້າບລຳວົງນັ້ນ ຄືດັ່ງສິນຄ້າ. ໂຄສົກກໍເວົ້າຢ່າງ ບໍ່ຈຽມປາກວ່າ: "ສາວງາມບາງຄ່ອງ ເຈົ້າຂອງພວງມະໄລຮອບນີ້ ໄດ້ແກ່ ສອນນະພາ, ນັ້ນ ກຳລັງຂຶ້ນສູ່ເວທີ, ຍິ້ມເປັນເວົ້າມາຫຼັບ, ອຸ້ຍຈົ່ງແມ່ນງາມບໍ່! ງາມທົນມົດທຸກສ່ວນ, ງາມແຄ່ງ ງາມຂາ, ງາມກະໂພກ ທ່າຍອົກກໍຜົດຕິ, ຄ້ອກົງ ຄຳໄມ ສົມເປັນເຈົ້າຂອງພວງມະໄລອີ່ທຼີ, ຍ່າງກໍງາມ ຍຸໂຫຼງງາມ ເພິ່ນເບິ່ງກ່ອນວ່າ ມີຊູ້ມີແຟນແລ້ວທຼິບ, ອຸ້ຍ ເພິ່ນຍິ້ມອາຍງແບບນີ້ ຮັບຮອງວ່າ ທົວໃຈ ຍັງທວ່າງ, ໃຜຢາງເວົ້າຊູ່ງາງລົມ ກໍເຊີນໂລດເດີ, ບ່າວເທິ່ມ ບ່າວແກ່ ທີ່ມີແມ່ເຮັກນ້ອຍແລ້ວ ຕະຫຼອດຮອດຍາຜູ້ຂ່າຍທັງຫຼາຍ. ນ້ອງສອນນະພາ ເພິ່ນໃຈດີໃຈດີ ມີສະເຫນ ຄືງບໍ່ລັງກົດ ທີ່ຈະເປັນມິດທີ່ດີ ທຼີບ້ອງທີ່ຮັກແພງຂອງພວກທ່ານ. ເຊີນທ່ານນາຍຜົນ ... ເຈົ້າຂອງຮອບພິເສດນີ້ ຂຶ້ນຮັບພວງມະໄລຈາກນາງສາວຂອງເຮົາໄດ້, ທ່ານນາຍຜົນ ເພິ່ນມີສັດທາຮັບແຮງກ້າ ເທມີງ ຮອບພິເສດນີ້ ໂດຍມອບເງິນໃຫ້ວັດຈຳນວນ 50.000 ກີບ. ຖ້ານ້ອງສອນນະພາຍິ້ມໃສ່ເພິ່ນທີ່ງ ບາທີ ທຼີລົງໄປຍົກຈອກເຫຼົ້າປ້ອນເພິ່ນ ຮັບຮອງວ່າໄດ້ເຖິງແສນກີບ, ເອົາ! ທ່ານນາຍຜົນ ຂຶ້ນມາແລ້ວ, ເຊີນຕົບມືເປັນກຽດ, ຮອບນີ້າໃນຈັງທະສະລຸບນີ້ ..."

ນອກຈາກຜູ້ງາມແລ້ວ ພວກນາງເຫຼົ່ານັ້ນຍັງມີນາມຄ່ອງ ທັງມ່ວນທຸຊິກ, ຊື່ຂອງ ແຕ່ລະຄົນ ຍູ່ເທິງຟ້າເທິງດາວ, ທັງຍາວ ທັງແປກຕ່າງຈາກຊື່ຄົນລາວທົ່ວໄປ. ສ່ວນແພງຄຳ ມີຊື່ທຳມະດາໆ, ຈົງໆງ່າຍ, ບໍ່ຍາວ.

ເດີກເຂົ້າໄປຮັກໃຊ້, ບຸນວັດບ້ານນີ້ ກໍແຮ່ງຜັດຜືນ, ລຳວົງໄດ້ດຳເນີນໄປຮອດຮອບທີ ຊາວແລ້ວ. ມັນເປັນເວລາສາມໂມງກາງຄືນ.

ແພງຄຳ ຍັງບໍ່ທັນໄດ້ພັອນຈັກຮອນ. ບາງບໍ່ຮູ້ສຶກມ່ວນຊື່ນບຳທມູ່, ບາງຮູ້ສຶກທ່ວມເທຍໆ, ບາງງາກກັບບ້ານເມືອນອນ, ແຕ່ກຳມະການຈັດບຸນບອກວ່າ ໃຫ້ອົດເອົາ ເພາະບຸນບ້ານເຮົາ. ດັ່ງນີ້ ບາງຈິ່ງຍູ່ໄປດ້ວຍຄວາມຜືນໃຈ, ດ້ວຍຄວາມລຳຄານ ບາງຄົດຄ່າກຳມະການຈັດບຸນ ທີ່ບໍ່ຄືໃຫ້ບາງປັບສາວລຳວົງ, ແທນທີ່ຈະໃຫ້ບາງຂາຍດອກໄມ້ຍູ່ປາກະຕູວັດ ເພາະເປັນ ອງກທີ່ເໝາະສົມກວ່າ ແລະ ບາງກໍຈະຫນັດດີໃນຄ່ານນີ້. ການໃຫ້ມານັ່ງຮ້ານລຳວົງນັ້ນ ມັນ ຜືນຕໍ່ຈິດໃຈ ແລະ ອັດຕ່ສະແພງຂອງບາງຢ່າງໆເກີນໄດ້ຄັກ, ເປັນການໃຊ້ຄົນບໍ່ຖຶກທາງໆ.

ໂຄສົກໄດ້ປະກາດ ລຳວົງຮອບທີຊາວເອັດ. ອອນະບົງ ເປັນເຈົ້າຂອງພວງມະໄລອີກໃນ ຮອບນີ້. ຫຼັງຈາກຜູ້ເທມີຮອບມາຮັບເອົາພວງມະໄລ ແລະ ນຳໄປແຈກຍາຍຫມູ່ແລ້ວ, ໂຄສົກ

middle of the floor for everyone to scrutinize me as if I were some kind of merchandise," she comforted herself.

It was true, the young women in the *lamvong* stand were just like merchandise. The master of ceremonies didn't hesitate to speak of them in this way: "The beautiful lady who is the 'owner of the garlands' for this round is Miss Sohnnapa, who is now mounting the floor with a broad smile. What a beauty! She is beautiful all over—beautiful ankles, beautiful legs, beautiful hips, and a wonderful chest. Arched brow, round neck, a perfect 'owner of the garlands' tonight. She walks so beautifully. Let's ask her if she already has a boyfriend. Ooh . . . with that shy smile. It's a sure sign that she's still available. Go on, gentlemen, young and not so young, attached or not, come up and say hello. Our Miss Sohnnapa is so kind and charming, she wouldn't let anybody down. Please, General . . . please come up to accept the garlands from our beauty. The General has generously pledged 50,000 kip for this round of dance. If our Miss Sohnnapa would just smile one minute longer or even offer to pour some whiskey for the General, no doubt the pagoda will raise 100,000 kip tonight. Here comes the General, please applaud in his honor. Thank you. Thank you. This dance is a 'Sloopee'[4] . . ."

It was getting late. The festivities in the village were getting louder and the *lamvong* was entering its twentieth round. It was three o'clock in the morning.

Phaengkham still had not danced. She was not having a good time. She felt lonely and wanted to go home to bed, but the organizers of the festival told her to be patient, to hang around because it was the festival of their village. So she forced herself to stay. She was bored. She was quite angry with the organizers, in a way, for assigning her to the wrong job, being a dancing girl. She would have preferred to sell flowers at the entrance to the pagoda. That was much more suitable for her and it was also something she was very good at. Really, sitting here as a *lamvong* girl was totally inappropriate. Altogether a complete misuse of resources by the organizing committee, she dared to think.

The master of ceremonies called for the twenty-first round of dance.

ກໍເຊີຍຂື້ນຈັບຈອງນາງສາວ ແລະ ຟ້ອນລຳວົງໄດ້. ບັນດາແຂກທີ່ເປັນຜູ້ຊາຍ ຕ່າງທະຍອຍກັບ
ຂື້ນຮ້ານລຳວົງ ແລະ ຍ່າງກົງໄປຫານາງສາວທີ່ໄດ້ໝາຍຕາໄວ້ກ່ອນແລ້ວ. ຜູ້ນັ້ນກົງໄປ
ຫາ ລັດດາພອນ, ຜູ້ນີ້ຊີ້ໃສ່ ຟ້າວິຈິດ, ຜູ້ຫນ່າຍໆໄປຫາສອນບະພາ, ຄົນຕໍ່ມາເບິດໃສ່ສາວ
ທີ່ນັ່ງຖັດໄປ ແລະ ຕໍ່ໆໄປ. ແຕ່ບໍ່ມີຜູ້ໃດຍ່າງກົງມາຫາແພງຄຳ. ນາງຮູ້ສຶກເຍີນໆ ແຕ່ກໍ່ເຮັດ
ສິຫນ້າໃຫ້ເປັນທຳມະດາ ເພາະນາງລຶ້ງເຄີຍກັບສະພາບດັ່ງນີ້ມາແລ້ວ. ນັບແຕ່ລຳວົງຮອບ
ທຳອິດ. ນາງບໍ່ຮູ້ສຶກຜິດຫວັງຫຍັງ ແລ້ວກໍບັ່ງຊື່ງ ຄິດຖິ່ງຄົນທີ່ໃຊ້ຄວາມຄິດຫມັກ. ໃນນາທີ
ຕໍ່ມາ ນາງກໍ່ຕື່ນຍຸບ ແລະ ເກືອບບໍ່ເຊື່ອສາຍຕາໂຕເອງ ເມື່ອມີຊາຍຫນຸ່ມຄົນຫນຶ່ງ ມາຍຸດ
ຢູ່ຕໍ່ຫນ້າ ແລ້ວຍື່ນຜອງມະໄລໃຫ້ນາງ.

"ຂໍຟ້ອນລຳວົງນຳບໍ່ອງແຕ່," ຊາຍຄົນນັ້ນວ່າ.

ນາງຮັບເອົາ ແລະ ເບິ່ງຫນ້າເອົາດ້ວຍຄວາມແປກໃຈ, ຫມູ່ຜູ້ສາວທຸລຸວຍເບັບ ດັ່ງນັ້ນ
ຕ່າງກໍແປກໃຈ, ແລ້ວກໍເວົ້າລົມກັບ ທືວອື່ນໆ ທັງບຸ້ຍສືບມາຫານາງແພງຄຳ. ນາງໄດ້ຍິນຄຳເວົ້າ
ນາງຄຳ ຂອງຜອກນາງເຫລົ່ານັ້ນວ່າ:

"ຢ້ານຝົນຕົກຍຸ ... ແພງຄຳຂ້ອຍໄດ້ຟ້ອນລຳວົງແລ້ວ."

"ອື່ຕານັ້ນສອດຫລອດໝາແຕໃສ ເບິ່ງເຕ່າ ໂຕຜູ້ນະ ຈັງແໝ່ນສົມກັບເຮ ເຮ ... "

ແພງຄຳໄດ້ຟ້ອນລຳວົງເປັນເທື່ອທຳອິດ ແລະ ເປັນຮອບດຽວໃນຄືນນັ້ນ. ເມື່ອລຳວົງ
ໄດ້ສຸດລົງ ຊາຍຄູ່ຟ້ອນກ່າວອຳລານາງ ແລະ ລົງຮ້ານໄປ. ນາງແນມຫາກັບລັງເອົາ ຂໍ່ງລັບ
ຫາຍໄປຫ່າມກາງຄວາມສັບສົນຂອງຜູ້ຄົນໃນບໍລິເວນອ້ອມແອ້ມຮ້ານລຳວົງ. ນາງຈື່ຫນ້າ
ທ່າຫາງເອົາໄດ້, ເອົາເປັນຄົນອ່າວຈ່ວຍ, ທ່າທາງສຸພາບ, ຕັດຜົມສັ້ນ ບໍ່ຍາວຄືນີ້ມຂອງຜູ້ມາ
ຟ້ອນລຳວົງທົ່ວໄປ, ບໍ່ຂຶ້ງຂັ້ງຄືບ່າວຈີໂກະຫັ້ງຫລາຍ. ເອົາອາຍຸປະມານຊາວສີ່ຊາວຫ້າປີ.

ການຟ້ອນລຳວົງໃນຄືນນັ້ນ ໄດ້ຍັດລົງໃນຮອບທີຊາວຫ້າ, ເວລາສີ່ໂມງເຄິ່ງ.

ອາທິດຫນຶ່ງຕໍ່ມາ, ຊາຍແປກຫນ້າທີ່ໄດ້ຟ້ອນລຳວົງກັບແພງຄຳນັ້ນ ກໍ່ໄດ້ໄປຍ້ຽມຍາມ
ຖາມຂ່າວ ອະນະທີ່ນາງບໍ່ວຸຊາຍເອົ້າຫນັມຄືກໄວ້ຍູ່ຫນ້າບ້ານ. ເອົາເວົ້າລົມກັບນາງຍ່າງອ່ອນນ້ອມ
ແລະ ຊີ້ເອົ້າຫນີມຄືຄຂອງນາງທິກລຸ່. ເອົາບໍ່ບອກຊື່, ບໍ່ບອກບ່ອນເຮັດການ ຫລືບ່ອນຍູ່
ອາໃສໃຫ້ນາງຮູ້ເລີຍ, ແລະ ນາງກໍບໍ່ກ້າຖາມ ເພາະຖຶ ເອົາເປັນພຽງຄົນຜູ້ຫນຶ່ງ ທີ່ມາຟ້ອນ
ລຳວົງນຳ ມານຊີ້ເອົ້າຫນິມຄືນມໍາ ຄິດຖິ່ງຫລາຍໆ ຄົນ ທີ່ມາຊື້ນຳນາງເປັນປະຈຳ. ເອົາເວົ້າ ແລະ
ສະແດງຄວາມເຫັນອືກເຫັບໃຈ ຄົນທຸກຍາກ, ຊາວໄຮ່, ຊາວນາ ແລະ ກຳມະກອນ. ເອົາວ່າ
ເອົາເອງເປັນກຳມະກອນຜູ້ຫນຶ່ງ ແລະ ຮູ້ສຶກພູມໃຈ ເພາະເປັນອາຊີບບໍລິສຸດ, ບໍ່ໂກງ ບໍ່ຂູດຣີດຜູ້ໃດ.

ເວລາຜ່ານໄປສອງປີປາຍ. ມາຕັ້ງປີ 1977 ຊາຍແປກຫນ້າຄົນນັ້ນ ໄປຂາມນາງອິກ,

Ohn-Anong was the "owner of the garlands" once again. After the garlands had been invited out on the floor and the garlands distributed, every man took a garland to the girl he had chosen for the next dance. All the girls now had dancing partners except, once again, Phaengkham. She was a little embarrassed, but tried to remain as calm as possible because by now she was used to it. She wasn't disappointed and continued to sit, deep in thought. Suddenly she was startled. She could not believe her eyes. A young man actually stopped in front of her and handed her a garland.

"May I please have this dance, Miss?" asked the young man.

She accepted the garland and studied the young man curiously. The other girls were also surprised, and Phaengkham heard them tease: "Wow, Phaengkham is dancing! I bet it's going to rain. . . ." "Where in heaven did that man come from? Look at his clothes. . . . Gee, he and Phaengkham certainly look good together. . . ." And they laughed.

It was the first and last *lamvong* for Phaengkham that night. When the dance ended, her partner thanked her, and left. She watched him disappear quickly into the crowd. She remembered him well. Lightly built, well-mannered, and clean-cut, unlike many of the men at the dance. He was not aggressive like the other men either, and appeared to be about twenty-four or twenty-five years old.

The dance ended at the twenty-sixth round. It was 4:30 in the morning.

A week later, the stranger who had danced with her came to visit while she was selling *kanomkok* in front of her house as usual. He spoke gently and bought six pairs of *kanomkok*. He didn't tell her his name, his place of work, or where he lived, and she did not ask, for to her, he was just a person who had danced with her once and one of her many customers. He expressed his understanding and concern for those who were poor, the farmers and laborers who had to work so hard for a living. He said he was also a laborer, which pleased him because it was an honest undertaking, with no cheating and tricking required.

Two years went by, and once again, at the beginning of 1977, the

ຄົນງານ

ເອົາບຸ່ງເຖິງທະຫານກອງທັບປະຊາຊົນລາວ. ສ່ວນບາງເປັນພະນັກງານອົງຄວາຍພື້ນຖານ.

"ຮ້າຍເປັນນັກຮົບປົດປ່ອຍ, ເສຍດາຍທີ່ບ້ອງບໍ່ຮູ້ຈັກແຕ່ກ່ອນນີ້." ບາງວ່າ.

"ຮ້າຍເຈົ້າໃຈບ້ອງດີ, ບໍ່ຢາກມາຕິດແຫດຫລາຍຕອນນັ້ນ ເພາະພວກຝ່າຍຄວາມມີອຳນາດຫລາຍ, ຢ້ານບ້ອງໄດ້ຮັບອັນຕະລາຍ."

"ຕອນມີການລຸກຮື້ຂຶ້ນນັ້ນ ບ້ອງເປັນທ້ອງບ້ານແນ່ຍິ່ງໃນຄຸ້ມນີ້ ... "

"ເອີ ... ພວກບາງສາວງາມໆ ທີ່ຟ້ອນລຳວົງເກັ່ງໆ ຈົນບໍ່ໄດ້ເຂົ້າຈັກຮອບປີນັ້ນເດ ໄປໃສຫມົດ ?"

"ພວກນັ້ນຫວະ ... ບາງຄົນກໍໂຕນຫນີໄປ, ບາງຄົນກໍເປັນມະລຳມະລອຍ, ອຳນາດການປົກຄອງເລີຍສົ່ງໄປດັດສ້າງ ຢູ່ຄອນບາງຜູ້ນຈຳນວນຫນຶ່ງ. ເຂົາເຈົ້າດັດບ່ຽາກຄອກ ເພາະທີ່ເຮັດໂລເລເມື່ອກ່ອນນັ້ນ ຍ້ອນສິ່ງແວດລ້ອມ ແລະ ສັງຄົມພາເປັນໄປ."

"ກໍແລ້ວເດ ທີ່ເຂົາເຈົ້າໄດ້ໄປດັດສ້າງ ເພາະຈະເປັນປະໂຫຍດຕໍ່ສັງຄົມ, ເປັນການກອບກູ້ເອົາຄົນໄວ້."

ບາງ ແລະ ເອົາລົມກັນຢ່າງສະຫນິດສະຫນົມ. ໃນທັດສະນະຂອງເອົາ ບາງເປັນຄົນງານ ເປັນຄົນທີ່ເອົາຍົກຍ້ອງ ນັບຖື.

+ Government doesn't always
  Know what they're doing

+ American comparison

+ Rich guys are bad

+ Serve your country

stranger came to visit. This time he was wearing an army uniform. Phaengkham herself was a civil servant.

"Oh, I'm sorry I didn't know you were with the liberating army before," she told him.

"I didn't want to visit you too often at that time because I was afraid to create problems for you, since the government was pretty much controlled by the Rightists."

Phaengkham added, "You know, during the liberation, I was the women's leader from this district."

"And what about those beautiful girls who danced nonstop? What happened to them?"

"Oh, those girls. . . . They are gone. Some of them fled the country, and some didn't do well and became 'no good' so the government sent them to be reeducated in *Don Nang*.[5] Reform wasn't difficult at all. You see, those girls were only victims of a bad system."

"Well, that's good," the soldier said. "Maybe now they'll be an asset to society."

He and Phaengkham continued their conversation with much friendliness and understanding. To him, she was the most beautiful woman, a person he admired and respected. And that was the most beautiful part of it all.

PROPAGANDA

NOTES

1. Traditional Lao dance, graceful and easy to learn, in which couples follow one another in a big circle, with gentlemen forming the inner circle and ladies in the outer circle.

2. Made from fresh or silk flowers, a garland is offered to a young woman with whom one wishes to dance.

3. A rice "pancake" cooked in a molded pan over a stove. When cooked it becomes a half sphere, slightly larger than half a golf ball. The texture is a little firmer than custard.

4. Popular foreign dance of the late 1960s.

5. An island in the middle of the Nam Ngum Dam reservoir, where prostitutes and others are sent for social reform.

ປະກອບສ່ວນ

ບໍ່ງຫາຫາງແລ້ວ ກໍເຫັນວ່າ ເຮົາສະຫງົບບຸງຄຸດ, ສຸຂຸມ, ເຢືອກເຢັນ, ບາງບັ້ງຜາກພຣຸນ, ແຕ່ໃນຫົວໃຈເຮົານັ້ນ ມັນຮ້ອນຮົນຟົດເຫືອດ. ເຮົານັ່ງຢູ່ໃຈຮຸະຫນິບ ກ້ອງຮົ່ມຕົ້ນສຳສາ ທ່າມກາງສາຍລົມ ທີ່ປົວພັດມາເຫືອບຕະຫລອດເວລາ, ແຕ່ສາຍລົມກໍຊ່ວຍຫຍັງບໍ່ໄດ້. ດ້ວຍຄວາມຊຳນິຊຳນານ ເຮົາໃຊ້ເຮັ້ມ, ໄມ້ຄ້ອນ ແລະ ອຸປະກອນອື່ນໆ ອີກສອງສາມຊະນິດ ທຳການຫຍີບເຫືບອາດ ແລະ ເປັເພ. ພຽງເວລາບໍ່ຄືນ ເຫືບທີ່ເຈົ້າຂອງໃຊ້ການບໍ່ໄດ້ແລ້ວນັ້ນ ກໍກັບກາຍເປັນເຫືບດີ ທີ່ໃຊ້ການໄດ້ອີກ, ແລ້ວເຮົາກໍຈັບເຮົາ ກໍງໃຫມ່ ຫລີໄລ່ໃຫມ່ ມາແປງ ຕໍ່ໄປເລື້ອຍໆ. ຢູ່ຕໍ່ຫນ້າເຮົາ ມີແຂກໄມ້ ຊີ່ງເຕັມໄປດ້ວຍເຫືບ. ແຂກທີ່ວາງຢູ່ນີ້ ສະແດງວ່າ ເຮົາປັກຫລັກທຳມາຫາກິນຢູ່ບ່ອນນີ້, ນີ້ໃຄບໍ່ມີແຂກ ກໍບໍ່ເຫັນເຮົາ ຊີ່ງກໍມັກເປັນນີ້ຝືນຕິກ. ໂດຍ ປົກກະຕິ ເຮົາຈະມາປະຈຳຢູ່ບ່ອນນີ້ ທຸກນີ້. ມັນເປັນຮຸະຫນິບທີ່ມີຕິນທ່ອງທ່ຽວໄປມາຫລາຍ ສະດວກສະບາຍສຳລັບຜູ້ທີ່ຈະເຮົາເຫືບແອ່ວມາແປງ. ບາງຕິນກໍຄອງຖ້າເຮົາພ້ອມບາດໂລກ, ບາງຕິນກໍປະໄວ້ ແລ້ວນັດເວລາມາເຮົາຕາມທິຫລັງ.

ເຮົານັ່ງແປງເຫືບຢູ່ຢ່າງມິດໆ, ບາງຄັ້ງ ກໍເສືອດສາຍຕາໄປເບິ່ງເຫືບຄູ່ຫນື່ງ ຊີ່ງເຈົ້າຂອງ ເຮົາມາແປງ ເມື່ອເຫືອບກ່ວາມາແລ້ວ. ຖ້າເຈົ້າຂອງເຫືບມາເຮົາ, ເຮົາກໍຈະໄດ້ເຮັບຄ່າຊ້ອມ ແປງ ເປັນເງິນຕັ້ງພັນຫ້າຮ້ອຍກິບ! ມັນເປັນເຫືບຊະນິດງາມ ຫນັງກໍທີ່ເຈົ້າຂອງເສຍດາຍ ຫລາຍສິມຄອນ ຈຶ່ງເອົາມາແປງ ໂດຍປ່ຽນພື້ນໃຫມ່ ຫົວຮອງກິ່ງ, ຕັ້ງນີ້ ຄ່າແປງຈຶ່ງແພງສິມຄອນ. ເຮົາຈຶ່ໄດ້ວ່າ ເຈົ້າຂອງເຫືບເປັນຂາຍຫນຸ່ມຫນ້າຕາດີ ທ່າທາງກ້າວກຶ່. ເຮົາຄຶດໄລ່ຄ່າແປງ ແລະ ບອກວ່າ ພາຍໃນສາມວັນໃຫ້ເຈົ້າຂອງມາເຮົາ, ແຕ່ເມື່ອຮອດກຳມິດ ກໍປະກົດວ່າ ບໍ່ເຫັນ ເຈົ້າຂອງກັບຄືນມາເຮົາເລີຍ, ເຮົາຄອງຄອຍນີ້ນັ້ນນີ້ນີ້ ຈາກວັນເປັນອາທິດ, ຈາກອາທິດເປັນ ເຄືອນ, ເຄືອນຫນຶ່ງຜ່ານໄປ ເຄືອນທິສອງເຂົ້າມາໆ ແຕ່ບໍ່ເຫັນເຈົ້າຂອງເຫືບມາເຮົາ. ທີ່ເຮົາຄອງ

ພິມເທື່ອທຳອິດ, ປີ 1990, ໃນໂຮມເລື່ອງສັ້ນ "ແຕ່ນັ້ນ" ຈັດພິມໂດຍ ວັນນະສິນ.

CONTRIBUTION

A T a glance, he seemed a calm, patient, thorough, and hardworking person, but deep inside he was full of anxieties. He sat by the street corner, under a *samsa*[1] tree where the breeze blew most of the time. Skillfully, he used the needle, hammer, and two or three other tools to fix shoes that were worn and torn. In a few moments, shoes that once seemed impossible to salvage became a new pair, ready to be used again. Then he would take another shoe, or pair of shoes, and continue on like this all day. A few wooden boxes filled with shoes were piled in front of him. He used these boxes to stake out the territory on which he made his livelihood. When no boxes were there, which was usually the case on rainy days, he wasn't there either. Otherwise, he was at the corner every day. It was on a busy street and very convenient for many people to drop off their shoes for repair. Some of them waited for the repair to be completed, while others preferred to leave their shoes and arrange for a later pickup.

He worked quietly, at times glancing at a particular pair of shoes that had been dropped off more than a month ago. When the owner returned to pick them up, the shoe-mender expected a fat payment of 1500 kip! The shoes were beautiful and made of good leather. Their owner was quite attached to them and thus decided to have them resoled. This kind of repair was expensive. As he recalled, the owner was a good-looking young man with a commanding air. After calculating the price for the repair, he'd asked the owner to pick them up within three days. Three days passed and the owner did not show up. The shoe-mender waited and waited. The days of waiting became weeks, and the weeks became months. It was now almost two months and there was still no sign of the owner of the

ຄອຍດ້ວຍຄວາມກະວົນກະວາຍ ກໍເພາະເຮົາຢາກໄດ້ເຫັນ, ເຫັນທີ່ເຮົາຕ້ອງການທີ່ສຸດໃນຂະນະນີ້ ຈົນເຮົາຮູ້ສຶກເປັນຮ້ອນເປັນໜືນ.

ເຮົາເຮັດວຽກລຳພັງຄົນດຽວ ແຕ່ທົ່ວໃຈມັນແສນອຶກກະທຶກ. ຢູ່ອ້າງເຮົາ ມີວິທະຍຸບ່ອຍ ໜ່ວຍໜຶ່ງ ທີ່ຜອມກະຈາຍອ່າວ ມັນເປັນອ່າວທີ່ກະຕຸກເສັ້ນຂອງເຮົາ ທຸກສ່ວນໃນຮ່າງກາຍ.

... ຍົນໂອວີ - 10 ຂອງຝ່າຍກົງກັນຂ້າມ ຖືກທະຫານທ້ອງຖິ່ນບໍ່ແຕນ ຢົງຕົກ ໃນວັນທີ 13/2/1988, ມັກບິນສອງລົບຖືກຈັບກັບທີ່. ທາງພາກພື້ນດິນ ທະຫານເຮົາ ຢູ່ປ້ອມ 1428 ຕ້ານຍັບການບຸກຂອງຜອກກະທິງແດງ ທະຫານຂ້າຕາຍຂອງຝ່າຍກົງກັນຂ້າມໄວ້ໄດ້. ປ້ອມ 1370 ກໍຖືກບຸກຕີໜັກ ໂດຍສະເພາະ ຖືກຖະຫລ່ມດ້ວຍປືນໃຫຍ່. ຫລັງຈາກຝ່າຍກົງກັນຂ້າມ ໃຊ້ປືນໃຫຍ່ຍິງຖະຫລ່ມ ເປັນເວລາສີ່ຊົ່ວໂມງແລ້ວ ຜອກກະທິງແດງກໍບຸກຂຶ້ນມາ ເພື່ອຈະ ຍຶດປ້ອມທັງສອງ ແຕ່ພັ້ງມາໄກ້ຂຸມຂອງປະມານ 20 - 30 ແມັດ ທະຫານເຮົາກໍເປີດສາກຍິງສູ່ມໃສ່, ການສູ້ຮົບເປັນໄປຢ່າງດຸເດືອດທີ່ສຸດ. ຜອກກະທິງແດງ ພະຍາຍາມບຸກຂຶ້ນມາເປັນຫລາຍ ຊຸດ ແຕ່ກໍບໍ່ສາມາດຍ່ວງບາດຕີນເຂົ້າເຖິງຂຸມຄອງຂ້ອມປ້ອມທັງສອງໄດ້. ປ້ອມ 1428, ປ້ອມ 1370 ແລະ ປ້ອມອື່ນໆ ຍັງເປັນຈຸດທີ່ໜັ້ນຂອງທະຫານເຮົາຢ່າງໜັ້ນຄົງ.

ອ່າວຈາກວິທະຍຸດັງຕໍ່ໄປວ່າ: ປະຊາຊົນຈາກແທ່ງຕ່າງໆ ຈັດສົ່ງຂອງອັນໄປໃຫ້ອ້າຍ ນ້ອງທະຫານຢູ່ແນວໜ້າ ຢ່າງເປັນຂະບວນຟົດຟື້ນ. ມີຜູ້ບໍລິຈາກເຫັນ, ເຄື່ອງໃຊ້, ເຄື່ອງກິນ, ຢາດູດ ແລະ ອື່ນໆ, ພ້ອມທັງຂຽນຈົດໝາຍໄປອວຍໄຊໃຫ້ພອນ ແກ່ທະຫານຢູ່ແນວໜ້າ ທີ່ເຂດບໍ່ແຕນ ...

ເມື່ອຟັງອ່າວມາຮອດຕອນນີ້ແລ້ວ ເຮົາຮູ້ສຶກບໍ່ສະບາຍໃຈ ເພາະຕົນເອງຍັງຢູ່ບໍ່ໄດ້ບໍລິຈາກ ຫຍັງຈັກກໆ, ແລ້ວເຮົາກໍໃຈຮ້າຍໃຫ້ເຈົ້າຂອງເກົ່ນຕົນບໍ່. ເຮົາທັງວ່າ ເມື່ອໄດ້ເຫັນຈຳນວນ ພັນທ້າຮ້ອຍກີບແລ້ວ ເຮົາຈິ່ງຈະຜັນແບ່ງສ່ວນ ຄື ເຄິ່ງໜຶ່ງ ເຮົາໃຫ້ຄອບຄົວ ແລະ ອີກເຄິ່ງ ໜຶ່ງ ເຮົາປະກອບສ່ວນຮ່ວມກັບປະຊາຊົນຄຸ້ມບ້ານຂອງເຮົາ, ເພື່ອໄປຊື້ຂອງອັນມອບໃຫ້ ທະຫານແນວໜ້າ. ເຮົາໄດ້ເຫັນຈາກລູກຄ້າຫລາຍຊື່ງໆຢູ່ ແຕ່ກໍພຽງເລັກໜ້ອຍ ເພາະເປັນ ການສ້ອມແປງພຽງເບົາໆ ຊຶ່ງເຮົາໄດ້ຄ່າສ້ອມແປງພຽງ 70 - 100 ກີບເທົ່ານັ້ນ. ມີ້ທໜຶ່ງໆ ເຮົາໄດ້ເຫັນປະມານ 400 - 500 ກີບ ຊຶ່ງນັບວ່າ ຫັດຕະລັດຫັດສິນສຳລັບລ້ຽງຄອບຄົວ.

ບາງຄັ້ງ ເຮົາກໍຄິດວ່າ ຈະອາຍເຫັນບໍ່ນີ້ ເພາະຕົນເກີນຄອບແລ້ວ ແຕ່ເຈົ້າຂອງກໍບໍ່ມາ ທວງຖາມເຮົາຄືນ. ເຮົາເອງໄດ້ລ້ວງຖົບໄປຊື້ພື້ນເກີນໃໝ່ມາໃສ່, ຖ້າເຈົ້າຂອງບໍ່ມາເຮົາກໍທັ້ງ ເຮົາກໍມີສິດຂາຍ ເພື່ອຈະໄດ້ເຫັນຄືນ. ແຕ່ເຮົາກໍໄດ້ແຕ່ຄິດເທົ່ານັ້ນ, ເໝືອງຈາກວ່າ ບໍ່ມີຜູ້ໃດອອກ ປາກຍໍ່ຖາມຊຸ້ຈັກເທື່ອ. ໃຈໜຶ່ງ ເຮົາກໍຄິດວ່າ ເຮົາໄວ້ຕໍ່ໄປສາກ່ອນ, ອັນໜຶ່ງອ້າງໜ້າ

leather shoes. The shoe-mender was very worried because he desperately needed the money.

He worked quietly by himself. Next to him, a small radio transmitted a piece of news that moved him deeply. . . . *The enemy OV-10 aircraft was shot down by the local military unit in Boh Taen on February 13, 1988. Two pilots were captured on the spot. Our soldiers at Camp 1428 were able to fight off the attack by Red Bull—the suicide attack unit of the enemy. Camp 1370 was also targeted by heavy artillery for four hours. Red Bull intended to take both camps, but as the enemy approached to within twenty or thirty meters, our brave soldiers opened fire. The fighting continued without mercy. Red Bull made two or three attempts to take over our camps but was unable to succeed. So presently Camp 1428 and Camp 1370 are still secure strongholds.*[2]

The broadcast continued: *People in various regions of the country have arranged to send gifts to our brothers on the front. There are those who have sent money, toiletries, food, cigarettes, and many other necessary items. Letters of good wishes were also included. . . .*

Upon hearing this, the shoe-mender felt very uncomfortable because he himself had not yet contributed anything. He grew quite angry with the owner of this pair of leather shoes. He hoped to divide the 1,500 kip in half. He would give the first half to his family, and he intended to donate the other half to his community as a contribution to the collective effort. He received payments from other customers, too, but these were mostly small amounts such as 70 to 100 kip. Each day he earned 400 to 500 kip. It was very difficult to feed a family on that amount.

Sometimes he thought about selling this pair of shoes, because they'd been repaired a long time ago, and the owner had not returned to claim them. The shoe-mender had spent some money to buy the material he'd needed to resole them. If the owner really didn't come back, he had the right to sell the shoes, at least to recover his money. But no one ever asked to buy them. In any case, he thought he ought to keep them a little longer because the owner

ເຈົ້າຂອງຄືງກັບມາ. ບາງທີເຈົ້າຂອງອາດໄປຕ່າງແຂວງຢ່າງກະທັນຫັນ ຈິນບໍ່ມີເວລາມາໆ ເອົາເກີບ ຫລືອາດປະສົບບັນຫາທີ່ຄາດບໍ່ເຖິງກໍເປັນໄດ້. ເອົາສິມຸດເລື່ອງໄປເອງ ແຕ່ກໍບໍ່ໄດ້ ຕັດສືນໃຈຢ່າງໃດ.

ເວລາຜ່ານໄປ, ຂ່າວການສູ້ຮົບຢູ່ແຂວງບ້າທີ່ເຂດບໍ່ແຕນ ມີຄູງຮູບໄປ, ມີແຕ່ຂ່າວການ ປະຊຸມຂອງຄະນະກຳມະການປະສົມ ທະຫານ ລາວ - ໄທ ທີ່ບ້ານເຫມືອງແຜ່, ຂ່າວການສິ່ງຄືນ ບັກບົບໄທສອງຄືນບັ້ນ ເພື່ອເກັບແກ່ມະບຸດສະທຳ ແລະ ຄວາມສຳພັນອັນດີຕໍ່ກັນ, ຕ່ມາ ແມ່ນຂ່າວການປະດັບຫລຸນໄຊ ໃຫ້ແກ່ທະຫານ ທີ່ທຳການປ້ອງກັນຜືນແຜ່ນດິນລາວໃນຄັ້ງນີ້.

ພິທີປະດັບຫລຸນໄຊຜ່ານໄປຮິກສາມເຄືອນ ແຕ່ເຈົ້າຂອງເກີບກໍຍັງບໍ່ປະກົດຕົວ.

ເອົາເຮັດວຽກສ້ອມແປງເກີບຕໍ່ໄປຕາມເດີມ, ກ້ອງຮັ້ມຕັ້ມສຳສາຕັ້ນເດີມ, ແກັດໄມ້ແກັດເດີມ. ແລ້ວວັນຫນຶ່ງ ຊາຍຫນຸ່ມເຈົ້າຂອງເກີບກໍກັບຄືນມາ, ເອົາກ້າວລົງຈາກລົດທະຫານ ໂດຍມີ ໄມ້ເທົ້າຄ້າຍທີ່ກໍຂຽບ ຍ່າງດ້ວຍຄວາມລຳບາກ. ຂ່າງແປງເກີບຍຸດເຮັດວຽກໄປຈະພະຫນຶ່ງ. ຈ້ອງເບິ່ງຊາຍຫນຸ່ມຢ່າງຕັ້ງໃຈ ແລະ ຍ່າງຄື້ນຄືດ, ຊາຍຫນຸ່ມອາກຸດຂ້າງຫນຶ່ງ. ທຳຖຶດ ເອົາບໍ່ແນ່ໃຈວ່າ ແມ່ນເຈົ້າຂອງເກີບ ຫລືບໍ່, ແຕ່ເມື່ອຊາຍຫນຸ່ມຄືບບັ້ນ ຍ່າງກົງມາຫາເອົາ ແລ້ວອອກປາກຖາມຫາເກີບ ເອົາຈຶ່ງຫມົດສົງໄສ.

"ເກີບຂ້ອຍເອົາມາແປງ 4 - 5 ເດືອນກ່ອນ ແລ້ວຕີບໍ້."

"ເອີແລ້ວ, ຄູ່ນີ້ແມ່ນບໍ່ຕວ່າ?" ເອົາຈັບເກີບອອກມາຈາກແກັດໄມ້.

"ແມ່ນລະ, ເປັນຫຍັງໃດເກາະ ເຈົ້າຕິກລົງກັບຕອບນັ້ນ?"

ເອົາຮຶກຮັດໃຈທີ່ຈະບອກວ່າ ຂ່າແປງເປັນເງິນເທົ່າໃດ. ມັນຄືມີຫຍັງມາຕັບຣຸຄໍໄວ້ ເມື່ອ ເຫັນເຈົ້າຂອງເກີບ ຍັງແຕ່ຂາເບື້ອງດຽວ. ເອົາຮຶດບໍ່ໄດ້ຈຶ່ງຖາມອອກໄປວ່າ:

"ໂອໂທດ, ຂາເປັນຫຍັງ?"

"ເອີ, ຂ້ອຍອາສາສະຫມັກໄປແນວຫນ້າຢູ່ບໍ່ແຕນ, ຖຶກລູກລະເບີດຂອງສັດຕູ ເລີຍຕ້ອງ ຕັດຂາຂ້າງຫນຶ່ງ ... "

might return one day. Maybe he had gone to the provinces in a hurry without advance notice and had not had time to pick up the shoes. Maybe he had encountered unforeseen difficulties. The shoe-mender let his imagination run wild. But he still hadn't made up his mind about what he was going to do.

More time passed. News about the fighting in Boh Taen died down. Now there was talk about the cease-fire agreement signed by the Lao and Thai governments in Muong Pae, the humanitarian release of the two captured pilots, and a good relationship between the two countries. More news followed concerning medals awarded to honor those who had served and defended the country. Yet three months after the decorations ceremony had come and gone, there was still no sign of the owner of these shoes.

He continued to repair shoes as usual, under the same *samsa* tree, behind the same wooden boxes. Then one day, the owner of the shoes returned. He emerged from a military car, with crutches under his arms. He was walking with difficulty. The shoe-mender stopped for a moment and gazed intently and thoughtfully at the young man, who was missing one leg. At first, he wasn't sure if this was the rightful owner, but when the young man came directly toward him and asked about the shoes, he stopped wondering.

"The shoes I dropped off four or five months ago must have been fixed by now, no?"

"Are these the shoes?" The shoe-mender pulled a pair out of one of the wooden boxes.

"Oh, yes. What was the price we agreed upon?"

The shoe-mender had a hard time repeating the amount. Something seemed to be blocking his vocal cords, seeing the young man with only one leg. He could no longer restrain his curiosity and blurted out, "Excuse me for asking, but what happened to your leg?"

"Oh, I volunteered for the front in Boh Taen. I got hit by enemy shrapnel and lost a leg. . . ."

ຢ່າງແປງເກັບອ້າປາກຄ້າງ, ຄິດຢ່າງໜຶ່ງກໍພູມໃຈ ທີ່ໄດ້ພົບກັບນັກຮົບຕົວຈິງ ເພາະຜ່ານມາ ເຂົາໄດ້ຟັງແຕ່ຂ່າວຕາມວິທະຍຸ, ຄວາມເຂັ້ມອົກເຂັ້ມໃຈຕໍ່ຜູ້ທີ່ອຸທິດຕົນເພື່ອປະເທດຊາດ ກໍລົ້ນເຫລືອ ຈົນເຂົາເວົ້າຫຍັງອອກມາບໍ່ໄດ້ຄັ່ງໃຈຄິດຢາກເວົ້າ, ຄິດທີ່ມາສິ່ງຊາຍໜຸ່ມ ກໍຍັງຕິດຈັກຄອຍຖ້າຢູ່, ດັ່ງນີ້ ເຂົາຈຶ່ງເວົ້າແບບສະຫລຸບ ເລີຍວ່າ:

"ໂອ ຊັ້ນຫວະ, ເຮີ ບໍ່ເປັນຫຍັງ ຂ້ອຍບໍ່ເອົາເງິນດອກ."

ເຈົ້າຂອງເກັບກ່າວອອບໃຈ ແລ້ວຢ່າງກັບຕົນໄປຫາລົດ, ຢ່າງແປງເກັບ ແບບບໍ່ຫລັງ ຈົນລົດຄັນນັ້ນ ລັບຫາຍໄປຈາກສາຍຕາ. ເຂົາຮູ້ສຶກໂລ່ງໃຈ ເພາະໄດ້ປະກອບສ່ວນແລ້ວ.

Contribute   by
showing   honor
to   troops

The shoe-mender's jaw dropped. It was an honor to meet a real ex-combatant, for until then he had only heard about the fighters on the radio. He was moved by this man's bravery and dedication to the country, and did not know what to say. Meanwhile, the car that had brought this man was waiting with the engine running, so the shoe-mender simply concluded, "Oh, really? Then I won't charge you. It's free."

The owner thanked him and returned to the car. The shoe-mender followed him with his eyes until the car disappeared. He felt greatly relieved because he had finally made his contribution.

NOTES

1. *Samsa*, or *Kleinhovia hospita*, is a large tree that produces pods about a foot long, which blacken when ripe. *Samsa*'s only use is to provide shade.

2. Incidents from Laos's border war with Thailand in 1988.

ຂ້ອຍບໍ່ຢາກນັ່ງບ່ອນ
ຜູ້ມີກຽດ

ລ້ວຂ້ອຍກໍເປັນ ແຂກຜູ້ມີກຽດຄ ເພາະນັ່ງຢູ່ທ່າມກາງ ເຈົ້ານາຍ ເຊັ່ນ ບັນດາຈະທິບໍດີ ນາຍພັນ
ຄຄ ນາຍພົນ ສຸພາບສະຕີ ແລະ ສຸພາບບຸລຸດອື່ນໆ ທັງລາວ ແລະ ຕ່າງປະເທດ.

ຂ້ອຍນັ່ງຢູ່ຢ່າງສະຫງ່າຜ່າເໜີຍ ວາງທ່າທາງໃຫ້ເຂົ້າກັບບັນຍາກາດ ບໍ່ສິ່ງສຽງດັງເກີນຄວນ
ບໍ່ຕິບມືຕິບຕີນ ຟົດສະນັ່ງເກີນກວ່າເຫດ ບໍ່ກະທຳໃນສິ່ງທີ່ບໍ່ຮຽບຮ້ອຍ.

ຂ້ອຍຮູ້ສຶກປະເອີບໃຈບໍ່ໜ້ອຍເລີຍ.

ຄວາມຈິງ ຂ້ອຍກໍເປັນຄົນທຳມະດາໆ ເປັນນັກຣະບວນວິຫະຍາໄລແຫ່ງໜຶ່ງ ອາຍຸຊາວປີ,
ທີ່ພີເສດແຕ່ກໍຄື ເປັນຫລາມຂາຍຂອງຈະທິບໍດີ ນັກເບິ່ງກິລາ ໂດຍສະເພາະ ກິລາບາສະເກັດບານ
ຊຶ່ງກຳລັງດຳເນີນໄປຢູ່ໃນຂະນະນີ້.

ຂ້ອຍມາກັບໝູ່ ສີ່-ຫ້າ ຄົນ, ຕອນຜ່ານປະຕູເຂົ້າມາໃນເດີ່ນກິລາ ຂ້ອຍບອກໝູ່ວ່າ:
"ເອົາມີບັດພີເສດເວີ້ຍ ຊິໄປນັ່ງບ່ອນພີເສດກ່ອນ, ຂ່ວມຜອກກ່ອໄປຢືນ ຂາແຂງເບື່ງສາ."

ໝູ່ຜູ້ໜຶ່ງເວົ້າເຍ້ຍວ່າ: "ນັ່ງບ່ອນພີເສດລະວັງກາຍເປັນເສດຄົນເດີ້!"

ກິນໄຟຟ້າ: 32 - ຄິງໂຄກ: 28.

ການແຂ່ງຂັນດຳເນີນມາໄດ້ຂາວນາທີແລ້ວ ແລະ ກຳລັງສູ້ກັນຢ່າງເອົາຈິງ ເອົາຈັງ
ເປັນການແຂ່ງຂັນບັດພີເສດ ລະຫວ່າງທີມບາສະເກັດບານຍິ່ງ ຂອງກິນໄຟຟ້າ ກັບຄິງໂຄກ
ຊຶ່ງຈັດຂຶ້ນເພື່ອຫາລາຍໄດ້ຈາກບຳລຸງສະມາຄົມບາສະເກັດບານ.

ກິນໄຟຟ້າ ນຳໄປກ່ອນແລ້ວ ຄືໄດ້ ສາມສິບສອງລະແນນ, ຄິງໂຄກໄດ້ຂາວແປດ.

ຕອນຂ້ອຍມາຮອດນັ້ນ ການແຂ່ງຂັນດຳເນີນໄປແຄ່ແລ້ວ ແລະ ທີມຄິງໂຄກ ນຳໄປກ່ອນ
4 - 0, ສຽງຮ້ອງໂຮດັງຟົດສະນັ່ງ ປານເຄິ່ງຂີ່ແຕກ ສຽງກອງເຊຍ ຊຶ່ງລ້ວນແຕ່ເປັນນັກຣະບວນ
ວິຫະຍາໄລຄູ່ຄິງໂຄກ ດັງເປັນຈັງຫວະ: ຄິງໂຄກ! ຄິງໂຄກ! ຄິງໂຄກ!

ທຳຄິດຂ້ອຍກໍບໍ່ຮູ້ ຈະສະໜັບສະໜຸນຝ່າຍໃດ ແຕ່ເມື່ອເບິ່ງໄປຫນ້ອຍໜຶ່ງ ກໍເຫັນວ່າ
ເບີ 2, ເບີ 5, ເບີ 6 ຂອງທີມຄິງໂຄກນັ້ນ ສູງງາມເປັນຕາໜ້າຮັກ ໜ້າແພງ ຂາກ້າວ ແລະ

ພິມເທື່ອທຳອິດ ໃນວາລະສານ *ໄຜ່ໜາມ* ປະຈຳເດືອນ ເມສາ 2515 (1972)

A SEAT IN THE GRANDSTAND

S O I finally became a VIP, sitting among the department chiefs, majors, ladies and gentlemen, and other dignitaries from Laos and foreign lands.

I held myself majestically and assumed a proper attitude, not speaking too loudly and not applauding too excitedly. Really, not doing anything that could be deemed inappropriate.

I swelled with pride.

In real life I was a regular kind of guy, a college student, twenty years old, but most importantly, I was the nephew of a certain director and enjoyed watching sports, especially basketball, which was today's event.

I had come to the game with a group of friends, but at the entrance I told them:

"I received a special pass and must sit in the grandstand. You guys go and have fun standing up to watch the game!"

One friend teased, "A special seat in the grandstand? Make sure you get some respect!"

Electric Company: 32; Dongdok: 28.

The game had been in progress for twenty minutes now and was getting serious. It was a special game between the women's teams of the Electric Company and Dongdok Teachers College, a fundraiser to support the Basketball League. The score stood at 32 for the Electric Company workers and 28 for Dongdok. When I first arrived, Dongdok was leading 4–0, but the screaming and hollering were deafening. The Dongdok cheerleaders were chanting, "Dongdok! Dongdok! Dongdok!"

In the beginning I didn't know which team to cheer for, but after a while I saw that Number Two, Number Five, and Number Six of

ກິນສ້ວຍໄດ້ສັດສ່ວນດີ ໂດຍສະເພາະ ເບີ 2 ແລ້ວ ງານທັງໃບໜ້າ ງານທັງຽາ ແລະ ຕິນຕິວ
ແຖມຍັງຫລົ້ນເກົ້ງອິກ. ຂ້ອຍເກືອບບໍ່ລະສາຍຕາຈາກເບີ 2 ຈັກເທື່ອ, ສ່ວນທິມໄຟຟ້າ ເປັນຕາ
ເບິ່ງກໍ່ດີ ເບີ 3 ແລະ 6, ແຕ່ເຖິງຢ່າງໃດກໍຕາມ ກໍຍັງສູ້ທິມດົງໂດກບໍ່ໄດ້ ເອີ ... ຂ້ອຍໝາຍ
ເຖິງດ້ານຄວາມງາມຂອງນັກກິລາ, ດ້ານການຫລິ້ນນັ້ນ ຄ່ອຍເບິ່ງກັນຕໍ່ໄປ.

ສາຍຕາຂ້ອຍຈັບຢູ່ແຕ່ນັກກິລາ ເບີ 2 ຂອງທິມດົງໂດກເລື້ອຍໆ ບໍ່ວ່າ ນາງຈະຍ່າງ ຈະຍາດ
ຫລີໂຫຍ້ນບານ, ຂ້ອຍຮູ້ສຶກດີໃຈເມື່ອນາງຈັບບານໄດ້ ໃຈທັກຫວາມ ເມື່ອນາງເສຍບານ ແລະ
ຍາມໃດທີ່ນາງໂຫຍ້ນບານເຂົ້າກະຕ່າ ຂ້ອຍຢາກຫຍບອຍະໂຍງ ດ້ວຍຄວາມຕື່ນເຕັ້ນດີໃຈ ແຕ່ ...
ບໍ່ ຂ້ອຍຈະບໍ່ເຮັດດັ່ງນັ້ນ ເພາະຂ້ອຍເປັນຄົນມີກຽດ ຂ້ອຍບັ່ງຢູ່ທ່າມກາງມະນຸດຜູ້ມີກຽດ
ຂ້ອຍຕ້ອງສະຫງວມຈຽມຕິວ ຕ້ອງບໍ່ສະແດງຄວາມຕື່ນເຕັ້ນຈົນເກີນໄປ.

ເມື່ອເອົາໃຈຊ່ວຍນັກກິລາດົງໂດກເຊັ່ນນີ້ ຂ້ອຍກໍເລີຍເປັນຝ່າຍສະຫນັບສະຫນູນທິມ
ດົງໂດກໄປໂດຍບໍ່ຮູ້ສຶກຕົວ ຂ້ອຍຕື່ນເຕັ້ນເມື່ອທິມດົງໂດກໄດ້ ເສຍໃຈເມື່ອທິມດົງໂດກເສຍ ແລະ
ບໍ່ສະບາຍໃຈເລີຍ ເມື່ອທິມກິມໄຟຟ້າພາກັນບຸກເຂົ້າໄປໃນເຂດແຖບຂອງດົງໂດກ, ຂ້ອຍຮູ້ສຶກ
ກະວົນກະວາຍ ໃຈຄໍທັກຫວາມ.

ຜອກເຮົາ ຂ້ອຍໝາຍເຖິງແຂກຜູ້ມີກຽດອື່ນໆ ແລະ ຂ້ອຍ ພາກັນບັ່ງຢູ່ຕັ່ງທີ່ຈັດແຈງເປັນ
ພິເສດ ເປັນຕັ່ງນີ້ນວມອ່ອນ ບັ່ງສະບາຍ ລຽນກັບເປັນສາມແຖວ ແຖວລະຊາວຕັ່ງ, ຄົນທີ່
ບັ່ງບ່ອນນີ້ ຕ້ອງມີບັດພິເສດ ບັດຫລໍ່ານີ້ຖືກສົ່ງໄປໃຫເຈົ້ານາຍຊັ້ນຜູ້ໃຫຍ່ ຕາມໂຮງການ
ຕ່າງໆ ເພື່ອໃຫ້ມາຮ່ວມເປັນກຽດ ແກ່ການແຂ່ງຂັນຄັ້ງສຳຄັນນີ້. ສ່ວນຄົນອື່ນໆ ທີ່ບັ່ງຕັ່ງໄມ້
ທຳມະດາ ຫລືຢືນຢູ່ນັ້ນ ພາກັນຊື້ປີ້ທຳມະດາເຂົ້າມາ ໃນລາຄາ 300 ກີບ, ຄົນພວກນີ້ມີ
ຈຳນວນຫລາຍ ແລະ ໂຮຮ້ອງ ໄດ້ຕາມໃຈມັກ. ບາງພວກ ສົ່ງສຽງສະຫນັບສະຫນູນຝ່າຍດົງໂດກ
ບາງພວກ ສະຫນັບສະຫນູນຝ່າຍກິມໄຟຟ້າ. ສຽງຮ້ອງ ສຽງໂຮດັງຟືດສະນັ່ນ, ບາງພວກອງຄົນມີ
ບາງພວກອງຄົນຕິມຕິມເປັນຈັງຫວະ ເອົາເຈົ້າຈາກໆເປັນຫິດສະຫລະ ມີຄວາມມ່ວນຊື່ນ ສະຫນຸກສະຫນານ
ເອົາເຈົ້າສະແດງຄວາມຕື່ນເຕັ້ນດີໃຈອອກມາ ໄດ້ຕາມໃຈມັກ ທຸກຄົນຕ່າງໆມີຄວາມສຸກກະທິຫລີ!

ສ່ວນພວກຜູ້ມີກຽດນັ້ນ ຄົນບໍ່ມີຊີວິດຊີວາເຫ່າໃດ ພາກັນຕິບມີຜັດເປັນພິຫິ ເປັນການຕິບມີ
ໃຫ້ກຽດແກ່ຜູ້ໂຫຍ້ນບານເຂົ້າກະຕ່າ ຊື່ງບໍ່ວ່າຝ່າຍດົງໂດກ ຫລືກິມໄຟຟ້າ ກໍຈະໄດ້ຮັບການຕິບມີນີ້
ເປັນການໃຫ້ກຽດຕາມມາລະຍາດ ບໍ່ແມ່ນມາຈາກໃຈຈິງແທ້ເລີຍ ຜອກເພິ່ນຕິບມີໄປຕາມມວາດ.
ຂ້ອຍກໍຟາດ ແປ໋ະແປ໋ະ ໄປນຳເພິ່ນ.

Dongdok were most interesting to watch. They were tall and beautiful, with straight legs, especially player Number Two. She had a lovely face, and gorgeous legs, in fact her whole body was beautiful, and to top it off, she played very well, too. So I never took my eyes off that Dongdok player. On the Electric Company side, Numbers Three and Six were the ones to watch, but, really, they couldn't match the Dongdok team—in beauty, I mean. Well . . . as for the game, that remained to be seen.

My eyes were fixed on Dongdok's player Number Two, whether she walked, ran, stole the ball, or shot a basket. I was happy when she got the ball and worried when someone stole it from her. And whenever she made a perfect shot, I was so thrilled I wanted to jump up and down in ecstasy . . . but no—I could not and would not do such a thing because I was dignified and sat among honorable dignitaries. I had to behave accordingly; I couldn't show too much emotion nor could I be loud-mouthed.

In rooting for Dongdok, I willy-nilly became their fan. I was excited when Dongdok scored and sad when it lost a point. And when the Electric Company team was too aggressive, I got worried.

We, I mean the many dignitaries and I, sat on seats provided especially for us—soft, comfortable armchairs arranged neatly in three rows. Each row had about twenty such chairs. To sit here, one needed a special pass. These passes were sent to department heads, managers, presidents, and other big shots in various government agencies, inviting them to honor this very important sporting event with their presence. The other people who sat on regular wooden bleachers or who were standing had to buy their own tickets, which cost 300 kip each. There were many of them, and they could cheer as loudly as they wanted and yell to their heart's content. Some of them cheered for Dongdok and others for the Electric Company. Their hollering and screaming were like thunder. Some were clapping or jumping up and down in rhythm. This crowd displayed its excitement and happiness so openly. They were carefree and seemed to be having such a wonderful time.

ຂ້ອຍຮູ້ສຶກຝືນໃຈບໍ່ໜ້ອຍເລີຍ ເມື່ອຕ້ອງຕົບມືໃຫ້ຝ່າຍກົມໄຟຟ້າ ມັນຮູ້ສຶກວ່າ ຊໍ້ມີສິ່ງໃຈຈໆ ແຕ່ເມື່ອທົມດົງໂຄກໂຫຍ້ມບາບເອົາກະຕ່າແລ້ວ ຂ້ອຍຮູ້ສຶກມີກຳລັງວັງຈໆ ແອບຂາບໍ່ຢູ່ ກັບທີ່ ຂ້ອຍຢາກຕົບມືແຮງໆ ຂ້ອຍຢາກທະບອະໂຍໆ ຢາກໂຮ່ຮ້ອງ ແຕ່ ... ບໍ່ ຂ້ອຍຈະບໍ່ເຮັດ ດັ່ງນັ້ນ, ຂ້ອຍເປັນຜູ້ມີກຽດ ຂ້ອຍຕ້ອງລະມັດລະວັງຕົວ ຂ້ອຍຈະຕ້ອງບໍ່ເຮັດຄືພວກທີ່ຊີ້ປີ້ທຳມະດາ ເອົ້າມາ, ຂ້ອຍມີບັດພິເສດ ບໍ່ງບ່ອນພິເສດ ຂ້ອຍຕ້ອງຕົບມືແບບພິເສດ ຕົບມີຕາມມາລະຍາດ.

ຕອນນີ້ ຂ້ອຍມັນຄົມກຽດໃໝ່ ຢູ່ທ່າມກາງຜູ້ມີກຽດ ແຕ່ໃບຕຶງມີເຮືອນພຽງສອງຮ້ອຍຂາວ ກົບ, ມັນພຽງຜໍ່ສໍລັບຂ້ອຍ ໃນເມື່ອບໍ່ຕ້ອງຊີ້ປີ້ເອົ້າມາ, ຂ້ອຍມີບັດພິເສດ ຊິ່ງລຸງ ຜູ້ເປັນອະທິບດີ ມອບໃຫ້, ລຸງໄດ້ຮັບບັດພິເສດນີ້ ຈາກສະມາຄົມບາສະເກັດບານ ຊິ່ງເຊີນໃຫ້ມາຊົມການແຂ່ງຂັນ ເພື່ອເປັນກຽດ, ແຕ່ລຸງບໍ່ມັກເບິ່ງກິລາ ຈຶ່ງ "ເຊີນ" ຂ້ອຍຕໍ່.

ໃບບ່ອນທີ່ຜູ້ມີກຽດບັ່ງນີ້ ຜູ້ສາວເຮົາເຄື່ອງຕິ່ມມາບໍລິການ ແຕ່ຕ້ອງຈ່າຍເງິນສູງກວ່າ ທຳມະດາ ຄື ແປັບຊີ້ 200 ກີບ ເບຍ 500 ກີບ, ຂ້ອຍເຮົາແປັບຊີ້ກ້ອນບໍ່ງ ຈ່າຍເງິນໄປສອງ ຮ້ອຍກີບ, ດັ່ງນີ້ ຈຶ່ງຍັງເຫລືອດາກິ່ງຢູ່ 20 ກີບ ຂາງກີບທໍ່ນັ້ນ! ຄວາມຈິງ ຂ້ອຍອົດບໍ່ກີນ ນ້ຳກາດໄດ້ຢູ່ດອກ ແຕ່ເມື່ອຢູ່ກັບແອກຜູ້ມີກຽດ ຂ້ອຍກໍເລີຍກີນຕາມມາລະຍາດ, ໃນໃຈຮູ້ສຶກ ເສຍດາຍເງິນຢູ່ ເພາະທມິດໂຕມີທໍ່ນັ້ນ.

ສາຍຕາຂ້ອຍຈັບຢູ່ ເບີ 2 ທີມຄົງໂຄກສະເຫມີໆ ບາງສິ່ງບາບໃຫ້ໝູ່ ບາງແລ່ນໄປຮັບບານ ບາງທລອກລໍ້ ທລິບ ທລິກ ຕົບບານແລ່ນ ແລ່ນ ! ບາງໂຫຍ້ມບານແຕ່ບໍ່ເຂົ້າ, ຕ່ມາ ບາງໄດ້ບານຊິກ ໂຫຍ້ມໃຫ້ໝູ່ ໝູ່ສິ່ງຄົມ ບາງຕົບບານ ແລ່ນໄວໆ ບາງໂຫຍ້ມບານຊິກ ເຂົ້າໄປຢ່າງໆງາມ!

ຂ້ອຍດີໃຈ ຕົບມື ໂຮ່ຊຸ່ມກ້ອນ ແຕ່ ... ບໍ່ ຂ້ອຍຕ້ອງບໍ່ງລົງ ບໍ່ງລົງຄົງໆ ຄືແຂກ ຜູ້ມີກຽດທົ່ວໄປ.

In the grandstand, the atmosphere wasn't as lively. Here people applauded ceremoniously. They applauded for the athlete who made the shot whether she was from Dongdok or the opposing team. They clapped their hands out of politeness, as a token, because they were supposed to, and not sincerely from within. I, too, applauded because everyone else was doing it.

I didn't want to applaud when the Electric Company scored, but I had to, even if unwillingly. When Dongdok scored, I was filled with such energy that I wanted to jump up and down, to clap with all my might and scream out loud, but . . . I could not do such a thing because it wasn't dignified. I had to behave myself, unlike those who bought their own tickets. Because I had a special pass and sat on a special seat, I had to produce special applause. Applause for politeness's sake!

At that moment, I was one honorable guest among many, but in my pocket I had only 220 kip. I thought it would be enough for me because I didn't have to pay for my ticket. My uncle had received this special pass as an invitation from the Basketball League. But since he didn't care for sports, he transferred his invitation to me by giving me the pass. That was how I ended up in a special seat in the grandstand.

In this honorable place, a few young women were serving drinks, which cost as much as 200 kip for a bottle of Pepsi and 500 for a bottle of beer. I bought a Pepsi. I wasn't really thirsty, but among these honorable guests I had to show I was equally honorable. I truly regretted spending the 200 kip, because now I only had 20 kip left!

MY eyes were glued to Number Two of Dongdok, as usual. She passed the ball, ran after it, then dribbled it, feinting and weaving as she planned her shot. She threw, but missed the basket. After a few more tries, she scored beautifully. I was so thrilled, I clapped my hands and almost leaped to my feet, but . . . had to remain seated calmly like the other honorable guests.

ກິນໄຟຟ້າ 38 - ຄິງໂຄກ 36

ການແອ່ວອັນດຳເນີນໄປເລື້ອຍໆ …

ສະອອນກັບການເບິ່ງຂາຂາວຂອງສາວນັກກິລາ ໃນທີ່ສຸດ ຂ້ອຍກໍຕ້ອງຕົກໃຈວາບ ຕົກໃຈຍິ່ງກວ່າກິນໄຟຟ້າໃຫຍ່ບາບເຂົ້າກະຕ່າຝ່າຍຄິງໂຄກຮ້ອຍເທື່ອ ຕິດໆກັນ. ຂ້ອຍຮູ້ສຶກ ກະວົນກະວາຍ ຫຸ່ມຮ້ອນ ປານວ່າດວງໃຈນ້ອຍໆ ຖືກໄຟລົນ ຂ້ອຍຮູ້ສຶກວ່າ ຕົບເອງກຳລັງຕົກ ເປັນເຫຍື່ອອັນໃດອັນຫນຶ່ງ ເປັນເຫຍື່ອທີ່ກຳລັງລອງໃຫ້ວາລະສຸດທ້າຍມາເຖິງ ດ້ວຍຄວາມ ທໍລະມານ.

ອ້າງຊ້າຍຖຸຂ້ອຍໄປອີກຂ້າງໜຶ່ງ - ຂ້າຕົບເທິ່ງນັ້ນ! ຍິງສາວສາມຄົນ ກຳລັງຍ່າງໆມາ ຄົນໜຶ່ງ ອຸ້ມອັນ ອີກສອງຄົນເອົາກະດອກໄມ້ທີ່ເຮັດຍ່າງໆສວຍໆງາມ ເຫບັບໃສ່ເຮັກຂອງແຍກຜູ້ມີກຽດ ຫລັງຈາກເຫບັບແລ້ວ ແຍກແຕ່ລະຄົນກໍຈິກເງິບຈາກເຖິງໃສ່ໃບອັນນັ້ນ ບາງຄົນໃຫ້ຂ້າຮ້ອຍ ກີບ ບາງຄົນໃຫ້ພັນກີບ, ເປັນການແຜ່ປັດໃຈເພື່ອການກຸສົນ ຫລິຈະວ່າກັບຄ່າເຂົ້າອຸ່ມກິລາ ກໍວ່າໄດ້ ເພາະແຍກເຫລ່ານີ້ໄດ້ຮັບບັດຜົ່ເສຕ ໃຫ້ຜ່ານປະຕູໂດຍບໍ່ຕ້ອງເສຍເງິນ.

ແຕ່ຂ້ອຍມີເງິນເຫລືອພຽງຊາວກີບ ຈະໃຫ້ເຮັດຍ່າງໃດ? ຂ້ອຍຮູ້ສຶກໜ້າມ້ານ ອາການ ຕື່ນຕັ້ນຕໍ່ເກມກິລາ ຍຸດເຊົາລົງ, ຂ້ອຍຄິດຫນັກ ມັນສັບສົນວຸ່ນວາຍໃນຫົວ ຄິດບໍ່ອອກວ່າ ຈະເຮັດຍ່າງໆໃດຄື ຂ້ອຍຮູ້ສຶກຮ້ອບກິກຫຼ ເຫື່ອຊຶ່ມອອກມາຕາມໜ້າຜາກ ຕາມຄົນໂຕ, ໃນໃຈ ຈຶ່ມວ່າ ຕາຍລະກູ! ຕາຍລະກູ! ຕາຍລະກູ!

ຂ້ອຍຮູ້ສຶກຮ້ອບໄປທົ່ວຕົບຕົວ ເມື່ອຍທັ້ງກາຍ ແລະ ໃຈ ຂ້ອຍເມື່ອຍກວ່ານັກກິລາທັ້ງຮ້ອຍເທົ່າ!

ຜູ້ສາວກັບດອກໄມ້ສາມຄົນບັນ ໃກ້ເຂົ້າມາເລື້ອຍໆ ແຕ່ລະບາງແຕ່ງຕົວງົດງາມປາດຍ້ອຍ ແຕ່ເຖິງຈະງາມປານໃດກໍຕາມເທາະ ຂ້ອຍບໍ່ສົນໃຈ ບໍ່ມີຄຳວ່າ ຜິດສະໄໝໃນຕົວຜອກບາງໆ, ຂ້ອຍບໍ່ຢາກເກັບ ບໍ່ຢາກໃຫ້ມາໃກ້ ຂ້ອຍຮ້ອງນັ່ງຫນ້າຜອກບາງໆເຫລ່ານີ້. ຂ້ອຍຢາກຫນີ! ຫນີໄປໄກໆ ຫລິໄຫ້າເປັນໄປໄດ້ ຂ້ອຍຢາກມຸດລົງພື້ນດິນຫາຍໂຕໄປ.

ມັນເປັນເທື່ອທຳອິດ ທີ່ຂ້ອຍບໍ່ອອນຊອນຜູ້ຍິງ ຜູ້ຍິງທີ່ເປັນສາວງົດງາມ ຫນ້າຮັກ.

ຂ້ອຍເບິ່ງຈ້ອງໄປຍັງນັກກິລາ ບໍ່ຮູ້ສຶກພ້ອມຝ່າຍໃດ ບໍ່ມີຄຳວ່າ ເອົາໃຈຊ່ວຍ ເບິບັນເບິບີ, ຂ້ອຍເກັບເອົາເຈົ້າເປັນເຫຼື່ອງຈັກທີ່ເຫຼື່ອນໄຫວໄປມາຍ່າງໆວັດຕະໂນມັດ. ໃນໃຈຂ້ອຍບໍ່ມີຄຳວ່າ ດີໃຈ ຫລິເສຍໃຈ, ໃຜຈະໄດ້ ໃຜຈະເສຍ ຂ້ອຍບໍ່ທອງ, ແຕ່ຂ້ອຍກໍເບິ່ງ ເບິ່ງການເຫຼື່ອນໄຫວຢູ່ ຕໍ່ໜ້າ, ທ່າມກາງການເຫຼື່ອນໄຫວ ມີສຽງຮ້ອງໂຮ ມີສຽງຕົບມື ທຶບຕິບ ມີສຽງຕື່ນເຕັ້ນຕົກໃຈ, ແຕ່ຂ້ອຍຮູ້ສຶກດ້ານໆ ຕໍ່ສຽງເຫລ່ານັ້ນ.

The score was now 38 for the Electric Company and 36 for Dongdok. The game continued at a blazing pace. . . .

To my left, only five people away, I spotted three young women approaching. One was holding a silver bowl and the other two were attaching a corsage, exquisitely crafted, to the chest of each guest. Each guest, in turn, would drop money into the bowl. Some gave 500 kip and others 1000. This was how donations were collected. One could also say that this was how the "tickets" were paid for because each guest had received a special pass and didn't have to buy one at the gate.

But what could I possibly do with only 20 kip left? I panicked. My delight in the game evaporated. I was confused, with no idea of what to do. My ears burned. Dripping with sweat, I mumbled, "Oh my gosh! Now I'm dead, dead, dead!"

I was hot, hotter than those athletes on the basketball court. I was exhausted, a hundred times more exhausted than those players. The three young ladies kept coming closer and closer to my seat. Each one was extremely beautiful and graceful, yet no matter how beautiful they were, I did not want to see them. I hated them and wanted to escape, to go far away, and if at all possible, to disappear altogether.

I stared at the athletes without caring which player belonged to which team. I was no longer interested in cheering for any particular player. They all seemed to be robots, wound up and moving automatically. Numb to the surrounding cheers, the clapping, and foot-stamping, I was neither sad nor thrilled by the points won or lost by either team.

ຂ້ອຍຄຶດເຫັນລຸງ ລຸງຊຶ່ງເອົາບັດພິເສດໃຫ້ເປັນກາບ "ເຊີນ" ຕໍ່, ລຸງເຊີນໃຫ້ຂ້ອຍມາຮ່ວມ "ເສຍກຽດ" ໃນການແຫ່ງຮັບບັດສຳຄັບນີ້, ລຸງເອີຍ! ຫລາຍຄຶດບໍ່ເຖິງເລີຍວ່າ ຈະຕ້ອງມາ ພົບພໍ້ບັນຫາ "ໜ້າມ້ານ" ຢ່າງນີ້!

ຂ້ອຍຫລຽວຫນ້າຫລຽວຫລັງ ຫລຽວຫາຜູ້ຮູ້ຈັກທີ່ຢູ່ໃກ້ ເພື່ອຈະໄດ້ອໍຍືມເຈິນ ແຕ່ບໍ່ ເປັນດັ່ງຄຶດ ຄົນຢູ່ໃກ້ໆຂ້ອຍ ມີແຕ່ຜູ້ມີກຽດ ມີແຕ່ຜູ້ຫນ້າໃໝ່ ຊຶ່ງຂ້ອຍບໍ່ເຄີຍຮູ້ຈັກມາກ່ອນ.

ຍິ່ງຫລຽວລັອກຫລຽວແລັກ ຂ້ອຍກໍຍິ່ງເປັນເປົ້າສາຍຕາຂອງຜູ້ຢູ່ໃກ້ໆ ຫລາຍຄົນ ເບິ່ງຂ້ອຍດ້ວຍຄວາມສົງໃສ, ຂ້ອຍພະຍາຍາມສະຫງົບສະຕິອາລົມ ພະຍາຍາມນັ່ງຢູ່ຊື່ໆ ແຕ່ ໃນຫົວໃຈມັນຮຸ່ມຮ້ອນ ອຸດເອົ້າຈົນຊິລະເບີດ!

ຂ້ອຍຄຶດຮັງຕົວເອງທີ່ເສືອກບໍ່ເອົ້າເລື່ອງ ໄປນັ່ງທ່າມກາງຜູ້ມີກຽດ ແຕ່ຕົວເອງບໍ່ມີ ກຽດພໍທີ່ຈະໄປຫຽບເທົ່າຜູ້ໃດ, ຂ້ອຍຄ່າຕົວເອງທີ່ມືແຕ່ໄປເບິ່ງຂາຂາວບັກກິລຳ ເລີຍບໍ່ໄດ້ ສັງເກດເຫັນສາວເຫນັບດອກໄມ້ຕອນຍັງຢູ່ໄກ, ຖ້າເຫັນລ່ວງຫນ້າແຕ່ໄກ ຂ້ອຍກໍຍົງທາງາງ ຫນີໄປນັ່ງບ່ອນອື່ນກ່ອນ ໂດຍທຳທ່າວ່າໄປທ້ອງນ້ຳ ຫລືໄປຫາຫມູ່ທີ່ຍືນເບິ່ງການແຫ່ງຮັບ ຢູ່ຊິກດ້ານຫນື່ງ.

ແຕ່ນີ້ ສາວງາມສາມຄົນນັ້ນ ມາຈ່ອບຈະຮອດຕິວຂ້ອຍແລ້ວ ຮັບພຽງສີ່ຄົນ ຕ່ຳາກໍເຖິງ ຄົນທີສາມ ໃຫ້ເອົ້າມາເລື້ອຍໆ ...

ຂ້ອຍບໍ່ຢາກນັ່ງບ່ອນຜູ້ມີກຽດອີກຕໍ່ໄປ.
ຂ້ອຍບໍ່ເອົາອີກແລ້ວ ບັດພິເສດ
ຂ້ອຍຢາກປິ່ນຫນີໄປບ່ອນອື່ນ ຫນີໄປໄກໆ
ຂ້ອຍຢາກ ...

+ Doesn't want to be with the rich people - Social Pressure

+ Rather be with his friends

I thought about my uncle who had given me this special pass, which had become an invitation to "lose my honor" at this important basketball match.

"Oh, Uncle! I never imagined I would suffer a 'panic attack' like the one I'm having. What a disgrace!"

I turned to look in front of me and behind me, searching for someone I knew so I could borrow money from him. But the people around me were all dignified people and I didn't know any of them. I grew increasingly agitated, and the more upset I became, the more suspiciously people looked at me. I tried to be calm and sit quietly, but inside my thoughts were boiling over with worry, and I felt as if I might explode at any moment.

I began to hate myself for wanting to be here, to sit among these honorable guests when I wasn't as important as they were. I cursed myself for dwelling too long a time on those beautiful legs and failing to notice what was coming. If only I had been aware of the three girls earlier, I could have found a way to escape, maybe by going to the bathroom or joining my friends on the other side of the stadium.

Four people away, now three only. Those girls were slowly bearing down.

"I don't want to sit in this honorable place any longer. I won't accept those special passes ever again. I want to fly away, far away. I want to . . ."

50 ກີບ

ຈ ບໄມ້ພ້ອມຂຽວອຮ່ອນ, ສຽງຈັກຈັ່ນຮ້ອງດັ່ງລະວຶມ, ແສງແດດກ້າເກີບທຳມະດາ, ລົມບໍ່ຄ່ອຍພັດແຮງ, ອາກາດຈຶ່ງຮ້ອນ ອົບເອົ້າ - ບັ່ຍາງເອົ້າລະຄູ່ຮ້ອນຕັ້ມທີແລ້ວ.

ຂ້ອຍນັ່ງຢູ່ກົກຮົ່ມຕົ້ນໄມ້ທ້າຍບ້ານ ຟັງສຽງຈັກຈັ່ນຮ້ອງ ທີ່ດັງວ່ອວ່ອງ ມາຈາກທຸກທິດ, ເປັນການປະສານສຽງທີ່ມີຈັງຫວະດຽວ ບໍ່ມີກຳນົດຍາມເຊົ້າ ແບບນອນ, ໃຍອາລົມກໍກໍ່ຟັງມ່ວນ. ໃຍອາລົມບໍ່ດີ ກໍຮູ້ສຶກຢາກໄລ່ທູ, ສ່ວນຂ້ອຍເອງ ຮູ້ສຶກວ່າຄົນຕິທຳມະຊາດນີ້ ພາໃຫ້ຄວາມຄິດ ລ່ອງລອຍໄປໄກ ແລະ ອາດຈະຜັນ ຫັງນັ່ງ ຖ້າບໍ່ຮູ້ສຶກທີ່ອບ້າ. ຂ້ອຍຢາກກີບຂອງເຢັນໆ ໂດຍສະເພາະກະແລ້ມຫວານໆ ທີ່ເຄີຍເຫັນຜູ້ຂາຍມັກຜ່ານກາຍທ້າຍບ້ານບ້ານໄປເລື້ອຍໆ ມື້ນີ້ ຍັງບໍ່ໄດ້ຍິນສຽງກະດິ່ງ ຂອງຄົນຂາຍກະແລ້ມເທື່ອ, ບໍ່ຄົນເອົາອາດຜ່ານມາເຂດນີ້.

ທີ່ປະຕູຮົ້ວບ້ານ, ເດັກນ້ອຍອາຍຸທ້າງປີ ຊື່ ຄຳຕຸ ຜອມແຫຼ້ນຢູ່ຕາມລຳພັງ. ຄຳຕຸເປັນລູກ ຂາຍຂອງນ້າສາວຜິນ ຊຶ່ງເປັນນ້ອງສາວຂອງແມ່ຂ້ອຍ. ນ້າສາວຜິນ ເປັນແມ່ໝ້າຍ, ຜົວຂອງ ລາວຕາຍເມື່ອສາມປີກ່ອນ. ລາວເອົາລູກສອງຄົນເອົ້າມາໃນເມືອງ, ຄົນໜຶ່ງເອົາມາປິ່ນປົວ ຢູ່ໂຮງພະຍາບານ ເພາະປ່ວຍເປັນໄອ້ປ່າ, ຄົນໜຶ່ງ ເອົາມາຝາກໄວ້ນຳຄອບຄົວຂ້ອຍ ຄື ຄຳຕຸ ນີ້ເອງ. ສ່ວນລູກຄ້າຍກົກ ອາຍຸ 8 ປີ ຢູ່ກຳລຸງທີ່ຂົນມະນົດຜູ້ນ. ນ້າສາວຜິນເຝົ້າລູກຢູ່ໂຮງ ພະຍາບານ ນັບແຕ່ມື້ມາຮອດ.

ຄຳຕຸ ເປັນເດັກນ້ອຍປາກກ້າຫຼຽງ, ຄຳຖາມຂອງເອົາເຮັດໃຫ້ທຸກຄົນໄດ້ທໍ. ທຳອິດທີ່ມາ ຮອດ ເອົາຖາມຂ້ອຍໂລດວ່າ:

"ອ້າຍຢູ່ຫ້ອງ ປ. ໄດ ?"

ຂຽນປີ 1990

FIFTY KIP

THE leaves of the trees were pale green. The cicadas were sing
ing loudly. The day was hotter than usual and the wind not
very strong. It was sultry weather, approaching the middle of the
hot season.

I was sitting under the shade of the tree in front of the house,
listening absentmindedly to the sound of the cicadas coming from
all directions, joined in an endless rhythm. A person in a good mood
might think it was beautiful, while to someone in a bad mood, it
would sound deafening. As for me, I felt as though this music of
nature carried my thoughts far away. I could have daydreamed if I
hadn't been so thirsty. I longed for something nice and cool, some-
thing sweet, like ice cream, which I knew was sold by a man who
passed frequently in front of our house. That day I had not yet heard
the sound of the ice-cream vendor's bell. In a little while, he would
probably be coming by.

At the front gate, a little boy named Khamtu, was playing by
himself. Khamtu was the son of Aunt Pin, my mother's younger
sister. Aunt Pin was a widow whose husband had died three years
ago. She had brought two children to town, one who was sick with
malaria for treatment at the hospital, and the other, Khamtu, to stay
with us. Her oldest boy, who was eight, remained in the village with
one of my uncles. Aunt Pin had been at the hospital attending to her
daughter ever since she had arrived.

Khamtu was a talkative child whose questions made everybody
laugh. When he first arrived, he asked me right away, "What grade
are you in, cousin?"

"ภายຫຼັງ ป. ແລ້ວ, ອ້າຍຢູ່ມັດທະຍົມ. ຕຸເຕ ຢູ່ຫ້ອງໃດ? "

"ຍັງບໍ່ໄດ້ເຂົ້າໂຮງຮຽນເທື່ອ."

"ປານໃດຈິ່ງຊິເຂົ້າ," ຂ້ອຍສໍ.

"ເພິ່ນວ່າເຮົາມີຈັບທຸໄດ້ກ່ອນ."

"ຈັບແບບໃດ! ລອງເບິ່ງດູ."

ແລ້ວຄຳຕຸ ກໍເຮົາມືຂວາໂຄ້ງຂ້າມທິວ ໄປຈັບທຸເບື້ອງຊ້າຍ ແຕ່ບໍ່ເຖິງ, ສະແດງວ່າຍັງ ບໍ່ທັບໃຫຍ່ພໍເຂົ້າໂຮງຮຽນເທື່ອ. ຂ້ອຍຫາກໍມາເຂົ້າໃຈ ວິທີການວັດແທກ ເພື່ອຄັດເລືອກເອົາ ເດັກນ້ອຍເຂົ້າໂຮງຮຽນຢູ່ຊົນນະບົດ ຈາກການບອກເລົ່າຂອງ ຄຳຕຸ ນີ້ເອງ.

ຄຳຕຸເຖິງຖາມຂ້ອຍວ່າ: "ອ້າຍຈັບຈັກຈັ່ນເປັນບໍ່?"

ຂ້ອຍຕອບວ່າ "ບໍ່ເປັນ, ບໍ່ເຄີຍຈັບ, ມີແຕ່ຟັງສຽງມັນຮ້ອງເມື່ອຢ່າງເຂົ້າລະຖຸຮ້ອນ." ແລ້ວ ຄຳຕຸກໍໄປຊອກເອົາໄມ້ນ້ອຍໆ ຍາວປະມານສອງແມັດມາ, ເຮົາຢາງຫມາກມີ້ຈາກຕົ້ນຢູ່ ຫຼັງບ້ານ ແລ້ວເຮົາຕິດໃສ່ສົ້ນໄມ້ເບື້ອງຫນຶ່ງ. ຕໍ່ຈາກນັ້ນ ເຮົາກໍເຂົ້າໄປກ້ອງຕົ້ນໄມ້ທີ່ມີ ສຽງຈັກຈັ່ນດັ່ງລະງົມ. ເຮົາຄ່ອຍໆເດໄມ້ໄປຫາຈັກຈັ່ນທີ່ຢູ່ສູງ ຈົນເກືອບຫວິດສົ້ນໄມ້, ຄາວດຽວ ກໍເຫັນແນມໄມ້ຕົ້ນຕັ້ນ ພັບປິກວັບໆ ຕິດຢູ່ສົ້ນໄມ້, ມັນພະຍາຍາມດີ້ນໃຫ້ຫຼຸດຈາກຢາງໆ ແຕ່ບໍ່ ສໍາເລັດ. ຄຳຕຸເຮົາຈັກຈັ່ນໃຫ້ຂ້ອຍເບິ່ງ ດ້ວຍທ່າທາງຜຸມໃຈໃນຄວາມສາມາດຂອງຕົນ.

"ເກັ່ງ ເກັ່ງອື່ຫຼີ!" ຂ້ອຍກ່າວຊົມເຊີຍ "ຈັບໂຕດຽວກໍພໍເຕ, ປ່ອຍໃຫ້ຜອກມັນຮ້ອງ."

ຊີວິດຢູ່ຊົນນະບົດ ສອນໃຫ້ຄຳຕຸຮູ້ຈັກຫຼາຍສິ່ງຫຼາຍຢ່າງໆ ຊຶ່ງຂ້ອຍບໍ່ເຄີຍຮູ້ຈັກມາ ກ່ອນ. ຂ້ອຍຮຽນຮູ້ນຳເຮົາຫຼາຍເລື່ອງໆ ພ້ອມດຽວກັບ ຂ້ອຍກໍສອນໃຫ້ເຮົາ ຮູ້ຫຼາຍສິ່ງ ຫຼາຍແນວຮ່ວຍກັບຕົວເມືອງ. ຂ້ອຍບອກເຮົາວິທີຢ່າງໆໄປຕາມທາງໆ ແລະ ການຂ້າມ ທາງທີ່ປອດໄພ, ບອກເລື່ອງເຮັດລະບາໄພ ແລະ ສິ່ງທີ່ເຮົາພໍໃຈທີ່ສຸດ ກໍຄືໄດ້ຂີ່ຂ້ອນທ້າຍລົດ ຈັກຂອງຂ້ອຍໄປບໍ່ອນນັ້ນບໍ່ອນນີ້, ເບິ່ງຊົງເຮົາມີຄວາມສຸກທີ່ສຸດ ແລະ ຍອມເຮັດທຸກສິ່ງ ທຸກຢ່າງໆຕາມທີ່ຂ້ອຍບອກ. ບາງຄັ້ງລົດຈັກຈອດຢູ່ ເຮົາກໍຂຶ້ນຂີ່, ເຮົາມົ້ວບໍ່ອນນັ້ນ ບາຍບໍ່ອນນີ້. ຂ້ອຍເຖິງຜາໂລຖາມວ່າ:

"I'm not in grade school anymore. I'm in high school. What grade are you in?"

"I haven't even started school yet."

"Then when will you start?" I asked.

"They said I have to be able to touch my ear first."

"Touch it how? Let me see you try."

So Khamtu stretched his right arm up and over the top of his head and tried without success to touch his left ear. He still wasn't big enough. I had just learned from Khamtu the criterion by which children were selected for admission to school in the countryside.

Another time, Khamtu asked me, "Do you know how to catch cicadas, cousin?"

I answered that I didn't, adding that I had never caught them but had only listened to the sound they made at the beginning of the hot season. Hearing this, Khamtu searched out a slender stick, about two meters long, and on one end he smeared some sap from the jackfruit tree behind the house. After that, he went and stood beneath a tree from which emerged the loud noise of a cicada. Little by little, he inserted the stick into the branches of the tree, seeking the cicada, which was almost as high up in the tree as the stick was long. In a moment, I saw the insect, wings aflutter, stuck to the end of the stick, struggling unsuccessfully to free itself from the sap. Khamtu proudly brought the cicada for me to observe.

"Good! That's very clever," I complimented him. "One is enough, don't you think? Now let him go so we can listen to him sing."

Life in the country had taught Khamtu many things that I had never known. I learned from him and, at the same time, taught him about the city. I told him how to walk along the street and how to cross it safely. I explained how to keep himself clean. But the thing that pleased him most was to ride on my motorcycle. He seemed happiest then, doing exactly what I had showed him. Sometimes when the motorcycle was parked, he climbed up and sat on it, stroking it here and patting it there. Once I teased him, asking, "Didn't you ever ride a motorcycle at home?"

"ຢູ່ບ້ານຕຸເລີຍຊ່ບໍ?"

"ບໍ່, ອີ່ແຕ່ມ້າກ້າບກ້ວຍ."

ຕອນມາຮອດໃໝ່ໆ ກ່ອນທີ່ແມ່ຂອງເຮົາຈະພາບ້ອງເຮົ້ານອນໂຮງໝໍ, ແມ່ສັ່ງເຮົາວ່າ ໃຫ້ຟັງຄວາມລຸງປ້າ ແລະ ພວກອ້າຍເອື້ອຍ, ບໍ່ໃຫ້ຂໍເງິນນຳຜູ້ໃດ.

"ເຈົ້າແຮວແມ່ຮູ້ບັນ ຮູ້ນີ້ໃຄ ເພາະແມ່ບໍ່ມີເງິນຫລາຍ, ຖ້າຕຸຂໍເງິນໄປຊື້ ເຮົ້າຫນີມ ແລ້ວ ແມ່ກໍບໍ່ມີເງິນຊື້ຢາບົ່ນປົວບ້ອງ ແລ້ວບ້ອງກໍແຮ່ງເຈັບຫລາຍຂຶ້ນ, ຕຸຮັກບ້ອງແມ່ນບໍ?" ບ້າພັ້ນເວົ້າລົມກັບລູກຄ່ອຍໆ ແຕ່ແຈ່ມແຈ້ງ.

ຄຳຕຸຖິກທໍຣັບ ແລະ ບໍ່ເວົ້າຫຍັງ.

ຄຳຕຸລີ້ງແກວ່ນສະຫນິດສະຫນິມກັບຂ້ອຍຫລາຍກວ່າກັບຜູ້ອື່ນໆ ໃນຄອບຄົວ. ເຮົ້າເຮັດ ທຸກສິ່ງທຸກຢ່າງທີ່ຂ້ອຍບອກສອນ ທັງນີ້ ອາດເປັນເພາະເຮົ້າຫວັງຈະໄດ້ຂີ່ຂໍ້ອບທ້າຍລົດຈັກ ຂ້ອຍຢູ່ເລື້ອຍໆ. ແຕ່ໂດຍທ່ວໄປແລ້ວ ຂ້ອຍເຫັນວ່າ ຄຳຕຸເປັນເດັກນ້ອຍສະຫລາດສະຫລຽວ ແລະ ເຮົ້າໃຈງ່າຍ ໃນທຸກເລື່ອງທີ່ຂ້ອຍບອກສອນ.

ການຄອງຄອຍໃຫ້ຄືນຂາຍກະແລ້ມປະກິດຕົວ ທ່າມກາງສງຈັກຈັ່ນຮ້ອງຄ່ງລະງົມນັ້ນ ຮູ້ສຶກວ່າ ເວລາຄືເກົ່າຍາວດິບນານພິລຶກ. ຂ້ອຍແນມໄປທີ່ປາກປະຕູຮົ້ວເຮົ້າບ້ານ, ເຫັນຄືນ ກາຍທາງຜ່ານໄປເກືອບຕະຫລອດເວລາ ທ່າມກາງແສງແດດ ກ້າຈັບເຮັດໃຫ້ຢາງປູຫາງເປື່ອຍ.

ແລ້ວໃນທີ່ສຸດ ກໍມີສງງາະກົ່ງຄືນຂາຍກະແລ້ມ ດັ່ງມາແຕ່ໄກ. ຂ້ອຍຮ້ອງບອກຄຳຕຸ ມາເອົາເງິນ ໄປລັດຄ້ຍໍ່ແຖມທາງຂີ່ປາກປະຕູເຮົ້າບ້ານ.

"ເອົານີ້ເງິນຮ້ອຍກີບ, ໃບລະ 50 ຊື້ກະແລ້ມສອງອັນ ອັນລະ 50 ອັນໜຶ່ງໃຫ້ຕຸກີບ ອັນໜຶ່ງໃຫ້ອ້າຍ."

ເຮົ້າຮັບເອົາເງິນແລ້ວ ແລ່ນໄປທີ່ປາກປະຕູເຮົ້າບ້ານ, ບໍ່ຄືນກ່ຍໆງກັບຄືນມາ ມີຕຶກະແລ້ມ ມາ ອັນດຽວ. ຂ້ອຍແປກໃຈ, ຄິດຢ່າງຫນຶ່ງວ່າ ກະແລ້ມຂື້ນລາຄາ ເປັນອັນລະຮ້ອຍກີບບໍ ຫລືວ່າ ຄືນຂາຍໂກງເງິນເດັກນ້ອຍ. ເມື່ອເຮົ້າມາຮອດໃຫ້ ຂ້ອຍຈຶ່ງຖາມຂຶ້ນ:

"ເປັນຫຍັງຊື້ອັນດຽວ."

ເຮົ້າບໍ່ຕອບ ແຕ່ກໍຍື່ນກະແລ້ມອັນດຽວນັ້ນໃຫ້ຂ້ອຍ. ຂ້ອຍຊ້ຳຖາມຕື່ມເພື່ອຄວາມແຈ່ມແຈ້ງ.

"ເງິນຮ້ອຍກີບ ເປັນຫຍັງຊື້ອັນດຽວ?"

"No . . . I only rode a horse made from the stalk of a banana leaf."

When he first arrived, before his mother took his little sister to the hospital, she told him to mind his aunt, uncle, and older cousin, and never, ever to ask anybody for money.

"Don't cry, 'Mom, buy me this,' or 'Mom, buy me that,' because your mother doesn't have much money. If you want money to buy something sweet, I won't have enough to buy medicine for your sister. She'll get even sicker. You love your little sister, don't you?" Aunt Pin spoke gently but frankly to her son.

Khamtu nodded and didn't say anything.

Khamtu was closer to me than to any other member of our family. He would do whatever I asked him to do, maybe because he wanted to go for lots of rides on the back of my motorcycle. In general, I saw that Khamtu was very intelligent and readily understood everything I said to him.

Waiting for the ice cream vendor to announce himself in the midst of the cicadas' noisy song, I felt as if time were passing ever so slowly. I watched the gate in front of the house and people walking constantly to and fro in sunshine so intense that the asphalt oozed.

Finally, from far away, came the sound of the ice-cream vendor's bell. I called Khamtu to take the money for the ice cream and then wait beside the road in front of our gate.

"Here is 100 kip. . . each bill is 50. Buy two popsicles at 50 kip apiece, one for you and one for me."

He took the money and ran to the front gate. Soon he came walking back, holding only one popsicle. I was surprised. At first, I thought the price of the ice cream had gone up to 100 kip or that the vendor had cheated the child. When Khamtu returned, I asked him, "Why do you only have one?"

He didn't answer. He just handed me the popsicle.

So I inquired again, quite directly. "There were 100 kip. Why did you buy only one?"

"50 ກີບ, ຕຸຂໍ້ໃຫ້ອ້າຍ ອີກ 50 ກີບ ຕຸເອົາໄວ້ໃຫ້ແມ່ຊື້ຢາປົວນ້ອງ." ເອົາເວົ້າສຽງຄ່ອຍ ທ່າທາງຢາກກີບກະແລ້ມຢ່າງເກັບໄດ້ຄັກ.

ຂ້ອຍຄິດວ່າ ຈະເອົາກະແລ້ມເຂົ້າປາກ ແຕ່ກໍ່ຮູ້ສຶກມີຫຍັງມາດັບຮູ້ຄໍໄວ້, ຄວາມຢາກ ຄວາມຫິວ ເຫືອດຫາຍໄປ ແລະ ຄວາມອິດຄູສິ່ງສາບເຂົ້າມາແທນທີ. ຂ້ອຍເອົາກະແລ້ມຮັບຄຽວບີ້ຄືນໃຫ້ຄໍຕຸ ເພາະຖ້າຈະຊື້ອິກ ກໍ່ທັນ ເພາະຄົບອາຍໄດ້ກາຍໄປໄກແລ້ວ.

"ຕຸກີບສາ, ອ້າຍເລີຍກີບມາຫລາຍແລ້ວ."

ຄຳຕຸເອົາມືທນີ່ງຈັບກະແລ້ມໃສ່ປາກ, ອິກມືທນີ່ງກຳເງິນ ໃບ 50 ກີບ ໄວ້ແໜ້ນ.

"I used 50 kip to buy this one for you. The other 50 kip I kept for my mother so she can buy medicine for my little sister," he said softly. Yet I could see he was longing for a bite of ice cream.

I was just about to put the popsicle in my mouth when something caught in my throat. My thirst gave way to a feeling of tender compassion. I gave the popsicle back to Khamtu. There was no time to buy another one. The vendor was already far away.

"You eat it. I've eaten lots of ice cream."

With one hand, Khamtu took the popsicle and put it into his mouth. In the other, he gripped the 50-kip note.

ຫມົກເຖິ່າ

ມື່ອນາງບ່ວອາບນ້ຳແລ້ວ ຕາເວັນຍັງບໍ່ທັນລັບພູ, ແຕດຫລົ້ງອ່ອນຍັງທາບລົງທີ່
ປາຍໄມ້ແຄມບ້ານ ແລະ ສະທ້ອນເປັນເງົາ ຫລົ້ນຍັບຍັບຕາມຫນ້ານ້ຳ ທີ່ໄຫລຊ້າໆ.
ນາງເອົາຜ້າປຣກ ທີ່ປັ່ນແລ້ວພາດໃສ່ແອນ ຜອມຈະຍ້າຍບາດຕີນກ້າວຫຳຣິດຂຶ້ນຕະຝັ່ງ
ກໍ່ຜົ່ຄສາຍຕາໄປພົບເອົາວັດຖຸຫລື້ອມໆ. ນາງເດ່ມີໄປຈັບຂຶ້ນມາເບິ່ງ, ມັນຫນັກໆ ມັນມົ່າໆ
ມັນແມ່ນສາຍແອວເງິນ!

ນາງຫລຽວໄປບ່ອມຊ້າໆ. ຍ່ານໃຕ້ລົງໄປບໍ່ໄກ ມິຄົບຜອມອາບນ້ຳຢູ່ສອງ-ສາມຄົນ.
ນາງເຫັນວ່າບໍ່ມີໃຜສົນໃຈເບິ່ງຕົນ ນາງຈຶ່ງຊຸກເຊື່ອງວັດຖຸສິເງິນ ນັ້ນໄວ້ກ້ອງຜ້າປຣກ ແລ້ວຢ່າງໆ
ຂຶ້ນຕະຝັ່ງ ມຸ່ງຫນ້າຄົນສູ່ເຮືອນ ທັງໃຈກໍຕື້ນບໍ່ເປັນປົກກະຕິ. ນາງບໍ່ທັນຄິດວ່າ ຈະໄປຖາມ
ທາງເຈົ້າຂອງແລ້ວສົ່ງຄືນ ຫລືຈະເອົາໄວ້ເປັນສົມບັດຂອງຕົນເອງ ເພາະຄວາມຄິດທຳຫຳຣິດກໍ
ແມ່ນຈົບອອກໃຫ້ທຫວິດຈາກທ່າບ້ານໄວໆ ເພື່ອບໍ່ໃຫ້ຄົນອື່ນມາເຫັນ. ແຕ່ທັນທີທີ່ນາງຍົ້ນຕະຝັ່ງ
ກໍເຈຕໍກັບນາງອ້ອຍ ຊຶ່ງເຮັດຫນ້າຫລ່າຕາຕື່ນ ເຄ້ວຢ່າງໆ ເຄ້ວແລ່ນມາ.

"ເຫັນເຮັມຮັກເງິນຂ້ອຍບໍ?" ນາງອ້ອຍຖາມ.

"ບໍ່ເຫັນໃດລະ," ນາງບ່ວຕອບແບບອັດຕະໂນມັດ ທັງເຮັດສຽງໃຫ້ປົກກະຕິທີ່ສຸດ.

ນາງອ້ອຍແລ່ນລົ້ວລົງໄປທ່າບ້ານ ໂດຍບໍ່ສົ້ງຫຍັງຕົ່ມ ເພື່ອຟ້າວຊອກຫາສົມບັດຂອງຕົນທີ່ລົມໄວ້.

ກັບມາຮອດເຮືອນ ນາງບ່ວຈັບເຮັມຮັກເບິ່ງດ້ວຍມີສິສິ່ສັ່ນໆ ນາງບໍ່ປະສົບການເລື່ອງ
ລັກເຄື່ອງລັກຂອງ ຫລືໄດ້ສິ່ງມົ່າຄອງຄົນອື່ນ ທີ່ເຮັດຕົກເຮ່ຍ. ນາງລອງເອົາວັດແຂວເບິ່ງ
ທັງປິ່ນຊ້າຍ ປິ່ນຂວາ ຢູ່ຫນ້າແວ່ນ ແລ້ວກໍ່ສ່ອງເບິ່ງຫນ້າຕົນເອງ ມັນບໍ່ສົດຊື່ນ, ມີແຕ່ແອວຫັງວົມ,
ມີແຕ່ຄວາມລະແວງສົງໃສ ... ມີຄຳຖາມຕັ້ງຂຶ້ນມາຫອບດ້ານ:

ພິມເທື່ອທຳອິດ, ເດືອນ ກໍລະກົດ 1990, ໃນ ວັນນະສົນ.

WRAPPED-ASH DELIGHT

WHEN Nang Piew finished washing, the sun had not yet set behind the mountain. Its yellow rays shone over the treetops beside the river, glittering on the rippled water flowing softly down below. She draped the well-wrung cloth over her forearm and prepared to climb back up the riverbank. Then a shiny object on the ground caught her eye. She picked it up to look at it more closely. It was heavy . . . valuable—it was a silver belt!

She looked around. A few steps away, down by the river, two or three people were bathing. They weren't paying any attention to her, so she hid her find under the wet cloth and continued her walk up the slope toward home, her heart thumping unsteadily. She hadn't decided yet whether she should go looking for the rightful owner of the belt or keep it for herself. However, her first reaction was to get away from that area by the river as quickly as possible before anybody saw her there.

As soon as she was over the bank, she bumped into Nang Oie, who was half running and half walking to the river with a worried look.

"Have you seen my silver belt?" asked Nang Oie.

"Oh no!" Nang Piew answered automatically, trying to keep her voice as calm as possible.

Nang Oie continued on her way to the river without any more questions, for she was in a hurry to find her lost possession.

When she arrived home, Nang Piew caressed the belt with shaky hands. She was not used to stealing or finding lost valuables. After wrapping the belt around her waist, she turned left and right in front of the mirror. She looked at her reflection in the mirror and saw an unhappy face full of worries, suspicion . . . full of questions.

"ເອົາຊິສືບຮູ້ວ່າ ເຮົາເປັນຜູ້ເອົາບໍ?" ບາງຄິດ.

"ບໍ່ມີທາງຮູ້ໄດ້ ເພາະຄົນລ້ວງຮອບບ້ານຫ່າງນີ້ມີຫລາຍ, ເຮົາໄດ້ວ່າ ເກືອບໝົດບ້ານ." ບາງ ຕອບເອງ.

"ຊິບອກພໍ່ແມ່ດີບໍ່?"

"ຖ້າບອກ ເພິ່ນກໍຈຳໃຫ້ເຮົາໄປສົ່ງຄືນ. ແຕ່ເຮົາໄດ້ປະຕິເສດບາງອ້ອຍໄປແລ້ວ ວ່າບໍ່ເຫັນ, ໄປເປັນຄວາມຊິເປັນບໍ່?"

ບາງປ້ອຖາມຕົນເອງໄປມາ ແລະ ຫາຄຳຕອບບໍ່ທັນໄດ້, ໃຈໜຶ່ງບາງຢາກໄປສົ່ງຄືນ, ແຕ່ໃຈ ໜຶ່ງ ຊ້າຢາກໄດ້. ບາງເປັນລູກສາວຄອບຄົວຊາວນາ, ທີ່ຂາດເຮືອນສົມຄອນ, ພໍ່ແມ່ບໍ່ຢູ່ໃນ ຖານະທີ່ຈະຊື້ເຮືອນຮັກເຮືອນໃຫ້ລູກໄດ້ເລີຍ. ຖ້າເອົາໄວ້ ບາງກໍຕ້ອງຄອຍໄປສິດຄືນ ກວ່າຈະເອົາ ອອກມາໃສ່ໄດ້ ເພາະບ້ານທີ່ບາງຢູ່ ເປັນພຣງຊົບມະບົດນ້ອຍໆ ຊຶ່ງທຸກຄົນຮູ້ຈັກໜ້າກັນ ແລະ ຖ້າມີໃຜໃຜໜຶ່ງເອົາເຄື່ອງຂອງກັນໄປໃຊ້ ກໍເປັນທີ່ຮູ້ຈັກກັນໂລກ. ບາງຈະຕ້ອງຄອຍຕໍ່ໄປ ໃຫ້ທຸກຄົນໃນບ້ານນີ້ ລືມເລື່ອງນີ້ໄປສາກ່ອນ. ເມື່ອຮອດເວລານັ້ນແລ້ວ ບາງຈະບອກພໍ່ແມ່ວ່າ ແນວໃດ, ເອົາເຮືອນຮັກມາແຕ່ໃສ? ບັນຫາໄດ້ອະຫຍາຍຕົວໄປຕື່ມອີກ ນັ້ນຄື ບາງຈະຕ້ອງຕົວອະ ພໍ່ແມ່ວ່າແນວໃດ ຈຶ່ງຈະສົມເຫດສົມຜົນ.

ບາງຄິດເຫັນໜ້າບາງອ້ອຍ ທີ່ເປັນຄົນບ້ານຄຽວກັນ ຊຶ່ງຢູ່ທິດບ້ານ. ອ້ອຍ ເປັນສາວ ຂຶ້ນໃໝ່ ແລະ ຫາກໍເລີ່ມໃຊ້ສາຍແອວເງິນເມື່ອບໍ່ກວ່າມານີ້. ກ່ອນໜ້ານັ້ນ ບາງໃຊ້ແຕ່ ເຮືອນຮັກທຳມະດາ, ພໍ່ແມ່ບໍ່ອະນຸຍາດໃຫ້ໃຊ້ເຮືອນເງິນ ເພາະຢ້ານບາງຮັກສາບໍ່ກຸ້ນ. ບາງເປັນ ກຳພ້າແມ່ແຕ່ອາຍຸສິບປີ. ເມື່ອແມ່ຕາຍໄປໄດ້ສີ່ປີ ພໍ່ກໍເອົາເມຍໃໝ່ ແລະ ຢູ່ຮ່ວມຊີວິດກັບມາ ໄດ້ສອງປີປາຍແລ້ວ. ບາງປ້ອຍັງຈຳໄດ້ຕີ ຕອນທີ່ປ້າຊ້ອຍ ແມ່ຂອງບາງອ້ອຍເສຍຊີວິດ ຍ້ອນອອກລູກແລ້ວເສຍເລືອດຫລາຍ, ລູກຕັ້ງທິກຄືນ ຕ້ອງເປັນກຳພ້າແມ່. ມັນເປັນທຸກອະ ເວຫະນາຂອງເພື່ອນຮ່ວມບ້ານຄຽວກັນ.

ຄິດມາຮອດຕອນນີ້ແລ້ວ ບາງປ້ອກຢາກເອົາເຮືອນຮັກໄປສົ່ງຄືນ, ແຕ່ກໍມີຄວາມຄິດອັນໜຶ່ງ ມາຫັກຫ້າມໄວ້. ບາງຄິດແຕ່ວ່າ ບໍ່ມີໃຜໃຜຮູ້ເຫັນ ເອົາໄວ້ກໍຄົງບໍ່ເປັນຫຍັງ, ຫລືຖ້າມັນຈະມີ

"Maybe people will find out I have it," she thought first.

"There's no way they can know, because a lot of people use that place by the river for bathing. In fact, almost everybody in the village uses that spot," she assured herself, trying to regain control of her thoughts.

"Should I tell Father and Mother about it?" she wondered.

"Well, if I do, they'll probably make me return it. But I've already told Nang Oie I haven't seen it. It's not a good idea to turn my words around now."

Nang Piew racked her brain but could not come up with the right answer. On the one hand, she wanted to return the silver belt, but on the other, she wanted very much to keep it for herself. She was the daughter of a peasant couple whose life lacked a good many luxuries. If she kept the belt, she would have to wait a long time before she could wear it, as she lived in a small rural village where everybody knew everybody else. When a person borrowed something from another person, everyone in the village knew about it right away. It would take a while for everyone in the village to forget about this missing object. And when that time came, how would she explain the belt to her parents? "Where did you get that belt?" they would ask. The problem seemed to get bigger and bigger. What lies would she have to tell her parents in order to convince them?

She thought about Nang Oie, who lived farther up the street at the other end of the village. She was a young teenager and began wearing her silver belt little more than a year ago. Before that, she'd worn an ordinary belt. She had not been allowed to use the silver one for fear that she might lose it. Nang Oie's mother died when she was only ten years old. Four years later, her father remarried. It was now two years since the new wife had moved in. Nang Piew remembered well the passing of Pa Soi, Nang Oie's mother. She died after hemorrhaging in childbirth, leaving six small children as orphans. It had been a sad time for the whole community.

As she remembered this period of sorrow, Nang Piew wanted to return the belt. But another thought prevented her from doing so:

 บับตาใบพายขบ้า บางก่อาดเອาไปอายที่ร้าบเຄื่อງເຈຶบຢູ່ใบติ่ວເມືອງ. ถวามถึด
ຮັບขลัງบี้ เร็ดใต้บาງເຂ้าอ้าງติบເອງ. แต่สะตีຮับผิดຊອບຂອງบาງກ່ບອກบาງວ່າ:
ເອาຂอງเพิ่มมันบໍ່ดี, มันบาບ!

บาງມ້ຽບເຮ็มຮัดไอ้ดิ่ງ แล้ວออกจากต้อງมา. บาງขลุງวลัธภ ขลุງวแลัภ
ถึดแต่ວ່า บาງอ้อยຊึบำมาຫาย ເຮือบ.

ตอบต่ำมื้ບັບ ภວามบ้าบ[1] เริ่มลุกบ้าบຊาอกว่าถิบใต้ไปໂຮมยู่เຮือบ. ถิบที่ทึก
เริ่มไป แม่บผอกที่ລ่ງอายบ้าๆ ຂ่าบับ ก่อบตาเວับจะติกถิบเลิ่กบ้อย. ถอบถือลุงผิ่ງ
ที่ตั้ງเຮือมยู่ ອายต่ำบ้า เบับผะຍาบບອกວ่า มีผู้ใดแถ่ລ่ງอายบ้าตอบบั้บ, ใบจำบอบบี้
มีบาງบ่อลอมยู่บ่าก่อย. บอกจากบั้บ ก่มีผู้ชาอุโสใบบ้าบบี้ ເຂ้าร่อมบำ สี่ - ท้าถิบ.

ภວามบ้าบ และ ผู้ชาอุโสได้ເວ้าลืม ຮักຊອບ และ ອ້ธอງใต้ผู้ที่ได้ເอาເอ็ม
ຮัดบับ ส่ງถิบเຈ้าຂอງເดิม. มิภาบโส้ເຫ ລ้ກັບ, ทำ ອิดภ่ตัງค่อยๆ, ต่มา สธງตัງภ่ผิ่ดสะบับ
แต่สะขลุบแล้ວ บ่มีผู้ใดຍอมຮับว่าได้ເอา.

ภວามบ้าบถิดຫาวิทีใໝ่ แล้ວก่บอกว่า ใต้ทุกถิบเร็ดขมิกเริ่า โดยกำบิดເอา
ตอบต่ำຂอງมื้ມา เบับมื้สู่งขมิกเริ่า ที่เຮือบภວามบ้าบເອງ, เบับภาบใต้ເວลาแภ่ผู้
ภะทำ ผิดไปปลิดธิ่บตอງ.

บาງบ้อยๆກັบถิบเຮือบ โดยผะຍาຍามเร็ดต่าๆๆใต้ຢ້ກภะตีทำ มะดากที่สุด,
แต่ยิ่ງเร็ด ก่ยิ่ງຮู้สึกว่า มันบໍ່ทำ มะดา. บาງຮู้สึกว่า มีแสງตาขลายถู่ติดตามบาງไป
ทุกบาดอ่าๆ. เมื่อบาງໄຂອ ແຂม ก่ຮู้สึกว่ามับบໍ່เบับไปแบบทำ มะຊาด, เมื่อบาງหิ่ວ
ก่ຮู้สึกว่า มันแท้ว ภะแถ่ງ, ເວ้าจากถวามใภ่ภ่ลิ่ว่าดัดจะขลิด.

บาງบ้อถิดขบัก จิดบໍ່ເບิກ ใจบໍ่บาບ ถึดย้าບแต่ເอาจะบำ มาถิ่บເຮือบ เพื่อ ຫา
สายแຂว. มื้ต่มา ອะมะที่บาງบ้ວยยู่ใบເຮือบ ผอมถิดลัງເລກ່ธอกับสายแຂว ตัดสิบใจ
บໍ່ได้ ว่าจะเร็ดแบบใด ก่ผ่ถิได้ยิ่บสธງบาງอ้อยถัງอั่ນ ที่ปากปะตูເຂ้าบ้าບ.

"มีใผยู่ บໍ່?" บาງอ้อยเริ่มมาใส่ถิบใบเຮือບ.

บาງบ้อติภะขบ่า ຫบ้าๆจิด ขือใจเต้บตุมตาม. บาງไปส่อງບ່อງ ยู่ตามฝาเຮือบ

nobody knew. Nobody had seen her with the belt, so it didn't matter if she decided to keep it. If there was a problem later, she could always sell the belt at a jewelry store in town. However, her conscience kept reminding her that failing to return other people's belongings isn't right. It is a sin. She hid the belt in a secure place and left the room. She looked left and right with the worried thought that Nang Oie might have followed her home.

On that same evening, the *kuan bahn*[1] called for a meeting at his house. Those who had gone bathing before sunset at that particular area by the river were asked to attend. Loong Pong's family, whose house was located by the riverbank, had witnessed a number of people bathing at the time. Among them were Nang Piew and four or five elders of the village. The *kuan bahn* and the senior members explained the situation, then admonished whoever had found the belt to return it to its rightful owner. There was a heated discussion. When it was over, nobody had admitted to the crime.

The *kuan bahn* was compelled to come up with another strategy. He told everyone involved to wrap ashes in a package of banana leaves. Everyone should bring his or her package the following evening to the *kuan bahn*'s house. This would give the culprit time to reconsider his or her mistake.

On the way home, Nang Piew tried to keep her behavior as normal as possible, but the harder she tried, the more abnormal she became. It seemed to her that many eyes followed her wherever she went. If she coughed, the cough sounded unusual. When she smiled, the expression seemed dry and empty. When she spoke, her speech seemed insincere.

Her heart was heavy. She was not very happy. She was constantly afraid that people were going to come and search her house for the belt. The following day, while she was sitting inside, deep in thought about the silver belt and wondering what to do with it, she heard Nang Oie's voice at the gate.

"Hello! Anybody home?" Nang Oie called.

Nang Piew was startled. She moved closer to the wall and,

ເບິ່ງນາງອ້ອຍ ທີ່ຜອມຍ່າງເຂົ້າມາບໍລິເວນບ້ານ. ບໍ່ທັນຄືນ ແມ່ຂອງນາງປອທີ່ເຮັດວຽກ
ຍ້ອມຜ້າຫມັ້ນຢູ່ຫລັງບ້ານ ຮ້ອງຕອບວ່າ "ປ້າຢູ່ພີ້".

ນາງອ້ອຍຍ່າງກົງໄປທີ່ຫລັງບ້ານ ທັງເວົ້າວ່າ: "ກະຄຸວວ່າ ບໍ່ມີໃผຢູ່ຊັ້ນດອກ, ມືດຊິມສົ້ມ,
ແມ່ປ້າ ອ້ອຍມາຄ່ຍືມອັ້ນບ່າເຈົ້າໄປກ່າຍອັ້ນເກັບພຸ. ຊີ່ແມ່ຊີໄປ ຢາມพີ່ນ້ອງເລີຍຢາກได້ผุ
ໄປຕ້ອນເອົາເຈົ້າ."

"ເອີ ເອົາໂລດ, ອັ້ນໄດຢູ່ຂ້າງເລົ້າໜັບ. ເປັນຈັ່ງใດອ້ອຍ ຍັງບໍ່ທັນທວະ ສາຍແອວໂຕ?".

"ບໍ່ທັນບ່າແມ່ປ້າ, ຍ້ານເສຍເລີຍແລ້ວລະ. ຊີ່ແມ່ກ່າຮ້າຍ ວ່າຮັກສາຂອງບໍ່ກຸ່ມ."

ນາງປອທີ່ສັງເກດຟັງຢູ່ເທິງເຮືອນ ເມື່ອຮู้ຕັກວ່າ ນາງອ້ອຍບໍ່ໄດ້ມາທວງຖາມເລື່ອງ
ສາງແອວ ກໍຮູ້ສຶກໂລ່ງใจ. ນາງລັງໄປທາງນາງອ້ອຍທີ່ເຕີ່ມບ້ານ.

"ແມ່ໂຕຊິໄປใສທວະອ້ອຍ." ນາງປອຖາມ โดยใຫ້ນ້ຳສຽງเป็นกันเองที่ສຸด.

"ລາວວ່າ ຊິໄປບ້ານຫລັກຊາວ ທາງพี่ນ້ອງพາไปลิมทมัສ່ອງ เพื่อส่องเบิ่งຂອງที่ເສຍ
ວ່າຊັ້ນ, ນາງທີ່ມี้ອ์ ຫลิມขี้ จูงຊิไป."

ໄດ້ຍິນຄັ້ງบี้ ນາງปอແຮ່งปั้นปอบในຕົວใจ และ ฝ้าວພາนางอ้ອຍຢ່າງໄປທີ່ເล้ากับอน
ที่อั้นใดอาๆยู่. ນาງฉ่อยทามอั้นໄด โดยใຫ้นาງอ้อยออกหน้า ตินเองยู่ด้ານຫลัง.

"ยังบ่ทันเทื่อทวะ สายแอว?" ນาງปอถาม.

"บ่ทันบ่าเຊื้ອยปอ, ຫมิดพื้นออกแล้ว, จั๋งแມ่นเสยดาย."

"บ่แม่นตินก้าทวะละ?" ນาງปอພะยายามทับเหลออามคึดของนาງอ้อย ที่เริ่ม
ວ່ามีตินเอา.

"ถิຊิบ่ติกดอก. อ้อยภໍลอງວิมเบิ่งตามแถมฝั่งแล้ว บ่ทัน."

ทัวสองย่างๆไปธอดปะตูเຂົ้าบ้าน, แล้อนาງปอกໍเอาอั้นใดใຫ้นาງอ้อยแบກไป
ตินຄฐว, เพาะบ่มักเกินออม.

ถ่ำมา, ຫลังจากກับเຂົ້าแลງแล้ว ภมิกามเติ๊กโธมอยู่เຮืອนภอามบ้านชิภ. มี้บี้
มีตินมาຫลายกว่าเก่า เอาเจ้ามาเบิ่ງ, มาเป็นสักຂิพะຍານเขตภามตั้ງบี้. ผู้ที่มีພับทะ

peeping through a hole, saw Nang Oie enter the yard. Suddenly Nang Piew's mother, who was busy dyeing cloth in the back, called out to Nang Oie, "I'm over here!"

"Oh, I thought nobody was home because it was so quiet. My mother asked me to come and borrow a ladder from you, Auntie, to collect betel leaves. She plans to visit relatives and would like to take some betel as a gift."

"Go right ahead. The ladder is stored on the side of the barn. By the way, Oie, has your belt been found yet?"

"No, Auntie. I'm afraid it's lost forever. Mother is very cross with me. She thinks that I'm irresponsible."

Up in the house, Nang Piew listened quietly. When she was sure that Nang Oie was not there to inquire about the belt, she felt a little relieved and went down to meet her in the yard.

"Where's your mother going, Oie?" asked Nang Piew, trying to keep her voice as calm and friendly as possible.

"She said she was going to Bahn Lak Sao to ask a relative for some help in finding a soothsayer who can tell us the whereabouts of my belt. She may leave tomorrow or the day after."

Upon hearing this, Nang Piew felt more worried and, in quite a hurry, guided Nang Oie to the barn where the ladder was kept. She helped Nang Oie by carrying the other end of the ladder and walking behind her.

"So you haven't found the belt yet?" asked Nang Piew.

"No, Piew. I've looked everywhere. Oh, I miss it so much."

"Maybe it fell in the river." Nang Piew tried to deflect Nang Oie's belief that someone had really taken it.

"No, I don't think so. I searched through the water all over that area and I haven't found it."

The two arrived at the front gate. Nang Piew released her end of the ladder and let Nang Oie carry it home by herself as it was not very heavy.

After dinner that evening, there was another gathering at the *kuan bahn*'s house. The crowd that gathered this time was bigger

ຕ້ອງເອົາໝາກເດື່ອມາປັ້ນ ໃຫ້ຢ່າງຜ່ານໄປທ້ອງໜຶ່ງ ຊຶ່ງປາກສະຈາກຜູ້ຄົນ. ເອົາເຈັ້ນເອົາ ໝາກເດື່ອໃສ່ກະຕ່າມາ ໂດຍມີແນວປິກປິດກະຕ່າໄວ້ ເພື່ອບໍ່ໃຫ້ຜູ້ອື່ນເຫັນວ່າ ໝາກເດື່ອຂອງ ຕົນປັ້ນ ມີລັກສະນະຢ່າງໃດ ທັງນີ້ ເພື່ອຮັບປະກັນບໍ່ໃຫ້ຜູ້ໃດຮູ້ຈັກວ່າ ໝາກໃດເປັນຂອງໃຜ. ແຕ່ລະຄົນຈັບເອົາໝາກຂອງຕົນ ວາງໄວ້ທ້ອງປັ້ນ ແລ້ວອອກມາບັ່ງລວມຢູ່ບ່າໝູ່ຂ້າງນອກ. ບາງປ່ອກເອົາໝາກເດື່ອມາດ້ວຍ. ໝາກເດື່ອນີ້ທົດດ້ວຍໃບຕອງກ້ວຍ, ທາງໃນມີຊີ້ເດື່ອ, ໝາກ ພິກ ຫັນເປັນສັບຍະລັກຂອງຄວາມເຈັບແສບ ຮ້ອນຮົນ ຖ້າຜູ້ໃດລັກເອົາເຄື່ອງຄົນອື່ນ. ເມື່ອການວາງໝາກເດື່ອໃນທ້ອງປັ້ນສຳເລັດລົງແລ້ວ ໝາຍຄວາມວ່າ ບໍ່ມີຜູ້ໃດຖືກໝາກເດື່ອ ມາອີກ ກໍຮອດເວລາສຳລັບທີ່ໝູ່ຄົນຄອງດອງ. ກວາມບ້ານໄປຮັບເອົາໝາກເດື່ອຂອງມາ, ວາງຕໍ່ໜ້າທຸກຄົນ, ບໍ່ມີຜູ້ໃດຮູ້ວ່າ ໝາກໃດເປັນຂອງຜູ້ໃດ.

ຊາຍຜູ້ຊາວໂສຄົນໜຶ່ງ ເຮັດໜ້າທີ່ໄຂໝາກເດື່ອໄປແຕ່ລະໝາກ. ລາວໄຂໝາກຂອງ ຢ່າງລະມັດລະວັງ ບໍ່ຟ້າວບໍ່ຟັ່ງ, ຖອດໄມ້ຮັດອອກ ແບໃບຕອງແລ້ວເອົາໄມ້ເຄ່ຍຂີ້ເດື່ອາຊ້າໆ. ທຸກຄົນເບິ່ງດ້ວຍໃຈຈົດຈໍ່. ໝາກທິທນຶ່ງຜ່ານພັ້ນໄປ ໂດຍມີແຕ່ຂີ້ເດື່ອ ແລະ ໝາກພິກແດງ. ລາວໄຂໝາກທີສອງ, ເຄ່ຍເບິ່ງ ສອງ-ສາມບາດ, ແລ້ວກໍເອົາໝາກທີສາມ, ທີ່ລາວບໍ່ເຄ່ຍ ຫລາຍບາດວ່າປັ້ນ ກໍເພາະເອັມຮັດເປັນຂອງໃໝ່, ຜໍໄຂໝາກອອກ ເຄ່ຍບາດຄຽວກໍຮູ້ໂດດວ່າ ມີ ຫລືບໍ່ມີ, ບໍ່ຄິແທວນ ຫລືຄຸ້ມຫຼ ຊຶ່ງຈະຕ້ອງເຄ່ຍທາຢ່າງທີ່ຄວນ.

ການໄຂໝາກເດື່ອ ເປັນໄປຢ່າງໝ້າສົນໃຈ. ຜູ້ໃດກໍເຜົ້າເບິ່ງບໍ່ປາກບໍ່ເວົ້າ ກໍຮອບບໍ່ພັບຕາ ປານວ່າເຜົ້າເບິ່ງການໄຂປາກໄຫລຄຳ ທີ່ຖຶກຍຸດມາຈາກໃຕ້ດິນ. ການໄຂດຳເນີນໄປຮອດໝາກ ທີສິບທ້າ ແຕ່ກໍບໍ່ພັບສິ່ງທີ່ຕ້ອງການແລລຽ. ຫລາຍຄົນຄິດຍ້າຍວ່າ ຈະເປັນການໄຮ້ປະໂຫຍດລ້າໆ. ໝາກທີສິບທກ, ສິບເຈັດ, ສິບແປດ, ແຕ່ກໍຄືກົ່າ.

ຊາຍຜູ້ຊາວຸໂສ ມີທ່າທາງໝດຄກຳລັງໃຈ ແຕ່ກໍຕ້ອງຍົບເອົາໝາກຕໍ່ໄປມາໄຂ. ມັນເປັນ ໝາກທີສິບເກົ້າ. ລາວຖອດໄມ້ຮັດ, ໃບຕອງຖຶກແບອອກ, ຂີ້ເດື່ອທີ່ເປັນກອງສູງ ຜັງເຍ່ຍລົງ

than usual. People came to watch, to witness the event. The people who were supposed to bring ashes each walked to an empty room with his or her package inside a covered basket. This way, nobody knew which package belonged to whom. Each person left his or her package in the room, then came out to sit and wait with the rest of the crowd. Nang Piew put her ash package among the others. Each package, wrapped in banana leaves, contained ashes and chili, symbols of fiery pain for those who steal. After the last package had been carried in, the *kuan bahn* brought them all outside and placed them in front of the crowd. This was the very moment everyone had been waiting for: the opening of the packages.

An elder had the honor of opening the packages. He unwrapped each one carefully and calmly. First, he pulled out the stick that held the package together, then he opened the banana wrapper, and at last he stirred the ash slowly with a stick. The crowd held its breath in mingled anxiety and anticipation. The first package contained only ash and chili, and the second was exactly the same. Starting with the third one, the elder stirred the ashes only two or three times. He didn't need to poke through it too much because the belt was a big object. As soon as the package was opened, one could easily see whether or not it was there, unlike a ring or an earring, which would require a thorough search.

The unwrapping of the packages captured the interest of the crowd. Everybody watched attentively. No one spoke, or even blinked an eye. It was like uncovering a pot of gold that had just been dug out of the earth. The opening of packages continued steadily through fifteen packages, but the object in question did not appear. Many people thought this all might indeed prove to be a waste of time. The sixteenth, seventeenth and eighteenth packages were the same. The elder felt a little discouraged, but he was obliged to go on with the job. When he pulled out the stick that held the nineteenth package and opened the leaves, a big pile of ash came tumbling down to reveal a shiny object. Everyone cheered with delight. There were screams of happiness from those who had come to witness the event

ແລ້ວກໍປະກົດເຫັນວັດຖຸເຫລື້ອມໆທັບທີ. ສຽງຄົນໂຮແຊວຂຶ້ນ ປານແປເຮືອນຊິທລ. ມັນເປັນ ສຽງດີໃຈມ່ວນຊື່ນ, ສຽງເວົ້າ, ສຽງຫົວ, ເປັນສຽງຂອງຜູ້ມາເບິ່ງເປັນສັກຂີພິຍານ, ສຽງ ຂອງຜູ້ທີ່ເອົາທມິກເຖົ່າມາ. ສຽງຂອງຜູ້ທີ່ເອົາເຮ້ມຮັດມາສິ່ງຄືນ ແຕ່ບໍ່ມີໃຜຮູ້ຈັກທນ້າ ແລະ ພິເສດກໍຄື ສຽງບາງອ້ອຍ ເຈົ້າຂອງເຮ້ມຮັກ ຊຶ່ງຕັ້ງຕັບໃຈຈົບບ້າຕາໄທລ. ສຽງທີ່ດັ່ງ ຟິດສະນັ່ນບັ່ນ ສະແດງອອກເຖິງຄວາມສາມັກຄີຮັກແພງ, ຄວາມບໍລິສຸດຈິງໃຈຕໍ່ກັນ, ຄວາມ ເປັນນ້ອງ ເປັນອ້າຍກັນ ຊຶ່ງເຄີຍເປັນມານັບທລາຍເຊັ່ນຄົນ.

ການໄອທມິກ ໄດ້ຍຸດຕິລົງ ກັບທມິກທີສືບເກົ້ານີ້, ຍັງອິກທ້າ ທີ່ກທມິກ ຊຶ່ງຂາຍ ຜູ້ອາວຸໂສເທັບວ່າ ບໍ່ຈຳເປັນໄອຕໍ່.

1. ກວາບບ້າບ : ປະທາບບ້າບໃນສະໄທມກ່ອບ.

as well as from those who had brought the ash, including the one who had returned the belt, whom no one could name. The loudest scream of all was from Nang Oie, the owner of the belt, who was choked with happiness. The noisy commotion symbolized the love, solidarity, sincerity, and brotherhood that had been shared by all in this village from many generations.

The opening of the packages ended with the nineteenth. Although five remained, no one felt it was necessary to continue.

NOTES

1. *Kuan bahn* is the leader of the village.

ທນູພ

ລຽວັນເສິກ. ຂ້າພະເຈົ້າກັບລູກສາວ ອາຍຸ 7 ຂວບ ຍ່າງໄປຕາມແຄມບ້າຂອງ ເພື່ອພັກຜ່ອນຍ່ອນອາລົມ, ແຕ່ອາລົມກໍບໍ່ຄ່ອຍປອດໂປ່ງ ເພາະບາດຕີນໄປກະທົບກັບສິ່ງ ເສດເຫລືອຫລາຍຢ່າງ. ລູກສາວຢ່າງຮຽງຂ້າງ ບາງຄັ້ງກໍຍ່າງອອກກ່ອນ, ບາງຄັ້ງກໍຕິກ ຢູ່ຂ້າງຫລັງ ແລະ ມັກຢຸດສະເຫມິ ເພາະມືໃຊ້ຕີນເຕະສິ່ງກິດຂວາງຫາງຢ່າງ ເຊັ່ນ ກະປອງ ຫລືວັດຖຸທີ່ມີສີສັນ.

ມັນເປັນເວລາຫນຶ່ງອາທິດເຕັມ ຜາຍຫລັງບຸນຊ່ວງເຮືອປະຈຳປີ 1989 ແຕ່ແຄມບ້າຂອງ ຕໍ່ບ້ານບະຄອນວຽງຈັນ ກໍເຕັມໄປດ້ວຍຂີ້ເຫຍື້ອເຮ່ຍຂຸະຂາຍ: ຖົງຢາງ, ເຈ້ຍຫໍເຄືອງ, ເຈ້ຍຫນັງສືພິມ, ໄມ້ປ້ຶ, ກະປອງເບຍ, ຂວດຢາເບົ້າ, ປຸມເປ້ົາຕກ … ມັນຖືຍລະຄາດກະຈັດ ກະຈາຍ ຄືກັນກັບສະພາບບ້ານເມືອງ ຜາຍຫລັງລົມຜາຍຜັດຜ່ານ. ທັງຫມົດເຫລົ່ານີ້ ເປັນທີ່ ເຕືອງຫູເຕືອງຕາແກ່ຜູ້ຄົນທັງຫລາຍ.

ຂ້າພະເຈົ້າລະສາຍຕາຈາກກສິ່ງເສດເຫລືອ ໂດຍເບິ່ງໄປໄກໆ ຍັງຂອບຟ້າສີຂຽວ ທີ່ມີເມກ ລອຍສິບາງໆ ເພື່ອຄວາມປອດໂປ່ງ ຈະເລີບຕາຈະເລີບໃຈ ທີ່ປະກົດມີຕາມທຳມະຊາດ. ບ້າຂອງ ຍາມແລງ ໄຫລຮ້ອຍອຶ່ນຕ້ອງກັບແສງຕາເວັນ ເປັນຍິບຍັບ. ຢູ່ທ່າງໆ ກຶອບຸຄຸສາຍຕາຜຸ້ນ ມີເຮືອນ້ອຍລອຍລ່ອງ ເບິ່ງຄືວ່າ ເຮືອນ້ອຍໄປຈອດຍັ້ງຢູ່ຕິດກັບທິວຫັດຂອງງສັນພູ ທີ່ຫັບຂ້ອນ ກັບເປັນຫລັ່ນເປັນຫລັ່ນ. ຄວງອາທິດຜອມຈະລັບລົງທີ່ຟາກນ້ຳ. ມອມມືດ ເປັນຫນຸ່ສາມ ຫນຸ່ສີ ຜອມບໍ່ນຄົ້ນສູ່ຫັງ. ບາງຄັ້ງເບິ່ງຄືວ່າ ມົກກັບເຮືອຈະຈອບກັບທີ່ຂອບຟ້າ. ມັນເປັນພາບທີ່ໃຫ້ ຄວາມຮູ້ສຶກເຍືອກເຍັບໃນອາລົມ ແລະ ໃຫ້ເກີດຄວາມສຳນຶກຢາກບິນໄດ້ ເພື່ອຈະໄປສະແຫວງ ຫາຄວາມສະຫງົບສຸກ ໃນທີ່ໄກຫຸ້ນ.

ແຕ່ສິ່ງເສດເຫລືອຕາມພື້ນຕີນ ກໍກະຕຸກໃຫ້ຂ້າພະເຈົ້າ ຕື່ນຈາກອາລົມຝັນ ມາປະເຊິ່ງ ກັບຄວາມເປັນຈິງ. ຂ້າພະເຈົ້າບໍ່ຢາກເບິ່ງ ແຕ່ມັນກໍຫັນເອງ ເພາະມັນຕຳຕາ, ຂ້າພະເຈົ້າ ຄິດຄືກັບວ່າ ຕີນເອງຄອບຈະມີສ່ວນປະກອບໃນການເຮັດອະນາໄມ ໂດຍກັບສິ່ງເສດເຫລືອ

ພິມເທື່ອທຳອິດ, ປີ 1991 ໃນ ສຽງແຄມລາວ.

FATHER'S FRIEND

LATE Saturday afternoon, I took a walk along the Mekong River with my seven-year-old daughter. I went out for relaxation, but did not feel relaxed when I stubbed my toes on the rubbish scattered all around. My daughter walked beside me. Sometimes she walked ahead and sometimes she lagged behind, but most often she stopped to kick at the junk in her way, at empty cans and any object with color.

It was now a week since the end of the 1989 Boat Racing Festival, but the bank of the Mekong was still strewn with garbage: plastic bags, wrapping paper, newspaper, grilling sticks, empty beer cans, empty cigarette packs, popped balloons . . . all scattered far and wide, making the area look as if a hurricane had just roared through it. The whole scene was an eyesore.

I turned my eyes from the mess and looked away into the distance, at the blue sky with its light, gauzy clouds, seeking beauty and solace in nature. On the surface of the flowing river, the reflection of the afternoon sun glittered like diamonds. Farther away, a small boat seemed attached to the side of a mountainous panorama. The sun had almost set beyond the river. Birds in groups of three or four were flying home to their nests. Sometimes it seemed like the birds and the boat would meet one another in the horizon. It was a soothing view, which made one want to become a bird, able to fly toward peace and happiness in the distance.

BUT the litter on the ground brought me out of my reverie and back to reality. I didn't want to look, but I couldn't help it because it was there. I thought I ought to join in the cleanup by gathering this

ໄປໄວ້ໃນບ່ອນທີ່ຖຶກທີ່ຄວນ, ແຕ່ສະເພາະມື້ນີ້ ວັນນີ້ - ອຳນ, ສາກ່ອນ, ຂ້າພະເຈົ້າແຕງຕຶອ ເຜື່ອມາຫ່ຽວຊົມທິວທັດແຄມບ້ານຂອງ ຈຶ່ງຕ້ອງຝືນໃຈຢ່າງຕໍ່ໄປ, ຝືນໃຈ ເພາະສະພາບຄວາມ ເປັນຈິງມັນບໍ່ເຫມາະສຳລັບມາຢ່າງຫລົ້ນ, ຍ່ອນອາລົມ, ຂ້າພະເຈົ້າບໍ່ຄຶດວ່າຈະມາຜົ້ກັບສິ່ງ ບໍ່ຈະເລິນຕາດັ່ງກ່າວນີ້.

ຂ້າພະເຈົ້າຢ່າງໄປ ຄຶດໄປ ແລ້ວກໍສະດຸ້ງ ເມື່ອລູກສາວແລ່ນມາກອດແອວ ດ້ວຍອາການ ຍ້າມກົວ. ລູກສາວຫລຽວອຶບຫລັງ ໄປຍັງບ່ອນທີ່ໄດ້ແລ່ນກັບມາ, ຂ້າພະເຈົ້າຫລຽວໄປ ຈຶ່ງຮູ້ຈັກສາເຫດທີ່ລູກຢ້ານກົວ.

"ບໍ່ຕ້ອງຢ້ານ, ລາວບໍ່ກວນໃຜດອກ." ຂ້າພະເຈົ້າບອກລູກ.

ຄຶນທີ່ລູກສາວຂອງຂ້າພະເຈົ້າຍ້ານນັ້ນ ຢ່າງມາ ຢ່າງບໍ່ມີອາການຫວັ້ນໄຫວ ທັງທີ່ຄຶນເອງ ເປັນເປົ້າສາຍຕາຂອງຜູ້ຄຶນ ທີ່ຢູ່ອ້ອມແອ້ມ ຫລືທີ່ຜ່ານຄາງພາຍໄປ. ເຂົາບຸ່ງເຄື່ອງມູມມອມ, ມີເສດ ເຈ້ຍ ຄຸ້ງຢ່າງ ຫ້ອຍຕິດຄາມຄຶບຄືວ, ເບິ່ງແລ້ວ ຄ້າຍກັບວ່າ ເຂົາເປັນກອງຂີ້ເຫຍື້ອທີ່ເຄື່ອນ ໄຫວໄດ້. ເມື່ອເຂົາມາໃກ້ໆ ຂ້າພະເຈົ້າຈຶ່ງເຫັນວ່າ ທີ່ບ່າເຂົາເບື້ອງຫນຶ່ງມີຣວດເປັນວົງມົນ, ຣວດນີ້ມີຄຸ້ງຢ່າງ ແລະ ເສດເຈ້ຍຣຸບໃສ່ ດັ່ງຄວກກັບຮ້ອຍອາງຂອດໃສ່ໄມ້ຕອກ ແລ້ວມັດສອງ ສົ້ນຕິດກັນ. ອີກຣວດຫນຶ່ງ ເຂົາຈັບໄວ້ທີ່ມືຊ້າຍ, ເມື່ອຍ່າງໄປຜົ້ຄຸ້ງຢ່າງ ຫລືເສດເຈ້ຍຂອງ ຫນ້າຍ່ ເຂົາກໍໄມ້ລົງ ໃຊ້ມືຂວາຈັບເອົາ ແລ້ວເອົາຣຸບໃສ່ຣວດທີ່ຢູ່ມືຊ້າຍ. ການະກະທຳ ຂອງເຂົາ ເປັນທີ່ສົນໃຈຂອງທຸກຄຶນ. ຜູ້ທີ່ໄດ້ພົບເຫັນ ແນມເບິ່ງເຂົາດ້ວຍຄວາມແປກປະຫລາດໃຈ, ບາງຄຶນກໍເຮັດຫນ້າຍື້ມໆ, ບາງຄຶນກໍເວົ້າຊຶ່ມກັບຫມູ່ ແລ້ວກໍງ່ວາກ ເບິ່ງເຂົາ. ຫລາຍຄຶນອາດ ຄຶດວ່າ ເຂົາເກັບເອົາຄຸ້ງຢ່າງໄປຂ້າງ ເພື່ອນຳໄປຂາຍຕໍ່, ເລື່ອງນີ້ບໍ່ອາດເປັນໄປໄດ້ ເພາະເຂົາ ເກັບເອົາທັງຄຸ້ງຢ່າງຂາດ, ທັງເສດເຈ້ຍ ທີ່ເປື້ອນເປີ ໃຊ້ການຫຍັງບໍ່ໄດ້ແລ້ວ.

ຂ້າພະເຈົ້າຮູ້ຈັກຄຶນຜູ້ນີ້ມາແຕ່ດຶນແລ້ວ, ເຂົາເປັນຄຶນເສຍສະຕິ ປະເພດເຄິ່ງບ້າເຄິ່ງດີ ແລະ ພິເສດກໍຄື ເຂົາເປັນຫມູ່ຂອງຂ້າພະເຈົ້າ. ພວກເຮົາເຄີຍເປັນບັກຣຽນຣ່ວມຫ້ອງຮ່ວມກັນ ແລະ ອາໄສຢູ່ໃນທ້າຍ ຮຸ້ງເວລານັ້ນເຮົ້ມກັນວ່າ ໂຮງຮຽນກໍມົນນ. ຫຍັງ ຕິຊ້ຶງຂອງເຂົາ ສະໄຫມ ເປັນບັກຣຽນ ເຂົາເປັນຄຶນອະຫຍັນຫມັ້ນພຽນ ເອົາໃຈໃສ່ການຮ່ຳຣຽນຢ່າງຕັ້ງຫນ້າຈຶນຫມູ່ ຄູຫລາຍຄຶນເຕືອນ ແບບເຍາະເຍ້ຍວ່າ "ລະວັງທຳແຕກ". ດັ່ງນີ້ ຈຶ່ງບໍ່ເປັນເລື່ອງແປກປະຫລາດ ທີ່ເຂົາໄດ້ລະແນບຕິເປັນປະຈຳຢູ່ໃນທ້ອງ ແລະ ບໍ່ແປກປະຫລາດຫຶກ ທີ່ຕໍ່ມາອີກຫລາຍປີ ເຂົາກາຍເປັນຄຶນເສຍສະຕິ ຫລື "ທຳແຕກ". ຂ້າພະເຈົ້າຈຶ່ໄດ້ວ່າ ບອກຈາກຣຽນຢ່າງມືວເມືາ ແລ້ວ ເຂົາຍັງເປັນຄຶນລະອຽດຖີ່ຖ້ວນຫຳມະດາ, ໂຕະຂອງເຂົາຕ້ອງເປັນລະບຽບຮ້ອຍ, ປຶ້ມ ຫລືສໍ ແລະ ປາກກາ ຕ້ອງວາງໃຫ້ຕັ້ງສາກກັບໂຕະ. ຄັ້ງຫນຶ່ງ ຫມູ່ຄຶນຫນຶ່ງຍືມຢ່າງລຶບ ເຂົາໄປ, ເມື່ອໃຊ້ແລ້ວ ຫມູ່ຄຶນນັ້ນກໍໂຍນຢ່າງລຶບຄຶນມາ ລົງຫນ້າໂຕະ. ເຂົາຍ່າງໄປຫາຫມູ່

garbage and disposing of it in the right place. Unfortunately, I couldn't do it today, because today I had dressed up to enjoy the scenery along the Mekong, even though it was impossible to do so because of this unexpected eyesore. So I forced myself to walk on by.

I continued to stroll, deep in thought, and was startled when my daughter suddenly grabbed my arm, trembling with fear. She looked back to keep an eye on what was behind her. I turned around, too, and discovered the reason for her panic.

"Don't be afraid. He won't bother anybody!" I told her.

The object of my daughter's fear advanced unhesitatingly along the bank, despite the blatant scrutiny of passersby. He was dressed in dirty clothes, with paper and plastic bags suspended from his body. He looked like a walking pile of garbage. As he approached, I noticed that he wore a garland of plastic bags and paper on one of his shoulders. In his left hand, he held the other garland. As he moved along, he picked up paper and plastic bags and skewered them on a loop of wire that hung from his shoulder. His behavior was very peculiar. People stared curiously at him. Some smiled and others whispered to friends who then turned to look at him. Many people thought perhaps he gathered the bags to be sold after he cleaned them, but this was unlikely, because all the papers he collected were dirty and the bags torn. They were really quite useless.

I HAD known this person long ago. He had since lost his mind and was now sort of half crazy. At one time, we were friends, dormitory roommates when we both attended the same boarding school. His name was Yan. During our school years, he was a very hardworking student. Many friends teased him, saying, "Watch out, or your intelligence will run you over!" No one thought it was strange that he regularly received the best grades in the class. In the years that followed, I heard he had gone crazy or that his intelligence "was getting out of hand." I remembered him as a person who was exceptionally absorbed in his studies and also abnormally neat. His desk, where books, pencils, and pens were arranged at right angles, was

ຜູ້ນັ້ນ ແລ້ວບອກໃຫ້ມາອາງຢາງລືບ ໂດຍໃຫ້ຕັ້ງສາກັບປື້ມທີ່ວາງຢູ່ໜ້າໂຕະ ຕາມບ່ອນ ເດີມຂອງມັນ. ເລື່ອງນີ້ເປັນທີ່ເວົ້າຕິດສືບ ຕິດປາກ ຂອງໝູ່ຄູ່ຢູ່ເປັນເວລາດົນນານ.

ທຍັນໄດ້ໄປຮຽນຕໍ່ທີ່ຕ່າງປະເທດ, ສອບຂ້າພະເຈົ້າ ຮຽນຕໍ່ວິຊາຊີບ ຢູ່ພາຍໃນປະເທດ, ແລ້ວຂ່າວຄາວຂອງທຍັນ ກໍມິດງຽບໄປ. ເວລາຜ່ານໄປຫລາຍປີ ຈິບຂ້າພະເຈົ້າລືມຫລັງ ລືມໝັນລິນຊື່ທຍັນ. ວັນໜຶ່ງ ຂ້າພະເຈົ້າໄດ້ຮັບການບອກເລົ່າ ຈາກໝູ່ຄູ່ວ່າ ທຍັນເປັນລິນທຳແຕກ ເສຍສະຕີໄປແລ້ວ. ເອົາກັບລິນບ້ານເກີດ ເມື່ອງອນ ໂດຍບໍ່ທັນຮຽນສຸດຊັ້ນແຕ່ກໍກ້າວໄປຈິບ ເຖິງປີສຸດທ້າຍ ໃນມະຫາວິທະຍາໄລ.

ຂ້າພະເຈົ້າພົບພໍ້ເອົາເປັນບາງຄັ້ງ ເອົາມັກນັ່ງຊຶ່ລົງຢູ່ວັດແທ່ງໜຶ່ງເປັນປະຈຳ ເຝົ້າ ເບີ່ງໃບໄມ້ຫລົ່ນ, ເມື່ອໃບໄມ້ຫລົ່ນລົງ ເອົາຈະເກັບສຽບໃສ່ໄມ້ໄວ້ ແລ້ວກໍນັບໄປນັບມາ ທັງຍິ້ມ ບ່ອຍຍິ້ມໃຫຍ່ ຄືຄົ່ງພູມໃຈຫລວງຫລາຍ ທີ່ໄດ້ເກັບໃບໄມ້ອອກຈາກກໍ່ບວັດ.

ບາງຄັ້ງ ເມື່ອສວນກັບກາງທາງ ພວກເຮົາຈະເບີ່ງໜ້າກັນ, ເອົາເຮັດໜ້າຍິ້ມໆ ແຕ່ບໍ່ປາກ, ຂ້າພະເຈົ້າຈຶງທັວໃສ່ແລ້ວກໍຮ້ອງຖາມໄປວ່າ "ຈັ່ງໃດ ທຍັນ!" ເອົາບໍ່ຕອບ ແລະ ຂ້າພະເຈົ້າ ກໍບໍ່ທວັງໄດ້ຮັບຄຳຕອບ ເພາະເປັນຄຳຖາມ ບໍ່ເອົາຈຳ ເອົາຈຳ ຖາມໄປຜັ່ແລ້ວຣື, ເປັນການ ທັກທາຍໃນຖານະຄົນເຄີຍຮູ້ຈັກກັນ.

ຂ້າພະເຈົ້າຜາລູກຍ່າງຕໍ່ໄປ ຈັບມືລູກໄວ້ ເພື່ອໃຫ້ລູກທທມັ່ນໃຈວ່າ ຈະບໍ່ເປັນອັນຕະລາຍ, ເອົາກໍຍ່າງກົງມາ, ພວກເຮົາທ່າງກັບປະມານສາມແມັດ, ຂ້າພະເຈົ້າທັກທາຍເອົາ ດ້ວຍ ປະໂຫຍກເດີມ ໂດຍບໍ່ເຕີມຕື່ມທຍັງ.

"ຈັ່ງໃດ ທຍັນ!"

ເອົາຜ່ານໄປ ໂດຍບໍ່ມີສຽງທັກທາຍຕອບ ມີແຕ່ທອບເອົາສິ່ງເສດເຫລືອຂ້ອຍຕິດໂຕ ເປັນມະຍຸ່ງ ມະຍ່າງໆໄປ.

ລູກສາວຂ້າເຈົ້າ ຫລຽວນຳຫລັງເອົາໄປ ແລ້ວຖາມຂຶ້ນວ່າ :

"ໝູ່ຜໍ່ທວະ ?"

"ເອີ ແມ່ນລະ".

"ໝູ່ຜໍ່ແບບນີ້ ມີຈັກຄົນ?"

always tidy. Once, a friend borrowed an eraser, and when he was done, he tossed the eraser back at Yan. It landed in the middle of the desk. Yan walked over to his friend and told him to put the eraser back at a right angle to the books, as it once had been. That incident became an item of gossip and ridicule among his friends for a long time.

Yan went abroad to further his studies, while I continued a vocational education here. Then, eventually, there was no more news of Yan. Many years passed and I forgot completely about the past and my friend named Yan. One day, some friends told me, "Yan has gone bonkers." They said he had "lost control of his intelligence." He returned home without a degree, though he managed to complete his last year at the university.

I saw him from time to time. He liked to sit pensively at one particular pagoda, watching the falling leaves, which he would then collect and skewer on sticks that he counted contentedly over and over again, backward and forward. It seemed to make him so very happy to clean the yard of the pagoda.

When we bumped into each other on the road, we stared at each other. He would smile slightly at me without saying a word. I'd nod my head and ask, "How are things, Yan?" He never answered and I didn't really expect a response, because this is a question people ask only when they don't have anything better to say. A question tossed out to an acquaintance in passing, and nothing more.

I kept strolling, with my daughter's hand clasped tightly in mine to assure her we were in no danger. Yan came straight toward us. We were about three meters apart when I greeted him with the usual sentence.

"How are things, Yan?"

He walked past me without a reply.

My daughter followed him with her eyes and asked, "Is he your friend, Father?"

"Yes, in a way."

"How many of your friends are like this?"

"ມີຜູ້ດຽວ." ອ້າຍພະເຈົ້າຕອບແຕ່ກໍຍັງສົງໄສໃນຄຳຖາມຂອງລູກ.

"ລູກຢາກໃຫ້ພໍ່ມີຫມູ່ແບບນີ້ຫລາຍຄົນ."

"ເປັນຫຍັງວ່າຈັ່ງຊັ້ນລູກ?"

"ມີແບບນີ້ຫລາຍຄົນ ແລະບ້ານຂອງກໍບໍ່ມີຂີ້ເຫຍື້ອ." ລູກສາວອະທິບາຍ.

"Only one," I answered, but I was curious about her question.

"It would be wonderful if you had a lot friends like this one."

"Why is that?"

"Then the bank of the Mekong would not be covered with litter," my daughter explained matter-of-factly.

ນົກບິນຂ້າມປາຍຕາບ

ຕ ບເດືອນສາມ, ດອກຈານຕົ້ນແຄມທົ່ງ ບານເຮືອງເຮື່ອ ຕ້ອງກັບແສງຕາເວັນຍາມ ຄ້ອຍຄ່າເປັນສີແດງສົດໃສຈົບບາດຕາ. ຖັດໄປຮິກປ່າໄກ ຕົ້ນຕາບຕົ້ນທນຶ່ງ ຍືນໂດດເດັ່ນ ເບິ່ງຄືວ່າ ບໍ່ທວັ່ນໄທວຕໍ່ຟ້າຝົນລົມແດງ ແລະ ແສງແດດແຕ່ຢ່າງໆໃດ. ມັນຕັ້ງຢູ່ຢ່າງໜັ້ນຄົງ ຢ່າງສະໜ່ຽງມານຕໍໃຈໆ. ຊາວຊົນບະບົດແທ່ງນີ້ ມັກຖຶເອົາມັນເປັນບໍ່ອນບອກເວລາ. ເມື່ອຕາເວັນຂຶ້ນສູງຂຶ້ປາຍຕາບ ກໍໝາຍຄວາມວ່າ ເປັນເວລາທ່ຽງ ແລະ ເມື່ອຕາເວັນຄ້ອຍລົງ ຈົນຢູ່ລະດັບຄຽງກັບປາຍຕາບ ກໍແມ່ນເວລາຕ້ອນວົວ ຄວາຍເຂົ້າແຫລ່ງ, ສ່ວນແມ່ເຮືອນກໍຈັດແຈງ ຄົງໄຟທນຶ້ງເຂົ້າ.

ຄວັນສີຂາວລອຍຂຶ້ນຈາກເຮືອນຫລັງນີ້ຫລັງນັ້ນ, ມັນເປັນຄວັນໄຟຈາກໂດ້ນຟືນແລະ ອາຍຈາກທວດທນຶ້ງເຂົ້າ, ແສງຕາເວັນຍາມແລງ ສ່ອງລອດງ່າໄມ້ ໄປກະທົບຄວັນທີ່ວ່ານັ້ນ ເຮັດໃຫ້ເກີດເປັນບ່ອນກ່າບງ ຍ້ງຢາຍຢູ່ທຸກແທ່ງທິນ ແລະ ລອຍລ່ອງຢູ່ກາງອາກາດ.

ບາງອຸ່ນ ທນຶ້ງເຂົ້າປະໄວ້ແລ້ວ ກໍມານັ່ງຢູ່ຊານກັບລູກຊາຍ ອາຍຸ 7 ຂຶ້ບົດ, ທນ້າ ບ້ານເປັນເຄິ່ນກວ້າງ, ຝາກເຄິ່ນເປັນທິນທາງຄົນ ຂຶ້ງແຕ່ກ່ອນມີແຕ່ຄວງນເທົ່ານັ້ນ ທຽວໄປມາ, ຕົກມາຄາງປີທີ່ແລ້ວ ຈຶ່ງມັກມີລົດບັນທຸກອັນໄມ້ແລ່ນໃຕ້ເຂັບສະເທມິ. ທິນທາງເລັ່ມມີຊີວິດ ຊີວາ ເຜາະມີຄົນທະຍອຍຕ່າງຄົນເຮືອນ ພາຍຫລັງສຳເລັດວຽກງານປະຈຳວັນ ຕາມໂຮ່ນາ ຊື້ອສອນ. ວົວຄວາຍຝູງທຳຊິດໄປຄະກິດຕິວ ແລະ ມີຄົນຢ່າງບ້ຳຫລັງ ເພື່ອຕ້ອນໄປສູ່ແຫລ່ງ. ສຽງອຶກສຽງໂປງ ດ້ວຍປະສານກັບສຽງທມາງເທົ່າ ເປັນສັນຍະລັກວ່າ ວັນທນຶ່ງໃຫຂຶ້ບບະບົດ ຜວມຈະສິ້ນສຸດລົງ.

ບາງອຸ່ນ ຫລຽວໄປທີ່ທິນທາງ, ເບິ່ງການເຄື່ອນໄທວຕ່າງໆ ຂຶ້ນ ຄົນກາຍທາງ ເຊິ່ງ ບາງຄັ້ງ ໃຈຳນວນຄົນເທລ່ານັ້ນ ກໍມັກປະກົດມີທິດຕັນ ຜົວອອງບາງຢູ່ນຳດ້ວຍ - ເອົາພວມມຸ່ງ ທນ້າກັບຄົນເຮືອນ ຫລັງຈາກສຳເລັດວຽກງານປະຈຳວັນ. ບາງຢູ່ມີເຈຕະນາບັ່ງລອງຖຳຜົວ ຄອກ ແຕ່ບັ່ງເຮີມມີບາງຄັ້ງ ໃນອະນະທີ່ບາງບໍ່ງ ຢູ່ຊານນີ້ ກໍຜົດທຶວອາງຕ່າວກັບມາ.

ຍາມແລງເກືອບທຸກມື້ ບາງອຸ່ນກັບລູກ ພາກັບນັ່ງຢູ່ຊານ ແບບເບິ່ງນົກບິນຂ້າມຟ້າ ເທມືອທຶ່ງບາ, ເບິ່ງຄຳມະຊາດ ກ່ອນອາທິດຈະລັບລິ່ງຝາກສາຍຜູ ດ້ານຕາເວັນຕິກ. ນົກເປັນ ໝູ່ສາມ ໝູ່ສີ່ ບິນມາຈາກທິດຕາເວັນອອກ ມຸ່ງທນ້າຄົນສູ່ຮັ້ງ ທີ່ຢູ່ປ່າໄມ້ສີຂຽວໆ ດ້ານຕາເວັນ

ພິມເທື່ອທຳອິດ, ເດືອນກຸມພາ 1990, ໃນ ວັນນະສິນ.

THE ETERNAL PAIR OF BIRDS

IT was late February. At the edge of the rice fields grew a flame tree full of red blooms whose color, when reflecting the setting sun, was so bright it hurt the eyes. Next to it stood a lone palmyra. It stretched so high as if to challenge the rainstorm, the hurricane, and the sunshine. It had stood there, strong and graceful, for ages. To the people in this rural hamlet, it was like a timepiece. When the sun was high above its crown, it was noon. When the sun's rays struck parallel across the top of its fronds, it was time to herd the cattle back to the stable and for the housewives to prepare dinner.

Nang Oon set the rice steamer on the kitchen stove before coming out to sit on the verandah beside her son Nit, who was seven years old. The front yard was large, and beyond it was a dirt road. In the old days, only oxcarts used this road, but since the middle of last year, logging trucks had been passing more frequently. The road was lively once again with people returning from the fields. First came the cattle, then the people herding them from behind. The sound of the wooden cowbells mixed with the barking of the dogs signalled the end of a day in this rural village. Nang Oon looked out over the road to see all the commotion, to watch the people passing by, among whom she might perhaps spot her husband Thit Tan. She imagined him at this moment heading home. She had not come out to wait for him intentionally, but many times, while she sat on this verandah, her husband just happened to arrive.

Almost every evening, Nang Oon and her son sat on the porch to look at the birds flying over the rice fields and enjoy the sight of nature before the sun set in the west. Birds in groups of three or four flew out of the east to return to their nests in the green woods west of the village. Some of them flew low, and some so high they be-

ຕິກຂອງບ້ານ. ບາງໝູ່ບິນຕ່ຳ, ບາງໝູ່ບິນສູງ, ແບບເທັບເປັນຈຸດທີ່ເຄື່ອນໄຫວໄປທາງ
ໜ້າ ຢ່າງສະໝ່ຳສະເໝີ, ຢ່າງບໍ່ລັງເລ. ທ່າມກາງມິກທັງຫລາຍທີ່ຕ່າງຄືນຮັງນີ້ ກໍມີ
ມິກພິກລຸ່ງໜຶ່ງ ບິນຣຽງກັບຢ່າງຊິ່ງກິ່ງ ປານສອງເສັ້ນອະຫນານກັນໄປ, ມັນບິນອ້າມຊີ່
ປາຍຕາບເປັນປະຈຳທຸກວັນ, ພີບິກບິນຕັດທ້ອງຟ້າຍາມແລງໄປຢ່າງສະທ່ວາງງາມ. ບາງບໍ່ຮູ້
ວ່າ ມິກສອງໂຕນີ້ບິນຄູ່ກັນ ແລະ ອ້າມຊິ່ປາຍຕາບມາແຕ່ຄືບປາບໃດ, ແຕ່ກໍສັງເກດເຫັນ
ເປັນປະຈຳທຸກວັນ ນັບແຕ່ອອກຫັນສາຜູ້ນມາ. ບາງຊິ່ໃຫ້ລູກຊາຍເບິ່ງມິກຄູ່ນີ້, ຜາກັບ
ແບບນຳຢ່າງບໍ່ງວາກໄປໃສ, ແລ້ວຄວາມຄິດຂອງບາງກໍ່ລອຍລອຍໄປໄກ ... ບາງຢາກເປັນມິກ
ຢາກບິນໄປໃນທ້ອງຟ້າອັນກວ້າງໄກ. ບາງຄັ້ງ ມິກຄູ່ນີ້ກໍລັບຫາຍໄປຈາກສາຍຕາ ເມື່ອບິນ
ທາງໄກອອກໄປ ແລ້ວກໍປະຕິດໃຫ້ເຫັນອິກໃຫມ່ ແຕ່ເປັນພຣຽງຈຸດນ້ອຍໆ.

"ຜູ້ນ ! ຜູ້ນແມ່ ຢູ່ຊີ່ຕົ້ນໄມ້ສອງຕົ້ນສູງໆຜູ້ນ" ລູກຊາຍແຫງຕາຄືກວ່າ ຊີ່ໃຫ້ແມ່ເບິ່ງ.

"ໃສ, ຢູ່ໃສ? ເອີ ເຫັນແລ້ວ, ເປັນຈຸດນ້ອຍໆ ເອີໆ! ບໍ່ເຫັນແລ້ວບັດນີ້"

"ຍັງເຫັນຢູ່ແມ່, ມັນບໍ່ນ້ອຍໆ ທໍ່ປາຍເອັ້ມ, ຜູ້ນບິນໄປຜູ້ນ, ຍັງເຫັນນ້ອຍໆໆ ... ຮີບໍ່ເຫັນຈ້ອຍ,
ບໍ່ເຫັນເລີຍບັດນີ້ ແມ່".

"ຈັກຫນ່ອຍຜໍກໍຈະຕ່າວມາ" ບາງມັກບອກລູກແບບນີ້.

ບາງອຸ່ມບັ່ງຊີມມິກ ພ້ອມກັບລູກຊາຍຢ່າງສະບາຍອາລົມ. ບາງຄັ້ງບາງຄາວ
ບາງກໍເຂົ້າໄປໃນເຮືອນຄົວ ເພື່ອຊຸກຟືນໃສ່ເຕົາໄຟ. ຢູ່ເຄິ່ງໜ້າບ້ານ ໃກ້ກັບຕີນອັ້ນໄດ ມີກອງ
ຄືນຂາຍນ້ອຍໆ ພ້ອມກັບບ່ອງເບຍ ແລະ ບ່ອງແປັບຊິ ສອງ-ສາມບ່ອງ. ບ່ອງເປົ່າເຫລ່ານີ້
ມີສີສົດໃສ ເປັນທີ່ສະດຸດຕາ ແລະເປັນຂອງແປກໃຫມ່ສຳລັບຊຸບບະບິດແຫ່ງນີ້. ຫ້າວບິດ
ລູກຊາຍຂອງບາງ ກັບມາຫລົ້ນເຜາະມັບງານຄິ, ແຕ່ທັງແມ່ ທັງລູກ ຍັງບໍ່ເຄີຍຮູ້ມລິດຂາດ
ວ່າເປັນແນວໃດ. ສິ່ງເສດເຫລືອຄັງກໍ່ກ່າວປະຕິດໃຫ້ເຫັນ ເມື່ອທ້າຍປີທີ່ຜ່ານມາ, ມັນປາຍຢູ່
ຕາມຫົນຫາງເຂົ້າບ້ານ ພ້ອມທັງຂອງເປົ່າຍາງເປັນເຊິ່ນ ແລະ ຢາສາມທ້າ ແລະມາພ້ອມກັບ
ລົດລັບທຸກໄມ້ ແລະລົດກະບະລັບໃຫມ່ໆ ຊຶ່ງຄືນທີ່ບໍ່ຢູ່ລົດຄັ້ງກ່າວນີ້ ທຳຄິດຊາວບ້ານ
ມັກເອີ້ນກັບວ່າ ຜໍ້ລ້າໄມ້, ແຕ່ຕໍ່ມາ ຜູ້ຖືກເອີ້ນບໍ່ມັກຄຳນີ້ ຈຶ່ງບອກໃຫ້ຊາວບ້ານເອີ້ນວ່າ

came small dots in the sky as they moved steadily onward. Among the returning flock, a couple of hornbills flew in unison, side by side, like two parallel lines. They flew right over the palmyra every day, stretching their wings gracefully through the evening sky. Nang Oon did not know how long this pair of birds had been flying over the palmyra, but she had seen them every day since the end of Buddhist Lent. She pointed them out to her young son. Both mother and son, without moving their heads, fixed their eyes on the birds in flight. At times Nang Oon was lost in her thoughts . . . She would like to be a bird and fly all through the sky. Sometimes the birds disappeared from view, but at other times they appeared as a spot, growing smaller and smaller as they flew farther and farther away.

"There, over there, Mother, right above the two tall trees over there," said her son, who, with his keener vision, was able to point out the birds for his mother to see.

"Where? Where are they? Oh, I see them, just two small dots. Now I can't see them anymore," responded his mother.

"Yes, Mother, you can still see them. Just like the head of a pin . . . Oh oh, I can't see them anymore. They're gone now, Mother."

"Soon, Father will be home." Nang Oon changed the subject, hoping to comfort her son.

Nang Oon and her son continued to enjoy their birdwatching at this time of the day. Every now and then she returned to the kitchen to stir the fire in the stove. In the front yard, at the bottom of the steps, there was a small pile of sand where two or three empty beer and Pepsi cans were lying around. These cans were brightly colored and a new sight in this rural village. Nit had thought they were pretty and brought them back to play with. Neither mother nor son knew the taste of the contents of these cans. This garbage had appeared around the end of last year, strewn along the roadway near the gate. Among these cans were empty packets of Benson and 555. And along with these had come the logging trucks and huge pickups whose drivers were called lumber-traders by the villagers. However, the drivers didn't like to be called that and told the villag-

ນັກທຸລະກິດ, ແຕ່ຄຳນີ້ເປັນສັບໃໝ່ສຳລັບຊາວບ້ານ, ເຂົາເຈົ້າບໍ່ເຂົ້າໃຈຄວາມໝາຍດີ ຈຶ່ງມັກເອີ້ນຕິດກັບໄປເລີຍວ່າ ນັກທຸລະກິດຜ່ຄ້າໄມ້. ບາງຄັ້ງ ມີຜູ້ເຫັນນັກທຸລະກິດເຫລົ່ານີ້ ພາຍບິນບອກຍາຍໆ ແລະ ວ່າສຳລັບໃຊ້ລ່າເນື້ອ.

ນົກຫລາຍໆໂຕ ບິນເຜີນຟ້າ ຂ້າມທີ່ງນາໄປເກືອບໝົດແລ້ວ, ຍັງເຫລືອພຽງແຕ່ ຈຳນວນໜ້ອຍ, ແຕ່ປະກົດວ່າມື້ນີ້ ບາງແລະລູກບໍ່ເຫັນນົກຄູ່ນັ້ນທີ່ເຄີຍບິນຂ້າມປາຍຕາບ ເປັນປະຈຳເລີຍ. ບາງບໍ່ຢາກເຊື່ອວ່າ ມັນປ່ຽນເສັ້ນທາງບິນຢ່າງກະທັນຫັນ ເພາະວາມນີ້ ກໍຍັງເຫັນບິນຂ້າມປາຍຕາບຢູ່ ຫລືວ່າ ມີຄົນໄປຮາວີເຮືອນຮັງຂອງມັນ, ເຂົາໄຍ່ມັນໄປ ແລ້ວມັນຈຶ່ງປ່ຽນບ່ອນຢູ່ ແລະ ຕ້ອງປ່ຽນເສັ້ນທາງບິນກັບຮັງ. ຄິດມາເຖິງຕອນນີ້ ບາງຫລັບ ຕາໄວ້ ແລະ ບໍ່ຢາກໃຫ້ເປັນໄປເຊັ່ນນັ້ນ, ບາງຄິດເອົາວ່າ ມັນໄປຫາກິນໄກວ່າເກົ່າ ຈຶ່ງບິນ ຕ່າວຄືນຮັງຊັກຊ້າ. ບາງຄອງເບິ່ງອີກຕໍ່ໄປ ແລະ ຫວັງວ່າຈັກໜ່ອຍຄົງຈະເຫັນມັນບິນ ກັບມາ. ບາງສ້າງມະໂນພາບຂັ້ນເອງ, ບາງ ເຫັນມັນເລີ່ມບິນອອກຈາກບ່ອນຫາກິນທີ່ຢູ່ໄກ, ມຸ່ງໜ້າມາເລື້ອຍໆ ເຫີນຟ້າມາຢ່າງສະຫງ່າ ເປັນຄູ່ເດີມ ຄູ່ຮັກທີ່ຊະມະຕະ ບິນໃຫ້ເຂົ້າມາ, ເຂົ້າສູ່ເຂດທີ່ງນາ, ອີກບໍ່ຄືນ ກໍຈິງຂ້າມປາຍຕາບລິທຸກມື້ທີ່ຜ່ານມາ ... ບາງແນມໄປທີ່ ປາຍຕາບ ອີກເທື່ອໜຶ່ງ ແຕ່ບໍ່ປະກົດເຫັນນົກຄູ່ນັ້ນບິນມາເລີຍ.

ຫົດຕັນ ຜິວຂອງບາງກັບມາຮອດເຮືອນແລ້ວ.

ກ່ອນໜ້ານີ້ບໍ່ຈັກໜ່ອຍ ລົດກະບະຄັນໜຶ່ງແລ່ນຜ່ານໜ້າບ້ານໄປ ພ້ອມດ້ວຍຂີ້ຝຸ່ນໄຕ່ ກຸ້ມນຳຫລັງ. ຫົດຕັນເລົ່າວ່າ ພວກຜ່ຄ້າໄມ້ ຍິ່ງນົກໄດ້ຂອງໂຕນັກໃຫຍ່ ເຫັນເຂົາທ້ອຍໃສ່ ດ້ານຫລັງລົດກະບະໄປ.

ບາງອຸ່ນປາກບໍ່ອອກ. ບາງຮູ້ສຶກວ່າ ມີສິ່ງໃດສິ່ງໜຶ່ງໃນຮ່າງກາຍຂາດຫາຍໄປ, ມັນເຢັນວາບໃນຫົວໃຈ. ບາງພາວະນາວ່າ ຢ່າໃຫ້ແມ່ນນົກສອງໂຕທີ່ບິນຂ້າມ ປາຍຕາບນັ້ນເລີຍ. ລົມລະດູແລ້ງພັດມາຄ່ອຍໆ, ດວງອາຫິດຄັບສັບຜູໄປແລ້ວ, ຄວາມມືດເລີ່ມເປັນເຈົ້າບາງໆ, ບາງຍັງຜໍໜລຽວເຫັນປ່ອງເບຍ ປ່ອງຍັບຍິ ທີ່ວາງ ຕຸ້ມຢູ່ໜ້າເຮືອນ ມັນຈະມືເພີ່ມຂັ້ນອີກ ຫລາຍປ່ອງ ຫັ້ງໆທີ່ບາງບໍ່ສາມາດຄຸ້ມກ່ອມກິນໄດ້. ພ້ອມຄູວກັບ ຈຳນວນນົກກໍຈະຫລຸດລົງໄປ ເທື່ອລະໂຕສອງໂຕຈາກທ້ອງຟ້າ ເໜີອທີ່ງນາແຫ່ງນີ້.

ເມື່ອຫລາຍວັນມາແລ້ວ ບາງອຸ່ນສັງເກດເຫັນລົດແກ່ໄມ້ເພີ່ມຂັ້ນ ມັນແລ່ນມຸ່ງໜ້າ

ers to address them as "businessmen." This term was new to the villagers. So they simply called these men "businessmen lumber traders." Sometimes these businessmen carried rifles, which they said were for hunting.

Today, almost all the birds had flown by, gliding high above the rice fields. But Nang Oon and her son had not yet seen the pair that regularly flew over the palmyra. She didn't want to believe they had changed their route so suddenly, because she had seen them only yesterday. Maybe someone had disturbed their nest and taken away their eggs! This may have forced them to change the location of their nest and take a different path home. With this thought in mind, she closed her eyes and prayed that such a thing had not happened. Or maybe today they had traveled far away to search for food and were returning home late. She waited and waited, hoping that they would show up soon. She imagined they had just left their foraging place and were now approaching, high in the sky, still the eternal pair of hornbills flying so gracefully over the field, and the palmyra. She looked above the palmyra once more but the birds had not yet appeared.

In the meantime, her husband Thit Tan had arrived home from the field and told her that the lumber traders had shot two big birds. They had hung the dead birds in the back of their pickup, which had roared by the house a few moments before his arrival.

NANG Oon was speechless. She felt as if something precious had been taken away from her. She felt a void in her heart. She prayed that those were not the pair of birds that always flew over the palmyra. The wind of the dry season was blowing gently. The sun had set long ago. Now there was nothing but twilight. She saw empty beer and Pepsi cans littering the front yard. There would be many more empty cans whose contents she could not afford to buy. At the same time, the number of birds would dwindle, one or two at a time, in the skies above these fields.

After that, she noticed an increased number of logging trucks.

ມ

ໄປຍັງປ່າໄມ້ສີຂຽວ ຢູ່ທາງດ້ານຕາເວັນຕົກ ບ່ອນທີ່ນົກທັງຫລາຍອາໃສຢູ່. ທົນທາງເສັ້ນຄຽວ
ທີ່ຜ່ານບ້ານສອກຫລີກແຫ່ງນີ້ ໄງ່ກຸ້ມໄປດ້ວຍອີ້ຝຸ່ນ ຢ່າງບໍ່ເຫີຍເປັນມາກ່ອນ. ລະອອງຝຸ່ນ
ປໍໄປຈັບໃບໄມ້ຕາມແຄມທາງ ຈົນມົວຫມອງ ແລະ ສ່ວນຫນຶ່ງລອຍໄປແປດເປື້ອນດອກຈານ
ທີ່ຜວມບານເຮືອງເຮື່ອຢູ່ເທີງຕົ້ນແຄມທົ່ງ ຕົ້ນນັ້ນ.

ນັບແຕ່ມື້ນັ້ນມາ ນາງອຸ່ນ ແລະ ລູກ ບໍ່ເຫັນນົກຄູ່ນັ້ນ ບິນອ້າມປາຍຕາບອີກເລີຍ.

They roared past, heading toward the green woods in the west where many birds built their nests. They sped by on the one dirt road and stirred up a cloud of dust that had been unknown in this remote hamlet, a dust that covered the leaves of the trees along the road and the flowers of the flame tree in full bloom at the edge of the field, creating a drab sight that had not existed before.

From that day on, Nang Oon and her son never saw that pair of birds flying over the palmyra again.

ລາຄາຂອງຄວາມຕາຍ

ລາຍຄົນວ່າ ທ່າທາງທີ່ເອົາຍືນຢູ່ນັ້ນ ເປັນຕາຂ້ວງຜ່ໍລິກ.

ຫເລີ່ມເອົາທະຫານ ເອົາໄດ້ຍົດເປັນສິບໂທ ໂດຍມີຄວາມຮູ້ພຽງເຄີຍເສັ້ງແຊກ,[1] ທາໄສ ການລຸບເລຍເຈົ້ານາຍຜູ້ໃຫຍ່ກໍເລີຍ ໄດ້ເປັນນາຍຮ້ອຍໃນເວລາອັນສັ້ນ ຈົນໂຕເອງກັດແປງ ກໍລີຍາທ່າທາງໃຫ້ສົມກັບຍົດບ່ທັນ ຈຶ່ງເບິ່ງເປັນສິເຊີນໆ ເຮັດໃຫ້ດາວຢູ່ບ່ນັ້ນ ຫລຸດຄວາມ ໝາຍລົງ.

ເອົາເປັນຜູ້ຈັບເຈ້ຍ ຈັບສ ຈັດການເອົາຄົນຂັ້ນເຮືອບິນ ຊຶ່ງທາງການຈັດມາ ບໍ່ລິການ ຮັບສົ່ງທະຫານ ແລະລູກເມຍຈາກກອງງຈັບ ໄປຍັງເມືອງອື່ນໆ ໃນທົ່ວປະເທດ. ຄົນໂດຍສານ ຮູ້ຈັກເອົາໃນນາມ "ທ່ານນາຍຮ້ອຍ".

ເອົາຍືນຢູ່ທັນ, ຢູ່ຕີນຂັ້ນໄດຂັ້ນເຮືອບິນ ເຊີ້ນຊີຄົນໂດຍສານດ້ວຍສຽງຂຶງຂັງ ຄິດຜູ້ມີ ອຳນາດບາດໃຫຍ່, ສາຍຕາທຸກຄູ່ຈັບຈ້ອງເບິ່ງເອົາ ດ້ວຍຄວາມພະວົນພະວາຍ ເພາະຢ້ານ ຖືກລືມຊີ.

ທ່ອງສີ ຄິດຂີ່ຜູ້ໂດຍສານຄົນທນົ່ງ ຊຶ່ງລູກສອງຄົນຈ່ອງຂ້າຍ ຈ່ອງຂວາ ແລະ ອິກຜູ້ທນົ່ງ ຍັງອຸ້ມຢູ່ດາແອວ, ນາງເປັນເມຍທະຫານ, ຜົວກຳລັງປະຕີບັດໜ້າທີ່ຢູ່ເມືອງສ້ຍ. ເຖິງທາທິດ ທນົ່ງແລ້ວ ທີ່ນາງມາວິນວອນ ພະຍາຍາມຂັ້ນເຮືອບິນ ໄປທາຜິວ ແຕ່ທຸກຄັ້ງນາງຖືກລືມຊີ.

ນາງພາລູກມາແຕ່ເຊົ້າ ເພື່ອຖ້າຂັ້ນເຮືອບິນ ໄປລິງຂີ່ນຳ ທ່ານນາຍຮ້ອຍ ເພີ່ນຮັບໄວ້ ແລ້ວກໍໃຫ້ຖ້າຈັກໜອຍ.

ຖຣວທຳຄິດ ບາງໄປຖ້າໃຫ້ເຜີ່ນເຣີ້ນຊີ ແຕ່ຂີ່ຂອງນາງບ່ຖືກເຣີ້ນ.

ທ່ານນາຍຮ້ອຍວ່າ "ຄົນເຕັມແລ້ວ ຖ້າໄປຖຣວທີສອງ ຕອນສິບສອງໂມງ".

ພິມເທື່ອທຳອິດ ໃນວາລະສານ *ໄໝທນາມ* ປະຈຳເດືອນ ກໍລະກົດ 2515 (1972)

DEATH PRICE

EVERYBODY said they hated the way he stood. Thanks to his certificate from the elementary school exam, which he barely passed, he became a corporal as soon as he enlisted in the army. And thanks to his ability to "sweet-talk" and be a good lackey, he rose rapidly to the rank of lieutenant. In fact, he had been promoted so recently to his new grade that he looked dreadfully unfit to wear brass on his epaulettes.

He was in charge of the Army Transport Division, a service provided to transport military officials and their families from Viengchan to other provinces within the country. The passengers knew him only by the name of Mister The Lieutenant.

He was standing there, right at the bottom of the steps of the airplane, calling out names from the passenger manifest with authority and grandeur as if he were the mightiest of the mighty. All eyes were focused anxiously on him, all afraid that their names might be forgotten.

Thongsy was one of many passengers waiting to board the plane. Two of her children hung in her arms, one on each side, and the third clung to her waist. She was married to an army officer who was posted in Muong Sui.[1] She had tried many times to get passes to visit her husband and each time her name had been bypassed.

Once again, she began waiting at daybreak to board the plane. Earlier, Mister The Lieutenant had taken her name and told her to be patient for a while. She waited to be called for the first flight, but that did not happen. Instead, Mister The Lieutenant announced: "The plane is full. You'll have to wait for the second flight at twelve o'clock."

ແລ້ວບາງກໍພາລູກອິດເຂົ້າອິດນ້ຳ ຄອງຖ້າຢູ່ເຖິງຍົບໜັບ.

ຕອນສິບສອງໂມງ ມີລົດໃສ່ເຄື່ອງມາເຕັມ ຍິງຄົນໜຶ່ງ ລົງຈາກລົດຢ່າງເຂົ້າໄປຫາ ຫ່າມບາຍຮ້ອຍ ຍິງຄົນນັ້ນ ເປັນເມຍນາຍຫະຫານຊັ້ນໃຫຍ່ເຖິງ ອາໃສອຳນາດບາດໃຫຍ່ຂອງ ຜົວ ບາງທຳມາຄ້າຂາຍໂດຍສົ່ງສິນຄ້າໄປຫາງເຮືອບິນ ແບບບໍ່ຕ້ອງຈ່າຍຄ່າອັນສົ່ງ.

ຖຶ້ຮວທິສອງ ບາງທອງສິບໄດ້ໄປອີກ.

"ເຈົ້າບາຍສົ່ງເຄື່ອງໄປໃຫ້ຫະຫານ ເຮືອບິນຫນັກຫລາຍ ຄົນໂດຍສານບໍ່ໃຫ້ເກີນສິບ ຄອງຖຶ້ຮວຫນ້າສາ." ນາຍຮ້ອຍບອກ

ບາງທອງສິຫັນວ່າ ມີແຕ່ເມຍເຈົ້າເມຍນາຍເຖິນຫາງໄປຖຶ້ຮວນັ້ນ, ບາງເຮັດທຍັງບໍ່ໄດ້ ບອກຈາກຄອງຖຶ້ຮວຫນ້າ.

ແສງແດດຍາມເຖືບຫ້າ ສາດລົງໃສ່ເຖິ່ນຊີມັງ ຫຍອງສະຫນາມບິນ ເບິ່ງແຕ່ໄກ ເປັນແປວ ຍົບຍັບ ບາງບໍ່ຢູ່ແໝມເຖິ່ນ ດ້ານທີ່ຕິດກັບຮຸະຫນິມຫລວງພະບາງ ອາໃສຣົ່ມໄມ້ເປັນບ່ອນກຳບັງ ແດດ ມີຊ້າຍຂຸ້ມລູກນ້ອຍ ທີ່ຫາກໍ່ອອກມາເບິ່ງໂລກໄດ້ຫົກເດືອນ ມືອວາຈັບອິຜັດໄປມາຢູ່ຂ້າງໆ ລູກອິກສອງຄົນນັ້ງກໍ່ນັບເຂົ້າຈາກທຶ່ຕອງ ຊຶ່ງບາງຊຶ້ມາແຕ່ຕະຫລາດຕັ້ງແຕ່ມື້ເຊົ້າ ແຕ່ລະ ຄົນໜບ່ຕາມມນມອນ ໂສ້ງເສື້ອເກົ່າ ເປື້ອນເປີ ແລະ ຂາດສ້ອຍ.

ບາງມີເງິນຕິດຕົວຂ້າພັນກີບ ໂດຍຍືມມາຈາກພີ່ນ້ອງ ເພື່ອໃຊ້ຈ່າຍໃນການເຖິນຫາງໄປຫາຜົວ ແຕ່ການທີ່ມາຄອງແລ້ວຄອງອິກ ມື້ນັ້ນ ມື້ນີ້ ບາງໄດ້ໃຊ້ຈ່າຍຄ່າລົດໄປມາແລ້ວຢັງຄ່າ ອາຫານສຳລັບໂຕເອງ ແລະລູກອິກ ມັນຈຶ່ງຫລຸດຈຳນວນລົງມາ ເຫລືອສອງພັນກີບ, ບາງ ພະຍາຍາມມັດຫະຍັດທີ່ສຸດແລ້ວ.

ບາງຄຽລຄຶດວ່າ ຈະເອົາແຫວບໄປຂາຍ ເພື່ອໃຫ້ໄດ້ເງິນມາ ແລ້ວຈະເອົາຈ່າງຫ່ານ ບາຍຮ້ອຍ ເພື່ອຜົ່ນຈະໄດ້ໃຫ້ໄປໄວໆ ແຕ່ມາຄຶດວ່າ ມັນເປັນສິ່ນບັດອັນສຸດທ້າຍ ແລະ ເປັນ ມູນມາຈາກພໍ່ແມ່ ບາງຈຶ່ງບໍ່ກ້າຕັດສິນໃຈ ບາງຍອມຫົນຫຸກຄອງຕໍ່ໄປ ໂດຍຫວັງວ່າຄົງໄດ້ ໄປໃນວັນໃດວັນໜຶ່ງ. ຄົນທີ່ຕິກຄ້າງໆເຊັ່ນບາງໆ ກໍມີຢູ່ອິກຫລາຍຄົນ ລ້ອມແຕ່ເມຍຫະຫານຊັ້ນ ຜູ້ນ້ອຍ ທີ່ທຸກຈິນເຮັດເຈົ້າລິມກັບວ່າ ການທີ່ຈະໃຫ້ໄດ້ໄປໄວທັນໃຈມັນຕ້ອງເອົາເງິນຍັດຫ່ານ ບາຍຮ້ອຍ ແຕ່ເອົາເຈົ້າບໍ່ມີເງິນຫລາຍ ຜົກີ່ຈະຈ່າຍໄດ້ ຕັ່ງນັ້ນ ຈຶ່ງຕ້ອງຄອງຖ້າຫາແຕ່ບາດ ໂຊກ ຢ່າງລິມໆ ແລ້ງໆ.

So she waited a little longer at the airport, and went without food or water.

Twelve o'clock came. Thongsy saw a car drive up full of cargo, and a woman got out and went straight to Mister The Lieutenant. She was the wife of some high-ranking army officer and was able to do business between the provinces, using the army airplanes to send her merchandise without paying shipping fees.

"The bosses are sending goods to the soldiers, so the plane is quite heavy and no more than ten passengers are allowed. You must wait for the next flight."

The hot May sun radiated down on the cement airfield; seen from afar, it shimmered like hot flames. Thongsy sat under a shade tree by the edge of the airfield facing Luang Prabang Road, holding her six-month-old baby with one hand, while fanning herself slowly with the other. Her other two young children were eating rice wrapped in banana leaves, which she'd bought at the market that morning. The children looked unkempt. Their clothes were old, dirty, and torn. She had borrowed five thousand kip from a relative to prepare for this journey. But the fruitless trips to the airport and the money spent to buy food for each day of waiting had cost her a good deal. Now she had only two thousand kip left. She was trying as best she could to be frugal.

She was thinking of selling her ring so she could bribe Mister The Lieutenant to let her onto the airplane, but because the ring was the last bit of wealth she'd inherited from her parents, she hesitated. She decided to continue waiting, hoping she'd be able to leave any day now. A lot of other people were waiting, too, most of them, like herself, the wives of low-ranking army officers. They knew that, in order to depart promptly, it was necessary to bribe Mister The Lieutenant. But since they didn't have enough money, they waited patiently for their luck to change, even though the situation seemed hopeless.

ເປັນທີ່ຮູ້ຈັກກັນດີວ່າ ທ່ານບາຍຮ້ອຍ ຮັບສືບບົບຈາກຄົນໂດຍສານ ສັງເກດຈາກເຜີ່ນເວົ້າ ມືຖືມ່ວນ ແລະຕ້ອນຮັບພວກຜູ້ລ້າແມ່ລ້າດ້ວຍອາລົມດີ. ທ່ານບາຍຮ້ອຍມາປະຈໍາການຢູ່ ບ່ອນນີ້ໄດ້ທຶກເຄິນ ເຜີ່ນກໍມີລົດຈັກຄັນໃໝ່ ອີ່ເຈີດຂ້າຍ ເຈີດຂວາ ສູບຢາລາຄາແພງ ເວົ້າຮ້ານອາຫານ ສ້າງແບບບໍຮັ້ນ ແລະ ເມົາເກືອບທຸກແລງ.

ຖ້ຽວທີສານ ເຮືອບິນເກີດຕິດຮັດ ຕ້ອງຊ້ອມແປງ ການເດີນທາງເລື່ອນໄປມື້ອື່ນ ບາງ ທອງສີກັບລູກ ທອບເຄື່ອງຂອງກັບບ້ານ ດ້ວຍຄວາມຜິດທວັງອັກມີ້ທນໍ່ງ.

ມື້ຕໍ່ມາ, ບາງເອົາໄປຫາທ່ານບາຍຮ້ອຍ ອໍ່ຮ້ອງໃຫ້ເອົາເທັນໃຈ ຂ້ອຍເອົາຂຶ້ນເຮືອບິນເປັນ ກໍລະນີພິເສດ ບາງຈິກເງິນໃຫ້ຫ້າຮ້ອຍກີບ ແຕ່ເອົາປະຕິເສດ ແລະ ບອກວ່າຈະພະຍາຍາມຊຸ່ອຍ.

ແນ່ນອນ ເງິນທໍ່ນັ້ນ ມັນບໍ່ມີຄວາມໝາຍສໍາລັບເອົາ.

ເວລາແປດໂມງ ບາງກັບລູກ ໄດ້ຂຶ້ນເຮືອບິນເປັນຄົນສຸດທ້າຍ ບາງຮູ້ສຶກດີໃຈຢາງລົ້ນເຫລືອ ທີ່ຈະໄດ້ໄປເທັນໜ້າເຮືອ. ຄົນໂດຍສານປະຈໍາທີ່ຮຽບຮ້ອຍແລ້ວ ຍັງຖ້າແຕ່ນັກບິນ ອະນະທີ່ ຄອງຖ້າຍູ່ນັ້ນ ລົດຈິບຄັນໜຶ່ງ ແລ່ນມາຈອດໃກ້ໆ ເຮືອບິນ ຊາຍສາມຄົນ ທ່າທາງເປັນເຈົ້າ ເປັນນາຍ ລົງຈາກລົດ ແລ້ວຍ່າງໄປຫາທ່ານບາຍຮ້ອຍ.

"ຈຸ່ງໃດເວີຍ ພັກພວກ" ໜຶ່ງໃນສາມຄົນ ທັກທາຍທ່ານບາຍຮ້ອຍ.

ມີການລົມກັນຢູ່ຄົນເຕີນ ຕໍ່ມາ ທ່ານບາຍຮ້ອຍຂຶ້ນໄປເທິງເຮືອບິນ ແລ້ວຜາບາງທອງສີ ພ້ອມດ້ວຍລູກ ກັບຄົນໂດຍສານອາດສະໝານບ້ອຍຮິກຄົນທນໍ່ງລົງມາ. ຊາຍສາມຄົນນັ້ນຂຶ້ນ ໄປແທນ.

"ເຈົ້າມີລູກຫລາຍຄົນ ຖ້າໄປຖ້ຽວໜ້າສາ, ເຈົ້າບາຍເຜີ່ນມີວຽກ" ທ່ານບາຍຮ້ອຍອະທິບາຍ ສັ້ນໆ ຜ່ມັນດີ.

ມື້ນັ້ນ ບາງຖ້າຈົນທອດບ່າຍ ກໍບໍ່ເທັນເຮືອບິນລໍານັ້ນກັບມາ ຫລິວ່າ ມັນຈະບໍ່ມີວັນກັບ ມາໃຫ້ໄດ້ເທັນຮິກ.

ບາງແຄ້ນເຄື່ອງຫລາຍ ທີ່ທ່ານບາຍຮ້ອຍເຮັດກັບບາງ ປານບໍ່ແມ່ນຄົນຄືກັນ ແຕ່ແລ້ວ ຄວາມແຄ້ນກໍ່ອ່ອຍຈາງໆໄປ ເກີດມີຄວາມຕື່ນເຕັ້ນເອົ້າມາແທບທີ່ ຂຶ່ອະນະໜຶ່ງ ເມື່ອມີຄົນ ບອກມາງວ່າ ເຮືອບິນລໍານັ້ນ ເກີດອຸປັດເຫດ ຕົກລົງກາງປ່າ ແລ້ວໄຟໄໝ້.

IT was widely known that Mister The Lieutenant took bribes from the passengers. He was certainly friendlier when greeting the merchants. He'd been posted to the airport about six months ago, and he already had a big motorcycle that he liked to show off by veering left and right on the road. He smoked the most expensive cigarettes, ate out at restaurants, and got drunk almost every night.

The third flight of the day was canceled because of engine trouble. All travel plans had to be postponed till tomorrow. Disappointed, Thongsy returned home once again.

The next day, Thongsy entered the office of Mister The Lieutenant and begged for his compassion. She asked if he could please put her on the plane as a special favor, then she pulled out five hundred kip and offered it to Mister The Lieutenant. He refused the money and told Thongsy that he would do his best for her. No doubt, the amount offered was "peanuts," and simply not worth his trouble.

At eight o'clock that morning, Thongsy and her children were the last passengers boarding the plane. She was overjoyed that she was finally going to see her husband. All the passengers were in their seats. They were just waiting for the pilot. At that moment, Thongsy saw a jeep drive up and stop next to the plane. Three men got out and went to speak to Mister The Lieutenant. The three men looked as if they were big shots of some kind, and one of them greeted Mister The Lieutenant casually: "Hi, mate! How are things?"

A long discussion followed. Then Mister The Lieutenant boarded the plane, removed Thongsy, her children, and another unlucky passenger, and replaced them with those three men.

"You have too many children. You must wait for the next flight. The bosses have important business to attend to," Mister The Lieutenant explained briefly, in a matter-of-fact way.

That day, Thongsy waited until late afternoon, and she noticed that the plane had not returned. Maybe it would never return.

She was furious with Mister The Lieutenant for the way he had treated her. But her anger suddenly dissipated when she heard that the plane she'd hoped to take to Muong Sui had had engine trouble. It had crashed and exploded in the middle of a jungle.

ບາງຮູ້ສຶກສິ່ງສາບຜູ້ເດີນທາງທຸກຄົນ ທີ່ປະສົບເຄາະຮ້າຍ ແລະ ນຶກຂອບໃຈທ່ານນາຍຮ້ອຍ ທີ່ຊ່ວຍເອົາບາງຜົນມດ້ວຍລູກໆ ອອກມາຈາກຄວາມຕາຍ.

ຈາກໂສກນາດຕະກຳຄັ້ງນີ້ ທ່ານນາຍຮ້ອຍເປັນບຸກຄົນທີ່ຖືກກ່າວອັບບົມທາ ຢ່າງທນາທູ ແລະ ຖືກນຳໄປສອບສອບ ເພາະປາກົດຕົ່ມາວ່າ ຜູ້ທີ່ເສຍຊີວິດຫລາຍຄົນ ບໍ່ມີຊື່ໃບບັບຊີຜູ້ໂດຍສານ. ສອບຜູ້ທີ່ມີຊື່ໃບບັບຊີ ລາງຄົນຊ້ຳບໍ່ຕາຍ ເພາະບໍ່ໄດ້ເດີນທາງໄປນຳເຮືອບິນຖ້ຽວນັ້ນ. ບາງທອງສີຜົ້ມດ້ວຍລູກ ມີຊື່ໃບຈຳນວບຜູ້ຕາຍດ້ວຍ.

ບາງຮູ້ແຕ່ມີນັ້ນວ່າ ເງິນທ່າຮ້ອຍກົບນີ້ ຊື້ຄວາມຕາຍບໍ່ໄດ້ເລີຍ.

1. ແຊ້ກ: ໃບປະກາດສະບິຍະບັດ ຈົບໂຮງຮຽນປະຖົມ ຊື່ງເຮັ້ນຕາມພາສາຝະລັ່ງວ່າ Certificat.

- Always obey your government
- Royal Army was cruel.

She felt so sorry for all the passengers meeting their death in such an unfortunate way. But she was also thankful that Mister The Lieutenant had taken her children and herself off the death list.

After this accident, Mister The Lieutenant was roundly criticized and later court-martialed because many of the people who had died were not on the manifest. Thongsy and her children had been spared despite the fact that their names were on the list. She knew then that five hundred kip could not buy death.

NOTES

1. Muong Sui, near the Plain of Jars, is a former base of the Royalist army.

ຈຳປາຫນ້າບ້ານ

ຕົ້ງຫນຶ່ງ ຢູ່ແຄມຖະຫນົນ ຕໍ່ຫນ້າບ້ານອ້ອຍ ມີຕົ້ນອາມທວານ, ມັນແຜ່ກິ່ງກ້ານ ເປັນ
ຮົ່ມເຍັນສະບາຍ. ໃນກາຍໄປກາຍມາກໍແວ່ເຊົ່າຫາຍແດດຮ້ອນອົບເອົ້າ. ອ້ອຍເອງ
ເປັນຄົນປູກ ເມື່ອຫລາຍປີມາແລ້ວ, ຕ່ຳອິດມັນຢູ່ພາຍໃນຮົ້ວ ແຕ່ຕໍ່ມາ ທາງຜ່າຍກໍ່ສ້າງ
ຂອງກຳແພງນະຄອນ ໄດ້ມາຕັດແປງ ແລະ ຂະຫຍາຍທາງອອກ, ອ້ອຍໄດ້ຫຍັບຮົ້ວບ້ານເຂົ້າ
ຕົ້ນອາມເລີຍຕິກໄປຢູ່ນອກຮົ້ວ ບ່ອນທາງຄົນຍ່າງ.

ອ້ອຍຊິ່ນຊົມນຳຕົ້ນອາມຕົ້ນນີ້ ເພາະຫນ່ວຍມັນທວານແຊບດີ, ທັງໃບກໍເປັນພຸ່ມຂອງງາມ,
ເປັນຕົ້ນໄມ້ປະດັບ ເພີ່ມຄວາມມີຊີວິດຊີວາໃຫ້ແກ່ບໍລິເວນຫນ້າບ້ານ. ຍ່າງເຂົ້າຫນ້າຝົນ
ມັນເປັນດອກສີແສດ ບານເຕືອງເຕື່ອ ແລະ ຫລົ່ນລົງເດຍລະດາດຕາມພື້ນດິນ, ຕໍ່ມາບໍດິນ
ກໍເປັນຫນ່ວຍບ້ອຍໆ ຊ້ອງຊາບລາບຢູ່ຕາມຍອດສູງ, ຕາມກິ່ງຕາມງ່າ, ໃນກາຍໄປກາຍມາ
ກໍແທງບເບິ່ງດ້ວຍຄວາມອອນຊອນ.

ນອກຈາກກົມກາຍທາງ ທີ່ແວ່ຊີ້ນຮົ່ມຕົ້ນອາມນີ້ແລ້ວ ຍັງມີເດັກນ້ອຍນັກຮຽນຈຳນວນຫນຶ່ງ
ພາກັນມາແວ່ເຊົ່າຄອງຖ້າພໍ່ແມ່ ຫລືຜູ້ປົກຄອງມາຮັບເອົາ ຫລັງຈາກເລີກໂຮງຮຽນ ຊຶ່ງ
ຢູ່ບໍລິເວນໃກ້ຫນີ້. ເຍົ່າອະຊົນຫລ່ານີ້ ຢູ່ໃນເຖື່ອງແບບນັກຮຽນ ຫນ້າຕາສົດໃສ ຜອມເປັນ
ຕາຮັກ ເປັນຕາແພງ, ບາງຜ່ອງບັ່ງ ບາງຜ່ອງຍິ້ມ ຫລືແລ່ນໄລ່ຍອກກັນ. ມັນເປັນພາບທີ່
ປະທັບໃຈ ຍາມທີ່ໄດ້ເຫັນເຍົ່າອະຊົນຜອມ ກຳລັງສິດຊື່ນ ຍິ້ມແຍ້ມແຈ່ມໃສ ເວົ້າຍອກເວົ້າ
ທົວກັບໄປມາ. ບາງມື້ອ້ອຍເສຍເວລາຍ້ອນຕົ້ງຫລາຍນາທີ ຫລືບາງເທື່ອ ກໍເປັນເຫ່ງຮູ້ໂມງ
ໃນການເຝົ້າສັງເກດເບິ່ງເຍົ່າ ເບິ່ງຜິມດຳ ແກ້ມແດງ ແລະ ບາງຄົນກໍ່ຜ່ມໂຕ້ນ, ເບິ່ງການ
ເຄື່ອນໄຫວຂອງເຍົ່າ ທີ່ເປັນໄປຕາມທຳມະຊາດ ປາສະຈາກເລ່ຫລ່ຽມ ມາບຍາ. ມີຜູ້ເວົ້າວ່າ
ບໍ່ມີຮູບໃດ ຈະຫນ້າເບິ່ງຫນ້າຮະຫນອມ ໄປກວ່າຮູບຖ່າຍເດັກນ້ອຍ ທີ່ຜອມຫລົ້ນຢູ່ຕາມລຳພັງ.
ອ້ອຍເຫັນພ້ອມກັບຄວາມຄິດຄວາມເຫັນອັນນັ້ນ ແລະ ຖ້າວ່າມີກ້ອງຖ່າຍຮູບ ອ້ອຍກໍຄົງຈະ
ເສຍເວລາຕົ່ມອີກ ໃນການຈອບລັກຖ່າຍຮູບ ໂດຍບໍ່ໃຫ້ເຂົາຮູ້ສຶກຕົວ.

ສຽງເພງ, ສຽງທົວ, ສຽງຮ້ອງຢອກກັບ ຂອງພວກເດັກນ້ອຍ ຕະຫລອດທັງ ສຽງດ່າວ່າ
ເວົ້າສຽດສີກັບ ຍ້ອນຍາດຫມາກຄາມ ເຮັດໃຫ້ເຮົາຄິດຕຶງອະດີດຄວາມຫລັງ ຕັ້ງທີ່ເຮົາ

ຜິມເທື່ອທຳອິດ, ປີ 1980 ໃນໂຮມເລື່ອງສັ້ນ ຍິ້ມນັບ

FRANGIPANI

ONCE there was a sweet tamarind tree in my front yard. Its branches stretched out far and wide, creating a cool shade on hot days. I myself had planted it many years ago. Originally, it was inside the fence, but later on, when the municipality's Construction Department expanded the roadway, I moved the fence in a few feet, which left the tamarind tree out by the sidewalk.

I was very pleased with this tamarind tree because its pods were so sweet and its leaves so green. It was a decorative tree that brought life to my front yard. When the monsoon season approached, its red blooms covered the ground. Then tiny pods appeared on its crown and over all its branches. Everybody who walked beneath it looked up in awe.

Besides the passersby who paused to enjoy its shade, a number of schoolchildren waited underneath for their parents or guardians after the nearby school let out. These young people were in uniform. They were bright-eyed and lovely. Some stood. Some sat and some of them chased one another around. The sight of these children—their happiness, smiles, and jokes—is something I'll always remember. Some days I spent a few minutes, even as much as half an hour, looking at them, at their black hair and red, sometimes chubby, cheeks. I found happiness in their innocence. There is a saying that no sight is more pleasing and precious than that of children playing carefree. I agree wholeheartedly and if I owned a camera, I probably would have wasted more time trying to take some candid snapshots.

Their songs, their laughter, their jokes, and even their cursing and sneering at one another as they squabbled over tamarind pods reminded me of my own past, when I was a young lad chasing my

ຍັງເປັນເດັກນ້ອຍໄລ່ຫລິ້ນຢອກກັນ ຢູ່ຕາມເຄິ່ງບ້ານ. ຂ້ອຍຮູ້ສຶກເປັນສຸກ ຍາມໃດທີ່ຄຶດຫາ ອະດີດຂອງຊີວິດໃນໄວເດັກ ຫັນເຕັມໄປດ້ວຍຄວາມອົບອຸ່ນ, ຄວາມສົດຊື່ນ ແລະ ຄຶດຢາກໃຫ້ ວັນເວລາແຫ່ງຄວາມຫລັງຫລ່ານັ້ນ ກັບຄືນມາອີກ. ຂ້ອຍບໍ່ຮູ້ສຶກເສຍດາຍ ທີ່ເດັກນ້ອຍ ພາກັນແຫນ່ນເອົາຫມາກຄາມມາກິນ, ແຕ່ທີ່ເປັນຫ່ວງກໍຄື ບາງຄົນປີນຂຶ້ນເທິງກິ່ງ ແລະ ບາງຄົນກໍເອົາໄມ້ຄ້ອນຄວ່າງໆໃສ່, ຫລາຍໆເທື່ອ ຂ້ອຍຕ້ອງໄດ້ຮ້ອງບອກວ່າ: "ລະວັງຕົກເນີ! ໄມ້ຄ້ອນຢຶກຕົກຖືກຫົວ ກັນໃດ!"

ຫວິດຈາກສຽງຮ້ອງບອກ ຄວາມວຸ່ນວາຍກໍປະກົດຂຶ້ນອີກອະນະຫນຶ່ງ. ຜູ້ທີ່ຂຶ້ນຢູ່ເທິງກໍຄ່ອຍໆ ລົງມາ, ຜູ້ທີ່ຈັບໄມ້ຄ້ອນກໍວາງໆຖິ້ມ, ແຕ່ພໍລັບຕາຂ້ອຍບໍ່ດົນສຽງແຊວໆ ກໍດັງຂຶ້ນອີກ. ຂ້ອຍເຕືອນບອກເອົາວ່າ: "ກິຄາມນີ້ຢູ່ແຄມຖະຫນົນ ມັນເປັນສົມບັດຂອງຫຸກຄົນ, ສະນັ້ນ ຕ້ອງ ແບ່ງປັນກັນກິນ ແລະ ຢ່າທຳລາຍມັນຖິ້ມ, ມັນເປັນສິ່ງປະດັບບ້ານເມືອງໃຫ້ມີຊີວິດຊີວາ. ມີກິໄມ້ ຢູ່ບ່ອນໃດ ກໍມີຄວາມສົດຊື່ນຢູ່ບ່ອນນັ້ນ".

ຊີວິດຂ້ອຍຜູກພັນກັບຫມາກຄາມຕົ້ນນີ້ ມາເປັນເວລາດົນນານ, ຂ້ອຍຮູ້ສຶກສົດຊື່ນ ຍາມດອກ ມັນບານ, ຮູ້ສຶກຫ່ຽວແຫ້ງແລ້ງໃນໃຈ ຍາມໃບມັນຫລົ່ນ. ຂ້ອຍຮັກຕົ້ນໄມ້ໃບຫຍ້າ ແລະ ປາຖະຫນາໃຫ້ຖະຫນົນທຸກເສັ້ນ ໃບບະຄອນວຽງຈັນມີຕົ້ນໄມ້ ຢາຍໄປຕະຫລອດສອງຟາກ ຫາງ, ຫລຽວໄປຫາງໃດ ກໍໃຫ້ເຫັນແຕ່ຄວາມຮົ່ມເຢັນ, ເປັນບະຄອນແຫ່ງຄວາມສົດຊື່ນ ແລະ ສົດໃສ ທຸກຫ່ວນ ທຸກແຈ.

ແຕ່ແລ້ວ ມາມື້ຫນຶ່ງ ຂ້ອຍກັບຄືນບ້ານຫລັງຈາກເລິກການ ກໍພົບກັບຄວາມເສົ້າໂສກ ສະຫລົດໃຈ. ກິຄາມຖຶກຕັດ ເຫລືອແຕ່ຕໍ່ເປັນກຸດດຸດ ສູງພຽງຫົວເຂົ່າ, ໃບ ແລະ ງ່າຂອງມັນ ກໍກອງໂອະໂຍະຕາມພື້ນດິນ, ບໍລິເວນຫນ້າບ້ານແຈ້ງຈ້າງໆປ່າງໆ, ລົມລ່ວງດີ ເປັນທີ່ສະຫວາດ ຕາ ແຕ່ໃນທົ່ວໃຈຂອງຂ້ອຍ ມັນເຢັນວາບ ດັ່ງມີສ່ວນໃດສ່ວນຫນຶ່ງຂອງຮ່າງກາຍໄດ້ຂາດໄປ. ຂ້ອຍຍຶນຊຶ່ງຢູ່ຫນ້າບ້ານ, ເວົ້າຫຍັງບໍ່ອອກ, ຫລຽວໄປທີ່ປາກຮ່ອມ ບ່ອນຖະຫນົນບີ້ຕຶກໃສ່ ຖະຫນົນໃຫຍ່ ເຫັນຕົ້ນໄມ້ຍັງເຫລືອຢູ່ສອງຕົ້ນ ແຕ່ປາຍກຸດ ບອກບັ້ນ ກໍເຫັນລົ້ມລ່າວໆໄປ ຕະຫລອດຫາງໆ. ຂ້ອຍເຂົ້າໄປໃນບ້ານ ແລ້ວສອບຖາມຄົນໃນເຮືອນ.

"ຜອກໃດມາຕັດຕົ້ນໄມ້ຢູ່ແຄມຫາງນີ້ຮໍ !"

ເມຍຂ້ອຍຕອບວ່າ :

"ຜອກກັບເຫມືາບ່າ ! ເອົາວ່າມັນກິດສາຍໄຟຟ້າ".

friends in this very front yard. I felt happy each time I thought about my childhood, a childhood full of warmth and happiness. I wanted those times to return once again. I wasn't concerned about the loss of a few tamarind pods when the children tried to pluck them, but it did worry me to see them climbing the tree or throwing a club at a branch to knock some pods down. Many times I yelled at them: "Be careful, you might fall! Look out or that club's going to fall on your head!"

After my warning, there would be a brief silence. The ones who were up in the tree came down and those who were throwing the stick dropped it. But as soon as my back was turned, the cheery noise would begin again. I used to tell them that this tamarind tree was near a road, so it belonged to everybody. We should all share it, not destroy it. It enriched our lives and our city. Wherever there was a tree, there was happiness.

For a long time, my life was tied to this tamarind tree. I was happy when it was in full bloom. I felt empty when it shed its leaves. I loved all the greenery and wished all the streets in Viengchan[1] were lined on both sides with trees. Then no matter which direction we looked, we would see nothing but trees. It would be a city of freshness and cleanliness indeed.

One day, when I returned from work, I came home to sorrow. The tamarind tree had been cut down. Only the stump was left, knee-high. The branches lay in a pile on the ground. The front yard was empty. It was breezier and easy to see into the distance, but I felt a void in my heart, a huge loss. I stood there, dumbfounded. At the end of the alley, where it joined the main road, I saw two trees still standing. Only their top branches had been chopped off, but all the other trees lay felled along the street. I ran into the house to ask what had happened.

"Who cut the trees along the street today?"

"Some contractors. They said the trees were in the way of the power lines!" replied my wife.

"This is total destruction, total destruction . . ." I lamented.

"ອັນນີ້ ມັນເປັນການທຳລາຍ, ມຸ່ນອັບຍັບຈັ່ງຊີ້".

"ຂ້ອຍເວົ້າແລ້ວເວົ້າອີກວ່າ: ບໍ່ຢາກໃຫ້ຕັດ, ຂໍໃຫ້ຮານແຕ່ງ່າທີ່ມັນເດົ່ໄປຫາສາຍໄຟ
ຫລືວ່າຕັດແຕ່ງ່າໆສູງ, ຈິ່ງງ່າຕໍ່າໄວ້ຈັກສອງສາມງ່າ ເພື່ອບໍ່ໃຫ້ມັນຕາຍ, ແຕ່ເຮົາບໍ່ຍອມຟັງ,
ບໍ່ແມ່ນພວກບໍລິສັດໄຟຟ້າບໍ່, ມັນແມ່ນພວກຮັບເຫມົາ ຈິ່ງເວົ້າຍາກ".

"ຫມົດແລ້ວ! ... ບໍ່ມີຣົ່ມໃຫ້ລົບຊັ້ນຊິກແລ້ວ, ປູກຕົ້ນໄມ້ຕົ້ນຫນຶ່ງ ກວ່າຊິໃຫຍ່ປານນີ້
ກໍຕ້ອງຫລາຍປີ," ຂ້ອຍຈົ່ມຢ່າງບໍ່ອຍໃຈ.

"ຜູ້ໃດກໍຮ້ອງຂໍ ບໍ່ຢາກໃຫ້ຕັດຈຳຕົ້ນ, ລຸງຫນຶ່ງຢູ່ປາກຫ່ອມ ແລ່ນໄປບອກຫາງກຳແພງ
ນະຄອນ ໃຫ້ມາເບິ່ງແຍງຊ່ອຍ, ເມື່ອເຈົ້າຫນ້າທີ່ມາຣອດ ການຕັດກໍຢຸດຊະງັກໄປຊົ່ວຄາວ.
ເຈົ້າຫນ້າທີ່ກຳແພງ ແນະນຳໃຫ້ຕັດແບບຈິ່ງງ່າຕໍ່າໄວ້ ເພາະຕົ້ນໄມ້ແລະຫຸ່ນເຫມີຣເສັ້ນນີ້
ໄກສາຍໄຟຫລາຍສົມຄວນ, ດັ່ງນັ້ນ ຕົ້ນຝາງສອງຕົ້ນຢູ່ປາກຫ່ອມ ຈິ່ງຍັງເຫລືອຢູ່, ພຽງແຕ່
ປາຍຍຸດກໍບໍ່ເປັນຫຍັງ ຄືງບໍ່ຕາຍ".

ຫລັງຈາກມື້ນັ້ນມາ ຕົ້ນຫມ້າບ້ານຂ້ອຍ ບໍ່ເຄີນບ້ອຍສ່ວງສຽງ ບໍ່ມີສຽງທິວອຍຂກລ້າກັບຊິກ,
ມັນມີດງຽບ ເປົ່າປ່ຽວ, ມີແຕ່ແສງແດດຮັບຮ້ອນຈັດ ເຈີດຈານ ໄປທົ່ວບໍລິເວນນັ້ນ, ຂ້ອຍຮູ້ສຶກ
ແຫ້ງແລ້ງໃນຫົວໃຈ ແລະ ເສຍດາຍຢູ່ບໍ່ເລິກກໍ່ແລ້ວ.

ຂ້ອຍຄຶດຢູ່ຫລາຍມື້, ຄຶດຫາແນວຕົ້ນໄມ້ ທີ່ຈະເອົາມາປູກແຫນຫມໃຫມ່, ວ່າຈະເອົາຕົ້ນຫມາກ
ບ້ານມິມມາປູກ, ເພາະວ່າເຫັນມັນເປັນຮົ່ມດີ, ແຕ່ຄຶງບໍ່ມັ້ນທຶກຕັດ ຢູ່ເລື້ອຍໆ ເພາະວ່າ ມັນສູງ
ຮຸບ ອາດເຄເໄປຕິດກັບສາຍໄຟຟ້າ, ຄຶດຈະເອົາຕົ້ນມ່ວງ, ຕົ້ນລຳໄຍມາປູກ ແຕ່ພິຈາລະນາເບິ່ງ
ຄັກໆ ແລ້ວ ກໍຈະຖຶກຕັດຄືກັບຕົ້ນຂາມ. ອີກປະການຫນຶ່ງ ຕົ້ນໄມ້ທີ່ໃບຫມາກນັ້ນ ມັນຄຶງ
ຖຶກໃຈເດັກນ້ອຍໃຫ້ປີນຂຶ້ນ ແລະ ອາດຈະຕິກລົ້ງມາເປັນອັນຕະລາຍເຖິງແກ່ຊິວິດກໍເປັນໄດ້,
ຂ້ອຍບໍ່ປາກຫະນາ ເຫັນເດັກນ້ອຍຫລີໃຝກໍຕາມ ຕິກຕົ້ນໄມ້ເພາະມັນເປັນພາບທີ່ສະເທືອນໃຈ,
ຄືບໍ່ຄີ ຕົນເຫງາາດຈະເປັນທີອໃຈວາຍຕາຍກ່ອນຜູ້ປະສົບຍບັດເຫດນັ້ນຊ້ຳ. ຂ້ອຍຄຶດຈະເອົາ
ຕົ້ນໄມ້ທີ່ມີດອກງາມໆ ນັ້ນມາປູກ ແຕ່ບໍ່ມີເວລາທີ່ຈະໄປຊອກຫາເອົາມາ, ຈິ່ງໄດ້ແຕ່ແນມ
ໄປຫາງຫລັງບ້ານຕົນເອງ ເຫັນຕົ້ນຈຳປາ ຜອມບາງດອກຂາວສະອາດງາມຕາ ສົ່ງກິ່ນ
ຫອມຫວບ ບໍ່ວ່າຍາມເຊົ້າ ຍາມສວາຍ ແລະ ຍາມແລງ, ຕົ້ນຫນຶ່ງ ຢູ່ແຈຮົ້ວ ອີກຕົ້ນຫນຶ່ງ
ຢູ່ຂ້າງເຮືອນຄົວ.

"I asked them over and over again not to cut the whole tree—only the top branches or those that were high up and in the way of the power lines—and to leave a few branches so the tree wouldn't die. They wouldn't listen. I think they're contractors, not people from the electric company. That's why they couldn't care less."

"That's it! . . . No shade for travelers now! It takes years for a tree to grow that big," I complained bitterly.

"Everybody begged them not to cut the tree down to the ground. A man who lives at the entrance to the alley ran over to the Municipality Bureau and asked someone to come and see what was happening. The cutting stopped briefly once the official arrived. He suggested the contractors leave some lower branches; after all, the trees on this street were far from being in the way of the power lines. That's why those two *faang*[2] trees were left the way they are. Maybe they'll manage to survive."

After that day, there were no more children's voices in front of my yard. There was an eerie silence and emptiness, and outside, where the tree once stood, it was very sunny and hot. I felt empty inside. I missed the tree and the noise of the children so very much. For many days I mulled over what kind of tree to plant in place of the tamarind. Maybe I should plant a star-apple, for it gave good shade, but it would probably be cut down eventually because its branches reach quite high and might obstruct the power lines again. I considered a mango or a longan tree, but it too would have to be cut down in the end. Besides, fruit trees attract children who might climb them and fall. This thought inexplicably troubled me. It might possibly give me a heart attack before such an accident even occurred. I considered several shrubs with beautiful blooms, but couldn't find the time to look for them. As I pondered the idea, I kept looking out into my backyard, where I noticed a *champa*[3] tree in bloom in one corner of the yard near the kitchen. The fragrance of its beautiful white flowers permeated the area morning, noon, and night.

So I finally planted three frangipani trees along the street in front

ຂ້ອຍລົງມືປູກຕົ້ນດອກຈຳປາສາມຕົ້ນ ໃສ່ແຄມທາງຕໍ່ຫນ້າບ້ານ ໂດຍເຮັດໄລຍະ
ຫ່າງກັນພໍສົມຄວນ, ຄວາມຈິງຂ້ອຍຢາກປູກຫລາຍກວ່ານັ້ນ ແຕ່ຢ້ານມັນຫຍັບໂພດ. ຕົ້ນ
ດອກຈຳປາປູກງ່າຍ, ພຽງແຕ່ຕັດເອົາງ່າໆ ຍາວປະມານຄາແຂນ ຫລືຄ່າໆ ມາຝັງໄວ້
ກໍໄດ້ແລ້ວ. ນອກຈາກປູກໃສ່ຕໍ່ຫນ້າບ້ານຕົນເອງແລ້ວ ຂ້ອຍຍັງເອົາງ່າດອກຈຳປາ ໄປຢາຍ
ໃຫ້ຫລາຍໆຄົນ ທີ່ຢູ່ທາງຮ່ວມຄຸ້ງກັບ ປຸກຫຼັກ, ແຕ່ລະຄົນກໍປຸກດ້ວຍຄວາມພເອົາໃຈໃສ່ ແລະ
ວາງໄລຍະໃຫ້ສະຫມ່າສະເຫມີກັນ. ຮັບນີ້ ມັນເຮັດໃຫ້ຂ້ອຍມີຄວາມຊຶ່ມຊື່ນດີໃຈ ແລະ
ເຊື່ອວ່າ ທາງກາບບ້ານເມືອງ ກໍຈະຮູ້ສຶກຊຶ່ນຄຸ້ງກັນ.

ຕົ້ນດອກຈຳປາທີ່ປູກໃຫມ່ນີ້ ຂ້ອຍໄດ້ລ້ອມຮົ້ວໄວ້ ເພື່ອບໍ່ໃຫ້ຄົນ ຫລືສັດ ໄປຕ້ອງໄປຖູນ
ຮັນຈະເຮັດໃຫ້ມັນຫັກໂຄ່ນຕາຍໄປ. ຂ້ອຍທິດນ້ຳ ບຳລຸງເປັນຢ່າງດີ. ເຊົ້າ, ສວາຍ, ບ່າຍ,
ແລງ ຂ້ອຍແຍງແຕຕົ້ນດອກຈຳປາເຫລົ່ານີ້. ເວລາຜ່ານໄປ ຫລາຍມື້ ຫລາຍເດືອນ ມັນກໍ
ປົ່ງໃບອອນ, ຕໍ່ມາກໍເປັນໃບຍຣວສີດຂຶ້ນ ຂວ່າງສູງຂຶ້ນ ເທື່ອລະເລັກລະນ້ອຍ.

ຫລາຍປີຕໍ່ມາ ຢູ່ຕໍ່ຫນ້າບ້ານຂອງຂ້ອຍ ແລະ ຕະຫລອດສາຍທາງຮ່ວມນີ້ ກໍມີຮົ່ມເຍັນ
ສະບາຍ, ເປັນຮົ່ມຕົ້ນດອກຈຳປາ ທີ່ມີໃບຖິກຫນາໆ, ຕົ້ນດອກຈຳປາບໍ່ຕໍ່າ, ບໍ່ສູງຜິປະມານ,
ມັນເປັນຕົ້ນດອກໄມ້ທີ່ຄາບຢູ່ທຸກລະດູການ, ບາມຕ້ອນຮັບສາຍຝົນ, ສາຍລົມ ແລະ ແສງແດດ,
ມັນເປັນດອກໄມ້ມິ່ງວັນຂອງຄົນແຄນລາວ.

ຕໍ່ຫນ້າບ້ານຂ້ອຍ ກັບຄືນມາມີຊີວິດຊີວາອີກ, ມີຄົນມາແວ່ເຂົ້າ ຂຶ້ນຮົ່ມ, ມີເດັກນ້ອຍ
ມານັ່ງຫລິ້ນຢອກກັນ, ສິ່ງສຽງນັບນອງ. ເອົາພາກັນເກັບດອກຈຳປາມາກອງໄວ້, ບາງຄົນ
ກໍຮ້ອຍເປັນພວງມະໄລ ແລ້ວກໍເອົາມາຄ້ອງໃສ່ຄໍ ໃສ່ແຂນ. ມັນເປັນພາບທີ່ປະທັບໃຈ ແກ່ຜູ້
ທີ່ໄດ້ພົບເຫັນທຸກຄົນ.

of my yard, spacing them a good distance apart. I would have planted more, but I was afraid it might get too crowded. *Champa* was easy to grow: simply bury a branch, at least a foot in length, in the ground.

In addition to planting *champa* in my own front yard, I decided to distribute cuttings to all the neighbors who lived along the same alley. Each planted the cuttings with care, spaced at an equal distance. The planting filled me with happiness, and I believe it was the same for everyone else.

I built a fence around the young plants to prevent animals and people from bumping into them while they took root. I watered them regularly. I nurtured and admired these trees as they grew. Many months passed, and slowly my *champa* sprouted fresh green leaves and new branches.

Years later, the front of my yard and the area along the alley are full of shade, cool shade created by frangipani and its thick foliage. *Champa* grows to medium height. It blooms all year round. It blooms in the rain. It blooms when the wind blows and blooms when the sun shines. It is the flower of glory for Laos.

My front yard is lively once again. Passersby pause to cool off. Children come to sit and play. Their happy noise can be heard once again. Some of them gather flowers and string them into garlands to wear around their necks and wrists. Seeing them leaves me with happy memories.

NOTES

1. Viengchan, also spelled Vientiane, is the capital city of Laos.

2. *Faang*, or *Poinciana regia*, is a tall ornamental tree with red flowers and edible seeds.

3. *Champa*, or frangipani, is the national flower of Laos.

ສຽງຈາກທີ່ງໄທທິບ

ອງຈົດໝາຍສະບັບນີ້ ຖຶກສິ່ງມາຫາຂ້ອຍ ຈາກທີ່ງໄທທິບ, ເມື່ອຈິກເບິ່ງ ກໍພົບເນື້ອຄວາມ ຂອງບາງຢ່າງບັບຈຶ່ງ ເຕັມຫລາຍໜ້າເຈັ້ຍ, ແຕ່ບໍ່ແມ່ນຍ່ຽນຫາຂ້ອຍ. ໃນຊຸອງຍັງມີເຈັ້ຍ ບ່ອຍຮິກແຜ່ນໜຶ່ງ ຊຶ່ງມີຂໍ້ຄວາມວ່າ:

ຖ້າໃຊ້ອ້າຍເອົາຈົດໝາຍນີ້ ລົງໃນໜ້າງສືພິມໃຫ້ແດ່ ເພື່ອວ່າຜູ້ຮັບຊຶ່ງເປັນຄົນຮັກ ແຜງກັບບ້ອງ ຈະໄດ້ອ່ານໃນວັບໃດວັບໜຶ່ງ. ບ້ອງບໍ່ຮູ້ບ່ອນຢູ່ຂອງເອົາ ເຜາະຫລັງຈາກ ທີ່ເອົາຕ່າງຄົບເມື່ອສະຫະລັດອາເມລິກາ ໄດ້ບໍ່ຄົບ ບ້ອງກໍ່ໄດ້ຕ່າງຄົບທີ່ງໄທທິບ. ຈອນບີ່ເປັນອາສາສະໝັກອາເມລິກາ ຂອງອົງການ ໄອ.ວີ.ແອສ.[1] ຫລັງຈາກທີ່ໄດ້ ມາຕິດແຫດກັບປະຊາຊົນລາວ ຈອນບີ່ກໍຄາຍເປັນນັກຕ້ານສົງຄາມຂອງອາເມລິກາໃນ ອິນໂຕຈິນ, ເອົາຂຸງບິດຄົ້ນຄວ້າກາບທີ່ອາເມລິກາເຂົ້າມາລາວ ແລ້ວສະຫລຸບວ່າ ອາເມລິກາຕ້ອງອອກຈາກລາວເດັດຂາດ. ເອົາສົ່ງບິດຄົ້ນຄວ້າຕົ່ງກ່າວ ໃຫ້ລັດຖະບານ ອາເມລິກາ ແລະ ສະພາຄອງແກຣສ ນຳໄປສຶກສາ ເພື່ອກຳຫນົດນະໂຍບາຍຕ່າງປະເຫດ ຂອງອາເມລິກາຕໍ່ໄປ. ບ້ອງເຊື່ອວ່າ ຈົດໝາຍນີ້ຈະໄດ້ຮັບການຕີພິມ ແລະສິ່ງໄປຍັງສະຫະລັດອາເມລິກາ ເຜາະໜ້າງສືພິມຂອງອ້າຍ ໄດ້ຮັບການແປເປັນພາສາ ຝະລັ່ງ ແລະ ອັງກິດທຸກສະບັບ.

                                                        ຈາກໄມແດງ

ຂໍ້ຄວາມໃນເຈັ້ຍບ່ອຍ ເຮັດໃຫ້ຂ້ອຍຄຶດໄຫ້ ຫລາຍໜົມມຶນໜຶ່ງ ຊຶ່ງເປັນຫລາຍອັບພະຍົບ ເຮົາພົບຜີກັບໃນຄາວທີ່ມີ ການຈັດສິ່ງຫລາຍອັບພະຍົບຕ່າງຄົບເມື່ອ ບ້ານເຖິມ ພາຍຫລັງສົງຄາມ. ຂ້ອຍເປັນນັກຂ່າວຄົບໜຶ່ງ ທີ່ໄດ້ເຄິນທາງໄປຕິດຕາມ ການສິ່ງຫລາຍອັບພະຍົບຊຸດທຳອິດ ໂດຍທາງເຮືອບິນ ທີ່ໂພບສະຫວັບ ແລະໃນໂອກາດນີ້ ໄດ້ສຳຜາດໄມແດງກໍ່ອ່າກັບຄວາມຮູ້ສຶກ ນຶກຄຶດ ທີ່ໄດ້ຕ່າງຄົບບ້ານເກີດເມື່ອງບວນ.

ພິມເຫື່ອທຳອິດ, ປີ 1978 ໃນໂຮມເລື່ອງສັ້ນ "ສຽງເຮັ້ນຂອງໃຈ".
ພິມເຫື່ອທິສອງ, ປີ 1988 ໃນ ວັບມະສິນ.

A VOICE FROM THE PLAIN OF JARS

AN envelope arrives from the Plain of Jars. Inside, I find a neat handwritten letter of several pages, but the letter is not addressed to me. In the envelope, I also find a small piece of paper, which reads:

> Please publish this letter in your newspaper so the friend to whom I have addressed it may read it one day. I don't know his address because soon after he went back to America, I myself returned to the Plain of Jars.
>
> Johnny was an American volunteer in an organization called International Voluntary Services. After spending a long time among the Lao people, Johnny became a protester against the war in Indochina. He wrote a report about the American presence in Laos, which said in essence that America should withdraw completely from Laos. He sent the report to the American government, where it was used by Congress to evaluate ongoing foreign policy.
>
> I hope my letter will be published and sent to the U.S. because I know every issue of your newspaper is translated into English and French.
>
> From Mai Daeng

This short note reminds me of the young refugee I met once just after the war. I was on assignment with other journalists to cover the return of the first group of refugees.[1]

ໄມແດງກ່າວວ່າ: ເຂົາພ້ອມດ້ວຍພໍ່ແມ່ແລະນ້ອງໆ ຖືກບັງຄັບໃຫ້ອອກຈາກ ທົ່ງໄຫຫີນ ໃນປີ 1970 ແລ້ວຖືກນຳໄປຢູ່ສູນ "ອົບພະຍົບ" ເກືອບຫ້າປີ ທີ່ບ້ານອີ່ໄລ ໄກຈາກວຽງຈັນປະມານ 25 ຫລັກ. ການໄດ້ຕ່າວຄືນມາບ້ານເກີດເທື່ອນີ້ ແສນດີໃຈທີ່ສຸດ ບໍ່ມີຫຍັງປຽບໄດ້, ມັນຕື້ນຕັນໃຈຈົນນ້ຳຕາໄຫລ ແລະຄິດວ່າ ຊີວິດໄດ້ເລີ່ມຕົ້ນໃຫມ່ແລ້ວ.

ເນື້ອໃນຈົດຫມາຍ ມີດັ່ງນີ້ :

ຮັກແພງ ຈອນນີ່,

ເຮົາຂຽນຈົດຫມາຍນີ້ຈາກທົ່ງໄຫຫີນ, ອະດີດສະຫມໍລະພູມເລືອດ ຂໍສົ່ງຂ່າວມາຫາເພື່ອນດ້ວຍຄວາມຄິດຮອດຄິດເຖິງ. ເຮົາຕ່າວຄືນບ້ານເດີມ ພ້ອມກັບຊາວອົບພະຍົບຊຸດທຳອິດ ຄືລຸນຫລັງທີ່ໂຕກັບເມືອສະຫະລັດອາເມລິກາບໍ່ທັນດົນ.

ມັນເປັນເຫດການຕື່ນເຕັ້ນ ປົນເສົ້າສະຫລົດໃຈ ທີ່ໄດ້ຕ່າວຄືນບ້ານເກີດເມືອງນອນ ຫລັງຈາກໄດ້ພັດພາກໄປເປັນເວລາຫລາຍປີ, ເຮົາຫລັ່ງນ້ຳຕາອອກມາ ເມື່ອພາບທົ່ງໄຫຫີນປະກົດຕົວຢູ່ຕໍ່ຫນ້າ - ມັນອ້າງວ້າງເປົ່າປ່ຽວ, ຫລຽວໄປທາງໃດ ເຫັນແຕ່ຊາກສະຫລັກຫັກພັງ, ມີແຕ່ຂຸມລະເບີດ, ຕົ້ນໄມ້ປາຍກຸດສີດຳໆ ຢືນຢູ່ຢ່າງໂດດດ່ຽວ ຕາມຈ້າຍພູເປັນສັນຍະລັກຂອງຄວາມເປົ່າປ່ຽວ, ວຽບສະຫງັດ. ນອກຈາກນົກແອ່ນບິນເຈີດໄປມາຢູ່ກາງອາກາດ ທ່າມກາງສາຍລົມແລ້ວ ບໍ່ປະກົດສິ່ງມີຊີວິດໃດໆ. ສຸດສາຍຕາເປັນທົ່ງຫຍ້າສີຂຽວ ໂອນເອນເປັນຄື້ນຄືທະເລ ເມື່ອຖືກລົມພັດຕ້ອງ. ຄື້ນສີຂຽວນີ້ຈະງົດງາມທີ່ສຸດ ຖ້າບໍ່ມີຈຸດດ່າງດາວເດຍລະດາດໄປທົ່ວ. ຈຸດດ່າງດາວນີ້ ກໍ່ຄືຂຸມລະເບີດຈາກຍົນ ໂດຍສະເພາະຍົນເບ - 52 ທີ່ເອົາທົ່ງໄຫຫີນເປັນເປົ້າຫມາຍ, ແລ້ວຖອກເທລະເບີດລົງຢ່າງນັບບໍ່ຖ້ວນ ໃນຫ້ອງປີ 1970 ເປັນຕົ້ນມາ. ບໍ່ແມ່ນແຕ່ມະນຸດເທົ່ານັ້ນ ທີ່ຢູ່ບໍ່ໄດ້, ສັດສາວາສິ່ງກໍມອດມ້ວຍມໍລະນາ ເຫລືອແຕ່ຟ້າກັບດິນ, ປະຊາຊົນທີ່ອາໄສຢູ່ໃນແຖບນີ້ ຖືກກວາດຕ້ອນຈາກຈຸດຫນຶ່ງ ໄປຍັງຈຸດຫນຶ່ງ ແລ້ວກໍ່ຕໍ່ໄປ ເລື້ອຍໆ ປະຊາຊົນບໍ່ມີໂອກາດໄດ້ຕັດສິນໂຊກຊາຕາຕົນເອງ, ມີແຕ່ຄວາມລະທົມຂົມຂື່ນ, ຄວາມທຸກຍາກກັນດານ. ເຮົາຢືນຊຶງ, ແນມເບິ່ງທົ່ງໄຫຫີນ ດ້ວຍຄວາມສະທ້ອນອ່ອນໃຈ, ພາບທຸກສິ່ງທຸກຢ່າງ ມັນຫນ້າເສົ້າສະຫລົດຫົດຫູ່ໃຈ, ມີແຕ່ຜູ້ໃຈດຳອຳມະຫິດເທົ່ານັ້ນ ທີ່ຈະທົນເບິ່ງໄດ້ໂດຍບໍ່ມີອາລົມອ່ອນໄຫວ.

ຈອນນີ່ ເພື່ອນຮັກ... ສົງຄາມໄດ້ຍຸຕິລົງແລ້ວກໍຈິງຢູ່, ແຕ່ຄວາມໂຫດຮ້າຍຂອງມັນຍັງແຜ່ກະຈາຍຢູ່ທົ່ວ. ລູກລະເບີດທີ່ບໍ່ທັນແຕກ ຍັງຝັງຢູ່ຕາມທົ່ງໄຫຫີນ, ມີຫລາຍຊະນິດດ້ວຍກັນ ແລະທີ່ຫລາຍກວ່າຫມູ່ແມ່ນບົມບີ. ພຽງແຕ່ສອງມື້ທີ່ພວກເຮົາມາຮອດທົ່ງໄຫຫີນ ບົມບີກໍໄດ້ປິດຊີວິດໄປເຖິງສາມຄົນ, ຈະເຄື່ອນໄຫວໄປທາງໃດຕ້ອງລະວັງ, ຄວາມຕາຍຄອຍຖ້າເຮົາຢູ່ທຸກແຫ່ງ, ຖືກຜູ້ໃດແລ້ວ ບໍ່ຕາຍກໍເສຍອົງຄະ. ລະເບີດໄດ້ແຜ່ຄວາມສະທ້ານຢ້ານກົວໄປທຸກຍ່ອມຫຍ້າ, ມັນແຕກບຶ້ມຂຶ້ນ! ແລ້ວກໍມີຄວາມຕາຍ,

We flew to Phonesavan.[2] There, I interviewed Mai Daeng about his feelings upon returning to his hometown. He described how, in 1970, along with his parents, siblings and many other people, he was forced to leave the Plain of Jars. His group was flown to Ban Elai refugee camp, about twenty-five kilometers north of Viengchan.

"This homecoming has made me happier than I can ever express. I think I'll be able to start my life over again," he said.

Now I turn to the letter I received from Mai Daeng and read.

Dear Johnny,

I write this letter from the Plain of Jars, the former bloody battlefield. I think of you often. I came home with the first group of refugees not long after you returned to America. It was both exciting and sad to be able to go home after many years of forced separation. When I caught my first glimpse of the Plain of Jars, I could not help but weep at the sight of so much desolation and emptiness.

I saw nothing but ruins and bomb craters everywhere. The bare branches of a single blackened tree stood on a hillside, as if guarding the silence. Except for a flock of swallows in the distance, there was no sign of life, and as far as the eye could see, fields of wild grass rippled in the wind like waves on the sea. These waves of green would have been most splendid, if the fields were not pockmarked everywhere by ugly brown spots. As you know only too well, these spots are craters made by the heavy rain of bombs dropped by B-52s, which targeted the Plain of Jars beginning in 1970.[3] Not only was this land made uninhabitable for human beings, but also for animals. Only the sky and the earth were left. The people who used to live here were continuously evacuated farther and farther away. Full of pain and suffering, they were not allowed to control their own destinies, which made their lives a kind of hell.

Now I look over the Plain of Jars with despair, with a great heaviness in my heart. Every image of it fills me with an inex-

ຄວາມເຈັບປວດ ຕິດຕາມມາ.

ທ່ານກາງຮັບຕະລາຍຮອບດ້ານ, ເຮົາ ແລະພໍແມ່ອ້າຍນ້ອງ ປັກຫລັກແຫລ່ງຢູ່ ທົ່ງໄທທົມ, ຈະໄປຫາງໃດ ກໍໄດ້ລະມັດລະວັງ. ພວກເຮົາພາກັບປຸກເຮືອນຕູບຢູ່ອາໄສຝ ຊາມຊາ, ບຸກເບີກທີ່ດິນ ເຮັດຊື້ວ ເຮັດສວນຫາກິ້ມຕົບເອງ, ບາງເທື່ອ ກໍໄດ້ຮັບຂອງ ຊ່ວຍເຫລືອຈາກມິດປະເທດ.

ທວ່າງຈາກພວງກາງບ, ເຮົາກໍໄປເລາະເບິ່ງໄທທົມ ທີ່ຢູ່ເປັນກະແຈກກະຈາຍ ໃນບໍລິເວນ ທົ່ງອັນກວ້າງສຸດສາຍຕາ, ໄທທົມເປັນສິ່ງມືຂອງມະນຸດໃນສະໄຫມກ່ອນປະຫວັດສາດ, ເປັນສິ່ງມະຫັດສະຈັບຂອງໂລກຍຸກບຶດຫນຶ່ງ, ຈຳນວນບໍ່ຫນ້ອຍໄດ້ຖືກທຳລາຍ ໂດຍສະເພາະ ຈາກພາບກຸ້ມລະເບີດ. ຂຸມລະເບີດແຕ່ລະຂຸມນັ້ນ ກວ້າງປະມານ 2 - 10 ແມັດ, ເລິກ ປະມານ 5 - 6 ແມັດ, ຫລາຍຂຸມມີນ້ຳເຕັມ, ທຳຍິດ ທີ່ໄປຮອດນັ້ນ ເຮົາວ່າຂຸມຄົງບໍ່ເລິກ ຈຶ່ງໂຕນລົງ ເພື່ອອາບນ້ຳ ແຕ່ແລ້ວ ກໍເກືອບເຮົາຊີວິດໄປກຸ້ມໃນຂຸມລະເບີດນີ້. ເຮົາ ກໍລັງຮູ້ຈົມນ້ຳ, ບັງເອີນມີຜູ້ມາພົບເຂົ້າ ຈຶ່ງຊ່ວຍຊີວິດໄວ້. ເຮົາພົ້ນຄວາມຕາຍມາໄດ້, ແຕ່ຕໍ່ມາບໍ່ດົນ ອະນາຄົດຂອງເຮົາກໍດັບວູບລົງຊິກ ເຮົາຕ້ອງພົບກັບຄວາມເສຍໃຈທີ່ສຸດ ໃນຊີວິດ ແລະຄິດວ່າ ຕົບເອງໄດ້ຕາຍໄປແລ້ວເຄິ່ງບຶ່ງ, ມັນທໍລະມານໃຈ ທໍລະມານ ກາຍຢ່າງເຫລືອທີ່ສຸດ.

ຈອນນີ້ ... ເຮົາບອກແລ້ວວ່າ ເຮົາກັບສະມາຊິກຄອບຄົວ ຕ້ອງບຸກເບີກ ດິນຄອນ ຕອນຫຍ້າ ເພື່ອທຳການປຸກຝັງ ຫາກິ້ມຕົບເອງ. ມື້ຫນຶ່ງເຮົາແບກຈົກໄປຂຸດຫນາມ ປຸກມັນ, ຂຸດໄປໄດ້ປະມານຊົ່ວໂມງກວ່າ ແລ້ວກໍເກີດລະເບີດຂຶ້ນ, ມັນເປັນບົມບິທີ່ເຫລືອ ຢູ່ຕາມພື້ນດິນ, ເຮົາຫມົດສະຕິໄປ ແລະມາຮູ້ເມື່ອຄິງ ກໍພົບວ່າຕົບເອງຢູ່ໂຮງພະຍາບານ ແຂນອາພັບດ້ວຍຜ້າພັນບາດ ຈົນເຮົາເຫບັງຕິ່ງບໍ່ໄດ້. ເຮົາມາຮູ້ ພາຍຫລັງວ່າ ຂາສອງເບື້ອງຖືກຕັດຂາດ. ສ່ວນແຂນຊ້າຍ ກໍໄດ້ຮັບບາດເຈັບ ແຕ່ບໍ່ສາຫັດ, ນ້ອງເຮົາ ຜູ້ຫນຶ່ງ ກໍໄດ້ຮັບບາດເຈັບທີ່ຂາຊ້າຍ ແຕ່ບໍ່ສາຫັດຈຶ່ງໄດ້ກັບໄປບ້ານແລ້ວ. ເມື່ອຮູ້ວ່າ

pressible pain, which I think only the most hardhearted would not share.

Johnny, the war may be over, but here, we live with its cruel aftereffects. Unexploded bombs still lie buried in the Plain of Jars. Most are "bombies."[4] Within the first two days of our arrival here, the bombies had already killed three people. We have to walk with great care. Death lurks underground, everywhere. A careless step could mean the loss of limbs or even life itself.

These bombs create intense fear when they explode. Boom! followed by death or wounding. Despite these dangers, my family and I settled back warily on the Plain of Jars in a temporary shelter. We till the land to grow vegetables and occasionally receive aid from friendly countries.

When free from work, I visit the ancient stone jars that dot the entire plain. The jars, among the world's wonders, were made by men during prehistory. The B-52 bombers destroyed a number of them.

The bomb craters, about two to ten meters wide and five to six meters deep, are now filled with water. When I first arrived, I did not know the craters were so deep, so I jumped in to wade and would have drowned if someone hadn't rescued me. I was fortunate that time. But not long after, my future darkened. I met the greatest sorrow in my life. I feel half-dead now. My mind and body suffer terribly.

Johnny, I have told you that my family and I had to till the land to plant crops for our livelihood. One day, I went out with a mattock, a large hoe, over my shoulder to plant a row of sweet yams in our vegetable garden. I had been hoeing for over an hour when there was a sudden explosion. It was a "bombie" buried in our fields. I was flung to the ground and lost consciousness. When I awoke, I found myself in the hospital, my arms and legs bandaged so tightly I couldn't move. I learned later that both my legs had been amputated. My left arm was slightly wounded. One of my brothers had injured his left leg, but was

ຕົນເອງເສຍອີງລະ, ອະນາຄົດມືດມົນຕັ້ງນີ້ ເຮົາร້ອງໄຫ້ສະອື້ນ, ບ້າຕາໄຫລ ບໍ່ມີຍາມເຊົາ
ຕະຫລອດເວລາທີ່ຢູ່ໂຮງພະຍາບານ.

ຈອນນີ້ ... ເຮົາເປັນຄົນເສຍອີງລະ ເປັນຄົນທີ່ຕາຍແລ້ວກໍ່ວ່າໄດ້ ຄືຕາຍໄປຈາກ
ອະນາຄົດຮັບແຈ່ມໃສ, ເປັນສິບທີ່ເຕື່ອນໄຫວໄປມາໄດ້, ຄືຫັບຄົນເອງຍາມໃດແລ້ວ
ເຮົາກໍ່ສະອື້ນ ອົກສະທ້ານທວັ່ນໄທວ. ເຮົາຊື່ວ່າ ໂຕດີງຈະກ້າວໄປໄກໃນອະນາຄົດ,
ເປັນນັກຕໍ່ສູ້ເພື່ອສັນຕິພາບ, ເປັນນັກຕໍ່ຕ້ານສິ່ງຄວາມຜູ້ມີອິດທິຜົນ, ເປັນວິລະຊົນຂອງ
ອະບວມການສັນຕິພາບ. ຢໍ່ໃຫ້ໂຕສິບຕໍ່ປະຕິບັດຜາລະກິດເພື່ອປະຊາຊົນ ຜູ້ຖຶກກົດຂີ່,
ປະຊາຊົນຜູ້ຖຶກຍາດແຍ່ງ ເຮົາອິດສະລະພາບໄປຈາກມື ແລະປະຊາຊົນຜູ້ປະສົບໄພສິ່ງຄວາມ.

ເຮົາຂຽນຈົດຫມາຍມານີ້ ກໍເພື່ອໃຫ້ເປັນສຽງຫນຶ່ງຈາກທົ່ງໄຫຫິນ, ສຽງຫນຶ່ງ
ໃນຈໍານວນຫລາຍສຽງ ຂອງຜູ້ປະສົບໄພຮັບຕະລາຍ ຈາກສິ່ງເສດເຫລືອຂອງສິ່ງຄວາມ
ທີ່ຜວມຄຸກຄາມຊີວິດເພື່ອນມະນຸດ ຢູ່ໃນຂະນະນີ້.

ຮັກແພງ ຈາກເຮົາ

ໄມແດງ

ຂ້ອຍອ່ານຈົດຫມາຍສະບັບນີ້ ດ້ວຍຄວາມທຶດທູ່ໃຈ, ເຍັບວາບໃນສ່ວນເລິກຂອງວງ ນາລົມ
ແລະຮູ້ສຶກລະອາຍທີ່ບໍ່ສາມາດຂ່ອຍຂຍັງເຊົາຫລາຍໄດ້, ຕັ້ງນີ້ ຈຶ່ງເຮົາຈົດຫມາຍລົງພິມໃນຄໍລໍາ
ຈົດຫມາຍເຖິງບັບນາທຶກາບ ແລະ ຜາດທົວເລື້ອງ ໆ ວ່າ ສຽງຈາກທົ່ງໄຫຫິນ.

1. ໄອ. ວີ. ແອສ. - International Voluntary Service. ອົງການອາສາສະຫມັກ ສາກົນ.

already discharged from the hospital. Upon realizing I was a cripple, my life seemed utterly bleak to me. I began to weep, and continued to weep throughout my stay in the hospital.

Johnny, now that I am crippled, I feel that I'm half-dead and any hope of a bright future for myself is gone. Whenever I think of this, I begin to cry again. You, I know, will have a bright future because you love peace. You are a well-known activist and influential in political circles. You are a hero of the peace movement. Please continue your task, for the sake of other people who are still fighting for their independence in other wars.

This letter to you represents one voice from the Plain of Jars, one voice from among the many who still face the dangerous aftereffects of the war.

With love, from Mai Daeng

As I finish his letter, a chill runs through my heart. I'm ashamed that I can't do anything to help him. At the very least, I can publish his letter with other letters to the editors, and title it "A Voice from the Plain of Jars."

NOTES

1. During the 1960s and 1970s an estimated 700,000 Laotians (one-third of the population) became war refugees in Laos.

2. Capital of Xieng Khouang province, located on the Plain of Jars.

3. During the War against Imperialism, the Plain of Jars became a bloody battlefield. The struggle between the forces of the Pathet Lao and the Royal Lao Army ended in the former's victory.

4. Tennis ball–sized explosive antipersonnel devices, designed to maim.

ດຶກ ກັບ ແດ້ງ

ຍ ວລາໃດ ເຫັນບັດຖືກນອນມຶນຕາ ເສີຍຢູ່ແລ້ວ ຂ້ອຍຮູ້ສຶກອິ່ມເອົາໂລດ. ຍາມເທ ເຮົາກັບຈາກໂຮງຮຽນ ຫຼີໄປ ວຽກມາ ບໍ່ມີລະວ່າ ມັນຊິແກວ່ງທາງດ້ວຍຄັກໃສ່ ຫຼືແລ່ນມາຄືນ ຕາມແລ່ງຕາມຂາ, ມັນເອົາແຕ່ນອນເສຍ ບໍ່ຫ່ວງບໍ່ໄຍບຳໃຂ, ຍ່າງຫຼາຍ ກໍມີພຽງແຕ່ຍິບຍັ້ນ ຍຽດຂາອ້າປາກຫາວເວີບ, ຄັນໄທເຮົາບໍ່ຮ້ອງ ບໍ່ຕຶກມີໃສ່ ມັນກໍເຮັດ ຊື່ເຽາະຊື່ວຽອຍ ລົ້ມນອນລົງອິກ.

"ໂອຍດຶກເອີຍ ... ຈັ່ງແມ່ນມຶງຂີ້ຄ້ານສັບຫຼັງຍາວ ລົ້ນບ້ານຫຼືອເມືອງ ເພິ່ນບໍ." ແມ່ມັກຈົ່ມດັ່ງນີ້ສະເຫມີ ເມື່ອເຫັນມັນນອນແລ່ງແຄ່ງຢູ່ກ້ອງຕະລ່າງ.

ຍາມໃດຂ້ອຍມືຂອງກິນຕິດມືມາ ບາດບັ້ນລະ ບັກດຶກລຸກປຸບປັບ ແລ່ນຫນອະໂຍງມາຫາ ຊູສອງຕີນຂຶ້ນສູງ ຊິຍາດເອົາຕາມືຕາຕິນເຮົາໃຫ້ໄດ້, ຜັບດຶກແດ້ງ ເຂົ້າມາໃກ້ ຫວັງເຮົາສອນແຜ່ງ ບັກດຶກຕາງຮັ້ນມຸງ ຫຽ່ຍຫຂ້ອໃສ່ ເພື່ອນານບໍ່ຢູ່ ໃຫ້ຫມຢ້ານນານນານວ່າເປັນຫມາແຕ່ມັນໂຕດຽວໃນ ບ້ານນີ້. ຂ້ອຍຮູ້ສຶກຄັບແຄ້ວ, ຫຼາຍເທື່ອຫຼາຍທິ ຂ້ອຍກໍຄິດບໍ່ໄຄ້ ຈັ່ງຄ້ວາເຮົາໄດ້ນຝຶນຝາດ ໃສ່ຫາງຫຼັງມັນ ຟັ້ງສອງມັນຮ້ອງຄັ່ງຄັບບ້ານ ປານຊິລົ້ມຊິຕາຍໄປໃນບົດນບໍ່ຍາມຄຽວ.

ຂ້ອຍຮູ້ວ່າ ເປັນຫຍັງບັກດຶກ ຈຶ່ງຮ້ອງເອົາແຫ້ເອົາວ່າ ທັງທີ່ຂ້ອຍບໍ່ໄດ້ຕິແຮງຜີລຶກໂຄ, ບາງເທື່ອຕາະຄ່ອຍໆ ຫຼືບາງເທື່ອ ພຽງແຕ່ເງີຄໄມ້ຄ້ອນເຫ່າຫັ້ນ ບັກດຶກຈະຮ້ອງ ເງົ່າເງ່ງ ເພື່ອໃຫ້ເຈົ້າຂອງມັນໄດ້ຍິນ.

ຜ້ອມໆ ກັບສຽງບັກດຶກຮ້ອງ ກໍມີສຽງບຸນໂຕດັ່ງຂຶ້ນ.

"ບັກໃດຕິຫມາໆຟູ?" ນາຍຂອງບັກດຶກຮ້ອງຖາມແນບເຮົາເລື່ອງ.

"ມັນຍາກກິນຂອງບັກແດ້ງ, ບໍ່ຫັນໄດ້ ພຽງແຕ່ເງີຄໃສ່ຊີ້ຢ," ຂ້ອຍແກ້ຄວາມ.

"ບໍ່ຕິ ມັນຊິຮ້ອງເນາະ, ລະວັງເດີ!" ບຸນໂຕເວົ້າມາບຊູ່ຂ້ອຍ ແບບກອນນໆ ປະສາດ, ກໍຄຶ ກັບກັບບັກດຶກ ມານຊູ່ບັກແດ້ງທັ້ນລະ.

ເປັນຕາຄັ້ງແຫ້ແລ້ວ ແມ່ນຕອນເກີຄເຂົ້າ, ບັກດຶກສວາບກິນໄວປານຫຽັງ ສຽງດັ່ງຈວ້າບ ຈວ້າບ, ບໍ່ຜັຄາວເຂົ້າກໍຫມຶດ ແລ້ວມັນກໍເສືອກແລ່ນໄປໃສ່ຖ້ວຍຂອງບັກແດ້ງ ແລະຍາດ

ພິມເທື່ອທຳອິດ, ປີ 1974 ໃນ ຟ້າໃຫມ່

DIC AND DAENG

EVERY time I saw Dic lying there with his insolent stare, I was very annoyed. He did not come to meet us, wagging his tail, or brush up against our legs when we arrived home from school or work. He just lay there unconcerned. At most, he would stand up, stretch his legs, and yawn. If nobody called him or snapped fingers at him, he would just drop back down again.

"Dic, oh Dic, how can you be so lazy?" my mother complained each time she saw him lying there under the house.[1]

But when I had some food, then Dic suddenly roused himself and charged toward me. He raised his front paws to snatch it away. When Daeng approached to get his share, Dic snarled and tried to frighten him away as if he, Dic, were the only dog in this family. He got on my nerves. Many times I just couldn't stand him; I would grab a club and strike him right on his back. Then he would yelp so loud you'd think he was going to die that very instant.

I knew why Dic yelped loudly even though I didn't hit him very hard. Sometimes I barely touched him, or simply moved to lift the stick, but Dic would yelp to catch his owner's attention. Whenever I heard Dic's yelp, Bountoh's voice quickly followed.

"Who dared to beat my dog?" Dic's owner always asked, ready for a fight.

"He took food from Daeng, and, besides, I haven't even hit him yet!" I explained.

"Is that so? Why would he yelp if you haven't hit him yet? You'd better watch it!" Bountoh was snapping at me, just to make me mad, the same way his dog growled at Daeng.

Feeding times were the most annoying. Dic slurped up his food swiftly and loudly, with a terrible "*chuap chuap*" noise. His food

ภับเฮ็าอย่าๆบ่เท็าอีกเท็าใจ, แฑมยัๆหยี่ๆแฆ้อใส่ เพื่อให้บักแถ้ๆย้าม. ຂ้อยต้อๆ
เฝ้าเบิ่ๆฑุกเทื่อ และป้อๆภับบ่ให้บักถึภมาๆาดภิบเຂ้าบักแถ้ๆ, ถ้าบ่ถั่ๆบั้ม บักแถ้ๆ
ฑมาຂอๆຂ้อย ภ่บ่ฑับภิบอิ่ม จักเทื่อ เพาะมับมักฑึกบักถึภอิ่มอยู่ จิบต้อๆฑบิจาภ
ถ้อยเຂ้า ภ่อมฑี่จะอิ่มฑ้อๆ.

มีฑลายเทื่อ ฑี่ຂ้อยถักเฮ็าเຂ้าปืบบ้าแภๆ ใส่ถ้อยให้บักแถ้ๆฑลายๆ แต่ใส่
ถ้อยให้บักถึภ ฑบ้อยๆ แล้วภำฑรุมฑึไม้ถ้อบไอ้, บ่ถิบ บักถึภภ่จะแล่บมาฑา
ถ้อยเຂ้าຂอๆบักแถ้ๆ, ผัเฑับຂ้อยจับไม้ถ้อบอยู่ มับจะยุดฑึภ แล้วแบบเบิ่ๆฑบ้า
ใຊ้ลึ้มเลยสืบไปมาๆ, ท่าฑาๆຂอๆมับบิ่ๆบอกเฑิๆถวามลัๆเลใจ เพาะว่า ถ้าจะฑลุบ
ไปยาดภิบเຂ้าบักแถ้ๆ ภ่มิฑวัๆฑึภถ้อบ, ถ้าบ่ยาด ภ่จะฑิอ เพาะภิบบ่อิ่ม. ຂ้อย
ฑำฑ่าฑลูอไปฑาๆอื่ม เธัดถิบ่สืบใจ แล้วบักถึภภ่จะถ่อยๆ ย่าๆเຂ้าไปให้ถ้อยเຂ้า
บักแถ้ๆ, ຂ้อยเฑๆเสิๆดตาฑาๆเบิ่ๆบุบโต บายຂอๆบักถึภ, เมื่อเฑับว่าบ่มีบุบโตยู่ให้ๆ
แฑวบี้ ຂ้อยภ่เฑๆอดไม้ถ้อบฝาดใส่ฑลัๆบักถึภย่าๆฑบำใจ, มับธ้อๆจิบสุดสรๆ
ฑัวแล่บฑบิไปลี้ยู่ภ้อๆลอภฑมู สิ่ๆสรๆเว้ๆเว้ๆ ถ้วมาเปับบาด เปับบาด ถ้ายสรๆสะอิ้ม
ปาๆว่าຂิบ ยิบผักมุฟ้า ภุ้มฝืบบิบี้.

แม่บยู่ว่า เปับภาบบ่ยุติฑำ ฑี่แบ่ๆเຂ้าให้ฑมาสอๆโตบ่เฑ่าภับ, แต่มับภเฑมาะ
สัมดิแล้ว, เพาะบักถึภมักຂี้ถ้าม, ถิบแปภฑบ้าเຂ้าบ้าม บ่เฑับว่ามับຂึเฑ่าจักเทื่อ,
มีแต่ป่อยให้บักแถ้ๆเฑ่าโอ้ๆ ยามใดภ่ตาย. ไฑเฮือบเฮ็ายัๆเຂ้าพื้มยู่บ่เຂๆ ถือว่า
มับแต่เฮ็าบักถึภมาล้รๆไอ้ได้สอๆปิปายแล้ว เฑับมับเฑ่าเทื่อดรๆ – แม่บตอบฑี่
บักแฑๆผิบ้า มุ่ๆเสื้อต่าๆย่าม พายฑึเຂ้ามาใบบ้าม เพื่ออ่ฑฑาย. เว้าเลื่อๆบี้ຂึ้มมา
ยามใด แม่บเฆิๆๆฑู บุบโตยามบั้ม. ถอามจิๆ บักถึภเฑ่าฑลายยู่ดภ แต่ถิบๆ
เฑ่าเทื่อฑมิ่ๆ ไฑเฮือบเฮ็าภ่เลียลึมถิดเฑิๆตอบมับเฑ่าสา.

บุบโตมักเว้าปิภป้อๆบักถึภสะเฑมิ แฑมยัๆใส่ธ้ายป้ายสีบักแถ้ๆฑิภ ฑาๆว่า
บักแถ้ๆเฑ่าຂะฑาย. เฮ็าว่าบักถึภเฑลั่ๆอึม, ถัภบ่อยย้าบมับถิฑยัๆบี้ พรๆแต่
มับฑาๆฑว้าๆฑว้าๆใส่ฑบ่อยดรๆ ถัภบ่อยพาภับเปิดฑาดฑลาดโลภ บ่จำเปับว่ามับจะ
ต้อๆเฑ่า. สอบบักแถ้ๆบั้ม เฑ่าเฮ็าแต่ตายเปับ, ภิภิภเฑ่า, ใบไม้ฑลั่บภเฑ่า, โอ้ย!
ยาภไล่ฑู, เฑ่าฑลายถัภบ่อยเลียบ่ย้าบ เฑับเปับเลื่อๆฑำมะดา แฑมยัๆมาล้มา
ฑลอภใໃ้มับเฑ่าຂ้า, บักถึภเฑ่าเปับละบรุบใด – อ่าถั่ๆบั้ม.

"เธิ เธิ เฑ่าเปับละบรุบ ! เฑ่ายามใด ไภ่ะเจ้าตายยามบั้ม จิบอื่แม่ได้เฮ็า
เฮิๆไปเสยล่าไภ่ใຊ้อะเจ้าเลื้อยๆ, เฑับไภ่ถิบเฮือบให้เຂ้ามาบ้าบยามใด บักถึภ
ไล้ฑัดจิบตาย, ลับบ่ตาย ภ่อิมฑลั่บปิภฑัภ." ຂ้อยเว้าเยี้ยบุบโต ผู้มี ฑามะเปับบ้าย.

"ภะถิตว่า, บักถึภไล่ไภ่ออภจาภบ้าบ, ถิภว่าบักแถ้ๆ ฑี่เฑ่าบ่มียามเຂๆ ยาภ

was gone in the blink of an eye, then he ran shamelessly over to Daeng's bowl to try to steal his portion. He even snarled menacingly at Daeng. I had to keep an eye on him to stop him from taking over and leaving Daeng hungry.

Many times, I mixed rice with soup and purposely gave a larger portion to Daeng. Then I waited and watched, club in hand. As soon as Dic finished his food, he ran over to Daeng's bowl. When he saw me with my club, he would stand stock-still and lick his muzzle in hesitation. To steal from Daeng meant getting hit and not to steal meant going hungry. I would pretend to look away, as if I didn't care what happened next. Then Dic would sidle over to Daeng's bowl. I would check to see if Bountoh was around, and if he wasn't, I hit Dic on his back with all my might. Dic would yelp very loudly in pain and run off to hide behind the pig pen, whimpering piteously, as if he were not likely to make it through the year.

I knew it wasn't fair to give the two dogs unequal portions of food, but I felt justified because Dic was so lazy. He never barked when there was a stranger around. Daeng did all the barking.[2] Everybody in our family said that since Dic had been brought here about two years ago, we had only heard him bark once. On that occasion, Bak Haeng, the harmless and crazy beggar, came to our house for some alms. Bountoh didn't like it one bit when we mentioned this. Dic actually did bark more than once, but the incidents were so far apart that everyone tended to believe he didn't bark at all.

Bountoh spoke protectively of Dic. At the same time, he painted a bad picture of Daeng, blaming him for barking indiscriminately. Bountoh said that Dic was fierce and grim, and scared a lot of children away.[3] He only needed to growl a little and the children ran away quickly before he could even bark. Daeng, on the other hand, barked and barked. He barked at anything that moved, including falling leaves. He barked so much that he no longer scared anyone, not even the children, who poked fun at him. They considered him

ໄລ່ທູນະເວັ້ຍ, ເບິ່ງບາດຢ່າງໆ ກໍເປັນສິເດັ້ມໆ ຄືເປັນຂີ້ໜາກເຫລືອງນີ້ລະ ສ່ວນບັກຄືກ
ມັນກໍຂຶ້ງຂ້າງ, ໃນເຄັບກະຢ້າມ, ຄັ່ງນີ້ ຈຶ່ງບໍ່ມີໃຜກ້າລ່ວງເຂົ້າມາໃນບ້ານ." ບຸນໂຕເວົ້າອ້າງໆ
ຂີ້ຄືຂອງຫມາຕິນ.

"ຈ້າງຂ້ອຍກໍບໍ່ຢ້າມ, ມັນຄ້າບຄືທຍັງນີ້, ກໍເຫລາຍກໍປາບນັ້ນ ຄືກັບກັບບາຍຂອງ
ມັນຫັ້ນແຫລະ".

ຍາມໃດຂ້ອຍເວົ້າແບບນີ້ ບຸນໂຕມັກແລ່ນຫລຸບໃສ່ຂ້ອຍເລື້ອຍໆ ແຕ່ແມ່ປີກປ້ອງຂ້ອຍໄວ້
ຂ້ອຍເລີຍຫລົດຕຶກຫມາກາກຂອງມາຍບັກຄືກ.

"ມິງຄື້ ບັກເຕັມ, ກູຊິຈັດກາມມິງຄັກໆ ຈັກເທື່ອ ຖ້າເບິ່ງຄື້ ..." ບຸນໂຕເວົ້າດ້ວຍຄວາມ
ເຫລືອຫີກເຫລືອໃຈ.

ເຮົາສອງຄົນອ້າຍບ້ອງ ມັກມີເລື່ອງຜິດຖຽງກັບເລື້ອຍໆ ໂດຍສະເພາະບັບແຕ່ເວລາ
ເຮົາບັກຄືກ ແລະ ບັກແຄ້ງມາລ້ຽງ. ທຳອິດບຸນໂຕ - ເອີ ອັນເອີ້ນຕິດສືບ ຕິດປາກແທ້ໆ
ນັ້ນແມ່ນ "ບັກໂຕ," ແຕ່ຜ່ແມ່ເຕືອນເລື້ອຍໆວ່າ ບໍ່ໃຫ້ເອີ້ນກັບ "ບັກງ" ເພາະບໍ່ມ່ອນຫຼ, ມັນຄິ
ຫ່ອງຫມາວ່າຫຼັ້ນ - ບຸນໂຕເອີບັກຄືກມາລ້ຽງກ່ອນ ໂດຍຍໍເອົານໍາຫມູ່ຢູ່ຄຸ້ມເຫນືອ. ຕອນນັ້ນ
ບັກຄືກຫາຍຸປະມານສາມເຄືອນ. ບຸນໂຕແລະຂ້ອຍຜາກັບລ້ຽງບັກຄືກຢ່າງໆທະນຸຖະຫນອມ,
ພະຍາຍາມຫາເຮົາຂອງຄີງ ໃຫ້ມັນກິນ ຈິມມັນອ້ວນຄີພິງາມ, ຫລາຍໆ ເທື່ອ ສອງຄົນ
ເຮົາຍາດກັນອຸ້ມບັກຄືກ ຈິບຕ້ອງໄດ້ອອກກຳລັງແຮງຕິກັນ, ປ້າກັບ ຈິບເຕືອກຂີ້ຜ່ມ, ຫ່ອນເຖິງ
ຜູ້ໃຫຍ່ ຕ້ອງໄດ້ມາແຍກອອກຈາກກັນ. ບຸນໂຕ ຫາຍສືບເຮັດປີ ລື່ນຂ້ອຍປີຫນຶ່ງ, ຕິກັນແລ້ວ
ຜອກເຮົາກໍຫລົ້ນນຳກັບຮິກ, ບໍ່ຄົບ ກໍຕິກັບໃຫມ່, ຮູ້ສຶກວ່າ ເວລາໃດຕິກັບແລ້ວ ຕ່ມາຜອກເຮົາ
ຈະຮູ້ສຶກຜູກພັນກັບຫລາຍກວ່າເກົ່າ ແລ້ວກໍຫລົ້ນທິອບຳກັບ. ບາງເທື່ອ ມີເລື່ອງເລັກໆນ້ອຍໆ
ຜອກເຮົາກໍຜາກັບທິອ ເຊັ່ນ ຄອກຈຳປາຕົ້ມຫນ້າບ້ານ ຫລົ້ນຖຶກທິອບຸນໂຕໂດຍບັງເອີນ ຜອກເຮົາ
ກໍຜາກັບທິອ ທິອແທ້ທິອວ່າ ຈິບແມ່ຍາງໄລ່ທູເຜິ່ນຈຶ່ງຮ້ອງມາໃສ່ໃຫ້ມິດແຕ່. ເທື່ອຫນຶ່ງບັກຄືກ
ແລ່ນມາຂ້ອງແຄ້ງ ຂ້ອງຂາຈິບຂ້ອຍເຊຫ້ໄປເກືອບລົ້ມ ບຸນໂຕທິອອວັບສຽງດັງຮຽງ, ທຳອິດ
ຂ້ອຍກໍບໍ່ຜໃຈ ທີ່ມີຜູ້ທິອອວັບ, ແຕ່ເມື່ອເຄັບບຸນໂຕທິອຈິບຂ້ອງແຊໆ ຂ້ອຍຮິດບໍ່ໄດ້ເລີຍ

no big deal. Sometimes they teased him just to make him bark. Dic, however, barked only when necessary.

"Right. Only when necessary? As I recall, every time he barks somebody's chicken is dead. Mom has to pay for that all the time. Whenever a neighbor's chicken comes into the yard, Dic chases it around. If he doesn't kill it, it at least gets badly bitten." I was contradicting Bountoh—who was my senior—at length.

"Well, that's better than Daeng, who barks all the time. His barking splits my eardrums. See how he walks? Looks anemic to me. It makes me sick just to look at him. Dic, on the other hand, is fierce. Everybody is afraid of him and no one dares to enter this yard." Bountoh countered by bragging about the virtues of his dog.

I interrupted. "Oh, no. Not me. There's no way I'd be afraid of that dumb dog. He's as lazy and greedy as his owner."

At this, Bountoh jumped me, but Mother stepped in to protect me from Dic's owner.

"Nasty little creep! Bak Tem, you're going to get it one of these days. You just wait," Bountoh swore helplessly at me.

We two brothers fought frequently, especially after we adopted Dic and Daeng. In the beginning, Bountoh—Bak Toh I called him, which did not please my parents because it was like calling him a dog—brought home three-month-old Dic, a gift from a friend. Both of us cared conscientiously for Dic. We gave him the best food and he grew beautiful and fat. Many times the two of us had a fist fight over who was going to hold him and my angry parents would have to separate us.

Bountoh was eleven years old, one year older than I was. After each fight we played together until another fight broke out. Each time we fought, I felt we'd grown closer to each other. We shared jokes and laughed together at small things, such as the time the frangipani flowers in the front yard accidentally fell on Bountoh's head. We laughed and laughed until Mother yelled at us to be quiet. Once when we were walking together, Dic came up and nudged me and I almost fell down. Bountoh laughed so loudly it annoyed me a

ຕຶກ ກັບ ແຕ້ງ

ທີວໄປນຳ-ທີວຂອງັບ ບຸນໂຕທີ່ທີວ, ສຽງຂ້ອຍ ສຽງບຸນໂຕ ດັງຟັດສະນັ່ນ. ຜວກເຮົາພາກັບ
ທີວຢູ່ຕັ້ງດົນ ... ຕອນແລງມາ ຫລັງຈາກກິນເຂົ້າແລງແລ້ວ ທລຽວເບິ່ງທີ່ນຳກັບ ຜວກເຮົາກໍທີວ
ຂຶ້ນອີກ, ທີວເລື່ອງທີ່ຕິບເອງທີວ ...

ສອງເຫືອນຫລັງຈາກທີ່ເຮົາບັກຕຶກມາລັ້ງ ຂ້ອຍກໍ້ທມານບ່ອຍບຳລຸງຜັງ ມາໂຕຫນຶ່ງ
ແລະ ໃສ່ຊື່ມັນວ່າ ບັກແຕ້ງ, ທີ່ໃສ່ຊື່ນີ້ ກໍເພາະວ່າມັນຈ່ອຍກະແຕ້ງ. ຂ້ອຍເຮົາບ້ານມໃຫ້
ມັນກິນ, ອຸ້ມມັນເຫືອບຕະຫລອດເວລາ ຢອກຫລິ້ນກັບມັນ ເຫືອບບໍ່ມີຍາມເຊົາ. ເມື່ອມັນໃຫຍ່
ຂຶ້ນມາແຕ່ ຂ້ອຍກໍເຮົາຊາທານແບວແຊບໆ ໃຫ້ມັນກິນ, ລ້ຽງມັນຢ່າງຖະຫນອມແພງ. ເມື່ອມີ
ຜູ້ໃດຜູ້ຫນຶ່ງ ເຮົາຫຍັງໃຫ້ຂ້ອຍກິນ ຂ້ອຍຈະແບ່ງໃຫ້ບັກແຕ້ງສະເຫມີໆ ແລະ ຫລາຍໆ ເທື່ອ
ບັກແຕ້ງໄດ້ກິນຫລາຍກວ່າຂ້ອຍຊ້ຳ.

ຂ້ອຍມືບຳແຕ່ບັກແຕ້ງ ຈົນເຫືອບຊີ້ລືມບັກຕຶກ, ດັບໆ ຂ້ອຍຈຶ່ງໄດ້ເຮົາເຂົ້າໃຫ້ບັກຕຶກ
ກິນເທື່ອຫນຶ່ງ ຄືຕອນທີ່ບຸນໂຕບໍ່ຢູ່ບ້ານ. ຂ້ອຍລຸບອົນບັກແຕ້ງ ອຸ້ມມັນໄວ້ແບບເອົກ, ຕົບເຊົ້າ
ຂຶ້ນມາ ຫນ້າຕາບໍ່ທັນລ້າງ ຂ້ອຍໄປຫາບັກແຕ້ງໂລດ, ຂ້ອຍຮັກບັກແຕ້ງອື່ທລີ, ຍາມໃດໄດ້ອອງ
ກິນ ຂ້ອຍເຮົາໃຫ້ບັກແຕ້ງກ່ອນ, ບັກຕຶກໄດ້ທິທລັງ ທັງໄດ້ຫນ້ອຍກວ່າ ຫລືບາງເທື່ອບໍ່ໄດ້ເລີຍ
ແລ້ວແຕ່ກໍລະນີ. ດັ່ງນີ້ ບັກຕຶກຈຶ່ງຕ້ອງຍາດບັກແຕ້ງກິນ. ແນວໃດກໍຕາມ ກໍຍັງມີເທື່ອໃຈ
ເທື່ອມັນ ຄືຍາມໃດ ບຸນໂຕໄດ້ທຍ້ງມາ ກໍເຮົາໃຫ້ບັກຕຶກກິນກ່ອນ ແລ້ວຈຶ່ງເຮົາໃຫ້ບັກແຕ້ງ
ແລະ ກໍມີຕິກັບ ທີ່ບັກແຕ້ງ ທມານອອງຂ້ອຍ ບໍ່ໄດ້ກິນທຍັງເລີຍ ແລ້ວແຕ່ກໍລະນີເຊັ່ນກັນ.

ເວລາຜ່ານໄປ ບັກແຕ້ງອ້ວນກິນມັນ ແລະ ໃຫຍ່ສູງຂຶ້ນ ຜິດທູຜິດຕາ ແຕ່ກໍຍັງສູ້ບັກ
ຕຶກບໍ່ໄດ້ ເພາະບັກຕຶກໂຕໃຫຍ່ກວ່າ ກິດກວ່າ, ກັດກັບຍາມໃດ ບັກແຕ້ງເສຍປຽບທຸກເທື່ອ.
ເທັບບັກແຕ້ງບໍ່ມີທາງສູ້ ບັກຕຶກຢູຍທ່າງອ້ຍເທັງເຮົາເລື່ອຍໆ, ເຊັ່ນ ຕອນຍາດກິນຫນັບນັ້ນ
ທັນນີ້ ແມ່ນບໍ່ໄທອບັກຕຶກ, ເວລາໃດຢອກກັບແລ້ວ ເກີດໃຈຮ້າຍຂຶ້ນມາ ບັກຕຶກຈະກັດບັກ
ແຕ້ງຢ່າງຮຸນແຮງ ຈົນບັກແຕ້ງຮ້ອງສຽງດັງລັບທິບ, ເມື່ອໄດ້ຍິນດັ່ງນັ້ນ ຂ້ອຍກໍຕ້ອງ
ແລ່ນໄປຊ່ອຍບັກແຕ້ງ ແລະ ເອົາໄມ້ຟາດບັກຕຶກໃຫ້ແລ່ນຫນີໄປ. ຂ້ອຍຕິທິວບັກຕຶກ
ເທື່ອໃດ ກໍສະເບືອນຣອດທິວບຸນໂຕເທື່ອນັ້ນ. ຜວກເຮົາຜິດກັບທຸກເທື່ອທີ່ທມາສອງໂຕນີ້
ກັດກັບ, ຜິດກັບແລ້ວ ກໍຕິກັບ ທມາຍຄວາມວ່າຫລັງຈາກທີ່ທມາສອງໂຕກັດກັບເລີກລາ
ໄປແລ້ວ ກໍແມ່ນຜຣຸບຜວກເຮົາ ຈະຕ້ອງກັດ ... ເອີ ຕິກັບ, ຮ້ອບເຕິງແມ່ ຄືແມ່ຈະຕ້ອງ
ມາແຍກຜວກເຮົາອອກຈາກກັບ, ບາງເທື່ອວ່າຈະຍຸດມ້ວຍວັດໄດ້ ແມ່ກໍຈຳເປັນໃຊ້ຝ່າມື
ຕິບຜວກເຮົາ ຜູ້ລະສອງ ສາມບາດ ຈຶ່ງເປັນອັນສະຫງົບລົງໄດ້.

ບັກແຕ້ງນັ້ນ ກໍບໍ່ແມ່ນບ່ວາຂ້ອຍຕັ້ງຍຶ່ງ ມັນມັກເທ່າອື່ທລີ, ຕອນຍັງບ້ອຍ
ກໍເທ່າວຂຍຫໆ, ເທັບທຍັງບໍ່ໄດ້ ມັນເທ່າທມິດ, ເທັບທມາໂຕບັກໃຫຍ່ ກາຍທນ້າໆານໄປ
ມັນກໍເທ່າເຮົາສາວັດກໆ ປານວ່າເອົຊີຍ້ານ. ຜໃຫຍ່ມາ ແຮ່ງເທ່າຫລາຍ ສຽງກໍແຮ່ງດັງ
ເທ່າປານບໍ່ທັນໃຈເລີຍ ຄືບຸນໂຕວ່າທັ້ນແຫລະ. ສ່ວນບັກຕຶກນັ້ນ ເທ່າທນ້ອຍແຕ່, ທີ່ໄດ້
ເທ່າທນ້ອຍກໍເພາະບໍ່ມັກຢູ່ບ້ານ ຈັກມັນໄປທ່ຣອທາງໃດ, ຕອນເທັບມັນຢູ່ບ້ານ ກໍແມ່ບ

150

little at first, but then when he couldn't stop laughing, I gave up and joined in. We kept on laughing for a long time, as if the whole thing was a big joke. At dinner that evening, we looked at each other and burst out laughing again. We were laughing at ourselves laughing.

Two months after we got Dic, I asked Uncle Pheng for a puppy and named him Bak Daeng[4] because he was such a scrawny little puppy. I gave him milk, held him almost all the time, and played with him constantly. When he was a little bigger, I gave him good, healthy food. I took excellent care of him. If someone gave me food, I always shared it with Daeng, and many times I thought that he was eating better than I was.

Daeng become the center of my life and I almost forgot about Dic. Once in a while, I fed Dic, mostly when Bountoh wasn't home. But I caressed Daeng, holding him close to my heart. He was the first thing I saw in the morning, even before I washed my face. I really loved Daeng. Whenever there was food, I gave it to Daeng first and Dic after. Sometimes, Dic didn't even get any. Bountoh did the same for his dog. It all depended on the situation.

Time went by and Daeng became quite fat. He was no longer a scrawny little puppy, but he still couldn't measure up to Dic, who was much bigger and fiercer. When the two dogs fought, Daeng always lost. When they played together, Dic sometimes bit Daeng hard and made him yelp. Then I ran over and tried to rescue Daeng by beating Dic. Whenever I hit Dic, Bountoh got very upset. We had a row each time the dogs fought each other. Mother had to slap us occasionally to break up our fist fights.

Well, I don't mean to brag about Daeng, and I admit that he did bark a lot. When he was small, he barked at anything, even bigger dogs. When he got a little larger, he barked louder, "as if he wasn't going to stop to take a breath," said Bountoh. In contrast, Dic, hardly barked at all. This was because he was hardly home. We had no idea where he went, but when we saw him at home, he was always asleep. So, whenever someone entered our yard, Daeng was the first to bark. By the time Dic opened his eyes to see what was happen-

ຕอบมับบอบ. เพาะสะบั้บ เวลามิถิบ เຂ້ามาใบบ้าบ บัภถ้ງจะเທิ่าກ่อบ, บัภถึภ
มอบอบຫลับยู่ เมื่อเถ้ยิ้บสຮงบัภถ้ງแล้อ บัภถึภກໍจะมึบตาຂึ้บ และบໍ่จำเปับ
ຊົ້ເທົ່າແລ້ວ ເພາະຄົນທີ່ເຂ້ົາບ້ານມາ ອາດເປັນຄົນຮູ້ຈັກມັກຄຸ້ນ ຫຼືເປັນພີ່ນ້ອງກັບຄົນໄທ
ເຮືອນເຮົາ ແລະ ຖຶກໄພເຮືອນຮ້ອງໃສ່ ບໍໃຫ້ເທົ່າຕໍ່ຮົກແລ້ວ.

"เຊะ! บัภถ้ງ ..." บึ้ถึอจาກที่บัภถ้ງได้ยิบเปັบปะจำๆ และเຂ້าใจຄอามขมายถิ
บับถึภาบข้ามเທົ່າ ข้ามสะແดງถือเปับผิถเปับไพ.

ภาบที่บัภถ້ງเທົ່າກ่อบบั้บ ภายเປັນบิถใส, เປັບຄอามຂຶບເຫิย ถืออ่า เวลาใถที่
ຍູ່ບ້ານพ้อมภับ และ ຖ้ามิถิบเຂ້ามาใบบ้าบ บัภถึภจะป่อยใຫ้บัภถ້ງເທົ່າກ่อบ แล้อมับ
จึ่ງเທົ່าตามຫลัງ แต่เທົ່າสຮງดัງກว่า สຮງใขย่ກว่า เบ็่ງถือว่ามับตั้ງใจใຫ້ลืบสຮງ
บัภถ้ງ, ຖ้าอ่าบัภถ้ງเຊ็าเທົ່า บัภถึภກໍจะเຊ็าเທົ່าถิภับ, ยามใถบัภถ້ງบ่ເທົ່າ
ກໍຫมายถอามอ่า ถิบที่เຂ້ามาใบบ้าบ เปับถิบลิ้ງแฏກ่อบภับไพเธือบ ถั่ງบึ้ จึ่ງบໍ
จำเปับต้อງเທົ່า, ຮืบเທົ່าກໍมิขอัງได้ยิบสຮງ "เຊะ ! บัภถึภ บัภถ้ງ !"

ลอมถอามแล้อ บัภถ้ງກว่าງຂอาງຂอาງກว่า ถิธิ์จัภถิบຫลายภอ่าบัภถึภ, แต่
บัภถึภมิปะสิบภาบ มิถอามเปับบัภเลງຫลายภอ่า เพาะบัภถึภบ่มัภຍ่ູบ้าบ, มับไปติถ
เທ່ยู่ตามภาງบ้าบ ຫลิบໍ่ลือมตะຫลาดสะເຫมิ, ถั่ງบั้บ มับจึ่ງຮู້ກว่าງຂอาງถ้าบ
ເກເລ ຫลายກว่าบัภถ้ງ.

ຂ້อยภับบัภถึภบั้บ บໍ่ກิบเสั้บກับເลย, เมื่อมับຂ็มเຫ้าบัภถ้ງ ຂ້อยภໍต้อງลิ่ງไขถมับ,
แล้อบายຂอງมับภัขาຫาງมาภอบ ຫลิ่ຂ็มยู่ຂ้อยต่ຮิภ.

ຂ້อยเຂ้าบ้าบยามใถ บัภถ้ງจะแล่บมาຮับต้อบ โดยเลยแถ่ງเลยๆ แล่บอ้อม
ຂ้าງຂ้อมแຂอ, ส่อบบัภถึภจะบอบเสิย บໍ่ขอ่ງข้าຫ่อງสิบ, แต่ຖ้าຂ้อยโยขอຍງภับ
ใຫ้บัภถึภ บัภถึภจะละลาถ ลุภแล่บไปใส่ แล้อยาถภับ ขุກเທื่อ.

บัภถึภກໍมับຶภบายมับยู่ถภ. เวลาใถบุมโตเຂ້าบ้าบมา บัภถึภจะยัขขือຂึ้บ
ຫลิบาງเທื่อจะยืบຂึ้บ, ຖ้าบໍ่ຊิ่ຫลิຊิ่ฟล มับກໍบໍ่ยืบถภ บอภจาภอ่า บุມโตຊิ่ถิถมิใส่,
มับถิຊิ่ถิถอ่า เถิภเวลาบอบ เพาะถิบที่ผ่าบมา มิอไปติถเທ่ยู่แฏฑตะຫลาด. มิ้ใถ
บัภถึภลุภแล่บไปเลยแถ่ງ เลยๆบายຂอງมับ บิ้บั้บ อาถจะผิถปิภภะติ, ຫลิบาງที
อาถจะเปับย้อบอ่า บุມโตมิฮอງภับติถมิมาบำ.

มิ้ฑบิ่ງ, บุມโตภับຂ้อย ย่าງฑลิ้บไปตามฑุะฑมิบแฏมบ้าຂอງ บໍ่ไภจาภເฮือบ
ຂอງผอภเฮ็าปามใถ, ตามเฑิย บัภถึภภับบัภถ้ງ แล่บไปผ้อม โดยออภฑบ้าพาฑาງ
แล่บถิบภิ่บ่อบบั้บอบบิ้. ถาอฑบิ่ງมิลิถโฮโตแล่บภาย ผอภเฮ็าไป, ถิบใบลิถ
ฑุ้มเสถใฑจิ่ เฑือบเถิ่ງภ้อบ ลิ่ງຂ้าງๆฑุะฑมิบ, เຊ็าอาถมิจุถปะสิ่ງฑุ้มใฑ้ฑมายฑลิบเบอ
ใถภໍ่ຮู้ได้, ปะภิถอ่า บัภถ้ງยู่ใภ้ກว่า จึ่ງแล่บถาบเฮ็าเຂ້าใฑ่จิ่ภ่อบ, บัภถึภแล่บ
ยาถเຮ็าตามปะสามับเลງ โดยโถถ โฑมบัภถ้ງไอ้, บัภถ้ງบ่ยอมอาງๆ มับลุภຂึ้บ

ing, Daeng had already alerted the family. So why bother? he must have thought, especially if the visitor was an acquaintance or relative.

"*Seh!*[5] Bak Daeng!" was a command Daeng heard all the time, telling him not to bark or threaten someone. He always barked first. When we had a visitor, Dic let Daeng start barking, then he would follow, louder and more fierce, wiping out Daeng's noise altogether. When Daeng didn't bark, it meant the person entering our yard was not a stranger, so Dic didn't need to bark and be told, "*Seh!* Bak Dic, Bak Daeng!"

In general, Daeng was well known and he recognized a lot more people than Dic. Dic was a dog of the streets who never liked to stay home. He preferred loitering in the village lane or at the marketplace.

Dic got on my nerves. Whenever he pestered Daeng, I had to punish him, which gave Bountoh a reason to find ways to bother or threaten me. When I returned home, Daeng always ran to meet me. He licked my legs and ran around me. Dic never seemed to care, but if I threw food to Daeng, then Dic came running to snatch it away every single time.

When Bountoh returned, Dic lifted his head and sometimes rose to see what was going on, but that much reaction was rare. He got up only if Bountoh snapped his fingers to call him. Otherwise he wouldn't budge—as if to say: "So you're back, big deal!" He lay there because he was exhausted from hanging out the night before at the marketplace. If Dic did run to meet Bountoh and lick his legs, it was usually because Bountoh perhaps had food in his hand.

One day, Bountoh and I took a stroll on the bank of the Mekong River, not very far from our house. As usual, Dic and Daeng ran on ahead of us, sniffing here and there along the way. Suddenly someone in a passing car tossed out a leftover piece of bread. I don't know what was on his mind. Maybe the bread was meant for the dogs, but since Daeng was closer to it, he quickly snapped it up in his jaws. Dic jumped over Daeng to fight for it, but Daeng refused to

ແລ้ວກໍແລ່ນອ้ามທາງໄປຣິກฟາภ ໜຶ່ງ, ບักຖีກแล่ນไລ่ย่າງໄอ, ແต่ ... มีลิดโขโตอิก ຄับໜຶ່ງ ແລ່ນມາຢ່າງໄອຄิภับ ບักถีກยังบ่ขับอ้ามທາງມื้ม ลิดจิ่ງตำเອຖพี้ງไปบອກ ທາງ, มันบอนธ์อງเว้ງเว้ງຢ่ູກັບບ່อน ด้วยถอามเจ็บปอด, ถາวໜຶ່ງ ກໍลุภได้แล้ว เธัดຂาข้าบ ย่าງກับຄืบເມื่อบ้าบ.

ลิดถับบั้นแล่ນไปเลีย, ส่อมบุบโต ได้แต่ร้อງด่าบำาขลัງ. ຂ้อยธ้ายด่าขมาาทัງ ສอງโต: "เอ๊าแต่ยาดກับ! มื้ขนี่ງสู๋ธิถายทัງสอງ ถ้าเบิ่ງ!"

เป๋บเทิ่ງทำฮิด ที่ຂ้อยบ่ผ้อมผู้บผ้อมพี้ เมื่อขมาาสอງโตบิ้ ยาดກับກับ.

So much symbolism

Plea for peace?

let go and ran across the street instead. Dic chased after him, but at that moment a car came whizzing by and hit Dic, who had not quite made it to the other side of the street. He landed in a ditch, where he yelped miserably in pain for a while. Soon, he got up and returned home dragging his rear legs.

The car had not stopped. Bountoh cursed after it. I was furious with both dogs and swore at them, "Idiots! One of these days, you're both going to die because of your bickering. You just wait." It was the first time I hadn't taken sides when the two dogs were fighting.

NOTES

1. Traditional Lao houses are usually built on stilts, leaving the empty space below for sitting, working, chatting, and sheltering animals. The open design also keeps the house cool.

2. Dogs are usually raised to help keep burglars and other unwanted strangers away from the family. They are not spoken to or cuddled as much as pets in the U.S.

3. Children are much loved in Laos, yet a pack of noisy children can be a nuisance. Having a dog in the family is a way of keeping neighborhood children at bay.

4. Daeng is a shortened form of Kadaeng, which means "emaciated."

5. *Seh!* means "stop!" It is a command used for dogs, and an insult when addressed to a person.

ຍາມແມ່ຈາກໄປ

ເມື່ອແມ່ຈາກໄປໄກ ບັນຍາກາດເປັນຢຸ່ຍອຍ, ແຕ່ສິ່ງເລັກໆ ນ້ອຍໆ ກ່ຽວກັບແມ່ ປະກົດຕື່ນຂຶ້ນ ໃນມະໂນພາບຂອງຂ້ອຍ.

ແມ່ເດີນທາງໄປປາກເຊ ເພື່ອເຝົ້າບົ່ງແຍງພໍ່ເຖົ້າ ຫລືພໍ່ຂອງແມ່ເອງ. ພໍ່ເຖົ້າ ແກ່ຊະລາຫລາຍແລ້ວ ແລະເຈັບປ່ວຍດ້ວຍໂລກເບົາຫວານ. ພໍ່ເຖົ້າສັ່ງມາໃນຈິດຫມາຍ ບອກໃຫ້ແມ່ລົງໄປ. ແມ່ເປັນລູກສາວຄົນດຽວຂອງພໍ່ເຖົ້າ ແລະຈາກບ້ານເກີດເມືອງນອນ ມາຮາວກວ່າປີແລ້ວ ຄືນັບແຕ່ແມ່ແຕ່ງດອງກັບພໍ່ໄດ້ປີປາຍ ພໍ່ກໍພາແມ່ມາຢູ່ວຽງຈັນ. ລູກ ທຸກຄົນຂອງແມ່ ຈຶ່ງເກີດທີ່ວຽງຈັນຫມົດ. ຮ້າຍກີໂລຂອງຂ້ອຍແຕ່ງດອງ ແລະອອກເຮືອນໄປ ແລ້ວ, ທຸກມາແມ່ນເຮືອຍນອນ ຊຶ່ງເຮັດການຢູ່ຮ້ານຄ້າເມືອງ, ແລ້ວກໍມາເຖິງຢ້ອຍ ຊຶ່ງຜອມ ທຽມຢູ່ທ້ອງມັດທະຍົມສາມ, ຜູ້ຫລ້າເປັນຊາຍ ຊື່ຄຳ ອາຍຸສິບປີ ຍັງຢູ່ໂຮງຮຽນປະຖົມ.

ແມ່ຈາກໄປໄດ້ຫນຶ່ງເດືອນ ແຕ່ຂ້ອຍຮູ້ສຶກວ່າ ມັນຄືນປານຫນຶ່ງປີ. ແມ່ເຄີຍໄປຢາມ ພໍ່ເຖົ້າຄັ້ງຫນຶ່ງ ເມື່ອສິບປີມາແລ້ວ, ຂ້ອຍຈຶ່ງໄດ້ຜລາດງູວ່າ ແມ່ບໍ່ໄປຢູ່ດົນ.

ທາວຕາກຜ້າ ບ່ອນທີ່ແມ່ຜາດຜ້າເຊັດຫນ້າໄວ້ເປັນປະຈຳນັ້ນ ມັນຫວາງເປົ່າ. ເກີບທີ່ແມ່ ໃຊ້ສຳລັບໄປຕະຫລາດ ຫລືໄປບ້ານຄົນເຮືອນໃກ້ນັ້ນ ບໍ່ຢູ່ໃຫ້ເຫັນອີກ, ຟອຍກວາດເຮືອນທີ່ແມ່ມັກ ມັງຮນໄວ້ເຈຍຝາ ໂດຍຊັນເບື້ອງກວາດຝຸນຂຶ້ນນັ້ນ ບໍ່ຢູ່ບ່ອນເກົ່າ, ແມ່ຊັນໄວ້ແບບນັ້ນ ກໍເພື່ອບໍ່ໃຫ້ມັນຫັກ ມັນງໍ, ມີແຕ່ແມ່ຜູ້ດຽວ ມັກຊັນໄວ້ແບບນັ້ນ.

ແມ່ເປັນຄົນສະຫງວນຈຽມຕົວ, ບໍ່ຟຸມເຟືອຍ, ແມ່ບອກໃຫ້ທຸກຄົນປະຍັດ ເຊັ່ນ ອອກຈາກ ຫ້ອງກໍຕ້ອງມອດໄຟ, ຊັກເຄື່ອງ ກໍຕ້ອງກະຕວງສະບູ່ປ່ນໃສ່ໃຫ້ພໍດີ ຢາໃສ່ຫລາຍເກີນໄປ, ກິນບ້າ ກໍຢາໃຫ້ມັນເຫລືອຈົນຖອກທິ້ມ - ແມ່ກຳກັບນັບຊາບຳທຸກຢ່າງໆ ... ແຕ່ສິ່ງທີ່ແມ່ປະຕິບັດ

ພິມເທື່ອທຳອິດ, ເດືອນ ກໍລະກົດ, 1990 ໃນ "ແມ່ຍິງລາວ"

LONGING

THERE was an emptiness when Mother was away. Small things about her would come to my mind.

Mother had returned to Pakse to take care of Grandfather. He was very old, and sick with diabetes. Grandfather sent a letter asking for his only child, Mother, who had been away from home for more than twenty years. She had come to Viengchan with Father after one year of marriage. All of us were born here. My elder brother got married and moved out to set up a home of his own. Second in line was Phone, my elder sister, who worked at the government trade store. I was next, still in my third year of high school. The youngest child was a boy, Kham, was ten years old and attending elementary school.

Mother had been gone for a month now, but it seemed like a year to me. Another time, ten years ago, she'd visited Grandfather and I faintly remembered that she hadn't stayed away for very long then.

The bamboo pole on which Mother regularly dried her laundry remained empty. The shoes that she liked to wear to market or to visit with the neighbors were no longer there. The broom that Mother alone liked to stand in the corner upside-down to prevent it from bending was not in its usual resting place.

Mother is a shy and humble person. She is frugal and reminds everybody to save. Turn off the light when you're leaving the room! Use the right amount of detergent, not too much, when you're doing the laundry! Pour a little water into a glass and drink it up instead of taking too much and throwing the excess away! She was always concerned about everything. There was just one indulgence she allowed herself, and that was to buy one or two bundles of *pak*

ບໍ່ຄ່ອຍສອດຄ່ອງຕາມຫລັກປະຍັດ ກໍຄື ແມ່ຊີ້ຜັກ ຕຳບົນມາເລື້ອຍໆ ເທື່ອລະມັດສອງມັດ, ຈະກິນ ຫລິບກິນ ແມ່ກໍຊື້ມາ ແລະປະໃຫ້ເບິ່ງຕຸ້ມ ເປັນຕັ່ງນີ້ເລື້ອຍໆມາ.

ຂ້ອຍເອົາມືລູບຄຳຮາວຕາກຜ້າ ບ່ອນທີ່ແມ່ເຄີຍຕາກຜ້າເຊັດໜ້າໄວ້ ແມນໄປທີ່ປາກປະຕູບ້ານ, ຂ້ອຍເຄີຍເບັບຈິບລິ້ງຕາ : ພາບແມ່ຫິ້ງກະຕ່າຂອງກິນ ຍ່າງເຂົ້າປະຕູບ້ານມາ - ແມ່ກັບຈາກຕະຫລາດ ດ້ວຍອາການອິດເມື່ອຍ. ຂ້ອຍມັກແລ່ນໄປຮັບເອົາກະຕ່າຈາກມືແມ່ ແລະ ກໍມັກໄດ້ເຂົ້າໜົມກິນເປັນປະຈຳສະເໝີ.

"ແມ່ຊີ້ຜັກຕຳບົນມາອີກແລ້ວ. ຮັບເກ້ກ່າກໍຍັງບໍ່ທັນໄດ້ເຮັດກິນ" ຂ້ອຍເຄີຍ ທ້ວງຕັ່ງນີ້.

ແມ່ບໍ່ປາກ. ມັນອາດເປັນເລື່ອງເລັກບ້ອຍເກີນໄປ ທີ່ແມ່ຈະມາເສຍເວລາຈະຫຼືຫາຍ. ຜັກຕຳບົນໜຶ່ງມັດ - ລາດາບໍ່ເທົ່າໃດກິນ, ຊື້ປະໄວ້ກໍ່ວັງບໍ່ເສຍຫາຍຫຍັງ - ແມ່ອາດຄິດຕັ່ງນີ້. ພໍ່ກໍເຄີຍຈົ່ມວ່າ:"ຊື້ມາແລ້ວບໍ່ເບັບເຮັດກິນ, ປະໃຫ້ມັນເບິ່ງຕຸ້ມລ້າໆ."

ແມ່ບໍ່ໂຕ້ຕອບ ເພາະບໍ່ປາກໃຫ້ເປັນເລື່ອງໃຫຍ່, ຄົງປ່ອຍໃຫ້ມັນຜ່ານໆໄປ. ແຕ່ຖ້າ ແມ່ບເລື່ອງສຳຄັນແລ້ວ ແມ່ບໍ່ຍອມງ່າຍໆ, ແມ່ເອົ້າ ແມ່ຖຽງ ຈົນພໍ່ຕ້ອງຍ່ອນສຽງລົງ.

ໂດຍທົ່ວໄປແລ້ວ ພວກເຮົາຜູ້ເປັນລູກ ມັກເຂົ້າຂ້າງແມ່ ເຖິງວ່າແມ່ຈະມັກລ່າໄລ ນຳບັບຫາເລັກໆບ້ອຍໆ. ແຕ່ຄວາມລ່າໄລ ກໍຄືຄວາມຫ່ວງໃຍ ຄືຄວາມໃຫ້ຊິດຕິດແຕດ. ສຽງຮ້າຍ ສຽງຈົ່ມຂອງແມ່ ຄືສຽງສະຫວັນ. ຂ້ອຍຄິດວ່າ ໄດ້ຍິນສຽງແມ່ຈົ່ມ ດີກວ່າບໍ່ໄດ້ ຍິນສຽງໃດໆຈາກແມ່ເລີຍ - ເພາະຍ່າງໜ້ອຍ ມັນໝາຍເຖິງພວກເຮົາມີແມ່ - ມີແມ່ແມ່ນ ມີທຸກສິ່ງທຸກຢ່າງ.

ຂ້ອຍບໍ່ແມ່ນລູກກ່າຜ້າ, ແຕ່ກໍເຊື່ອວ່າ ການທີ່ຊີວິດຄົນຜູ້ໜຶ່ງ ບໍ່ເຄີຍໄດ້ຍິນສຽງແມ່ ເລີຍນັ້ນ ຊີວິດຄົງວ້າງວ່າງປ່ອນພວຍ ຄືມີກໍບ່ອຍປົກຄຸແຄງ ແຕ່ຖຶກລົມແຮງ ພັດພາກຕິມ ຈາກຮັງ. ແລ້ວຂ້ອຍກໍພາລະບາ ໃຫ້ແມ່ກັບຕ່າວມາໄວຢູ, ຢ່າໆໃຫ້ແມ່ ໂພຍໂພຮັບຕະລາຍໃດໆ.

ຄຶດມາຮອດຕອນນີ້ ນ້ຳຕາຂ້ອຍໄຫລຊຶມອອກ, ຂ້ອຍຕັ້ງໃຈເອົາໄວ້ວ່າ ເວລາແມ່ກັບ ມາແລ້ວນີ້ ຂ້ອຍຈະເຮັດທຸກສິ່ງທຸກຢ່າງທີ່ແມ່ຕ້ອງການ, ຈະປະຕິບັດຄືນໃຫ້ຖຶກຕ້ອງຕາມທີ່ ແມ່ປາຣະຖະໜາທຸກປະການ, ຈະບໍ່ໃຫ້ແມ່ໄດ້ຈົ່ມໄດ້ວ່າອີກ. ຂ້ອຍຮູ້ສຶກວ່າ ຕິນເຊງເລີ່ມ ມີ ມີດໃສປ່ຽມໄປ, ຫັດສະນະກໍປ່ຽນໄປ ແລະທີ່ສຳຄັນກໍຄື ຂ້ອຍຮູ້ສຶກວ່າ ຕິນເຊງມີຄວາມ ຮັບຜິດຊອບສູງຂຶ້ນ. ຂ້ອຍເຮັດຫລາຍສິ່ງຫລາຍຢ່າງແທບແມ່, ຈຶ່ຈຳເອົາວາດວິທີຕ່າງໆ ຂອງແມ່ ແລ້ວກໍປະຕິບັດຕາມ.

ແລ້ວແມ່ກໍສົ່ງຈິດໝາຍມາ, ແມ່ຈ່າທບ້ານຂອງເຮົ້າຜ່ ແຕ່ຂ້ໍຄວາມໃນຈິດໝາຍ ແມ່ບ

tamnin[1] whether we were going to eat it or not. Many times, it would just rot away.

With longing, I caressed the poles where Mother used to dry the towels, while my eyes remained fixed on the gate. The image of Mother returning from the market and entering our yard with a basket full of greens was still fresh in my mind. I always ran over to meet her and help carry the basket. Usually I was rewarded with some sweets.

"Oh, Mother, you bought *pak tamnin* again. We haven't eaten the old ones yet!"

She did not comment. It may have been too small an issue, a waste of time to explain why she had bought more. A bundle of *pak tamnin* does not cost much, and besides it might come in handy. Father used to complain, "You bought it and didn't cook it, but let it spoil. What a waste."

Mother did not respond because she didn't want to make a big deal out of it. If it was an important matter, she would argue till she was red and blue in the face to prove her point, until Father softened his voice. Usually we sided with Mother even though she was such a nitpicker. She nagged because she cared, and that meant closeness. Her nagging and complaining were like a voice from heaven. I would rather hear her nagging than not hear her at all. At least it meant we had a mother. Having a mother was having everything.

I was not an orphan, but, I believed that the life of a motherless person must be terribly empty, like the life of a little bird with weak wings who is blown out of his nest by a strong wind. I prayed for Mother's safe and quick return. Thinking about this brought tears to my eyes. I resolved to behave myself and do everything she wanted me to do, if only she would return. She wouldn't have to nag anymore. I felt I had changed a lot. Most important of all, I had grown and could be responsible for many chores. As I visualized her ways of doing things, I believed I'd be able to accomplish much in Mother's place.

One day, a letter arrived addressed to Father, but meant for all of

ສຳລັບທຸກຄົນໃນຄອບຄົວ, ແມ່ບອກວ່າ ຍັງບໍ່ຮູ້ນີ້ຈະຕ່າງຄືນເທື່ອ ເພາະອາການຂອງຜົ່ເຖົ້າ
ຍັງບໍ່ດີຂຶ້ນ. ອັນພິເສດກໍຄື ແມ່ສິ່ງຮຽນມາໃຫ້ພວກເຮົາເນ່ືງ, ເປັນຮຽນຕອນທີ່ແມ່ເປັນເດັກນ້ອຍ
ອາຍຸ 7 - 8 ປີ ຜ່ວມຂາຍຜັກຢູ່ຕະຫລາດທີ່ປາກເຊ. ແມ່ບອກວ່າ ເອົາຖ່າຍເພື່ອໂດສະບາ
ການຂະຫຍາຍຕົວທາງດ້ານເສດຖະກິດ ແລະການຜັດທະບາຕົວເມືອງປາກເຊສະໄຫມນັ້ນ
ແລະບັງເອີນມິແມ່ຕິດຢູ່ໃນຮຸບນັ້ນ ນຳດ້ວຍ.

ແມ່ຮຽນເລົ່າມາວ່າ ຕອນຍັງນ້ອຍ ແມ່ໃຊ້ເວລາຕອນເລີກໂຮງຮຽນ ໄປຂາຍຜັກທີ່
ເກັບຫາມາໄດ້ ຕາມສວນຄົວ ຕາມແຄມຮ້ວ, ມິຜັກຕຳນິນ, ຜັກຫ່ີເລັດ, ຜັກຂະ ແລະ ອື່ນໆ …
ເມື່ອຂາຍຜັກໄດ້ເງິນແລ້ວ ກໍກັບໄວ້ຊື້ປ້ືມອ່ານ, ປ້ືມຮຽນ, ສໍ, ປາກກາ ແລະ ສ່ວນຫນ່ຶງມອບ
ໃຫ້ແມ່. ຕອນຕົວຂອງແມ່ຢູ່ໃນສະພາບທຸກຍາກຂາດເຂີນ, ແມ່ຈ່ຶງເຮັດທຸກສິ່ງທຸກຢ່າງ
ເພື່ອຊ່ວຍຄອບຄົວ. ແມ່ວ່າ ການຂາຍຜັກກໍແມ່ນໃຊ້ເຈ້ຍຫນັງສືພິມ ປູຕາມພື້ນດິນ ແຄມທາງ
ຢ່າງເຮົ້າສູ່ຕະຫລາດ ແລ້ວເອົາຜັກທີ່ເຮັດເປັນມັດ ວາງຂາຍໄວ້, ລາຄາມັດລະຫ້າກິບ ຫລີ
ສິບກິບ ຕາມແຕ່ຂະບິດຜັກ, ແມ່ວ່າຜັກຕຳນິນແພງກວ່າຜັກຫ່ີເລັດ ແລະ ຖືກກວ່າຜັກຂະ.
ເມື່ອມິຄົນຍ່າງມາໃກ້ ແມ່ກໍເວົ້າວ່າ: "ຊ້ຶຊ່ອຍແດ່ ຍາແມ່, ຊ້ຶຊ່ອຍແດ່ເອື້ອຍ … ບາງຄົນກໍ
ຕ້ັງໃຈຊ້ື, ບາງຄົນຊ້ືເພາະຫ່ີຕິນ, ເຊັ່ນ ຜັກມັດສິບກິບ ກໍເອົາເງິນໃຫ້ຮອດ 20 - 30 ກິບ. ແມ່ດີໃຈ
ທີ່ໄດ້ເງິນເຫລ່ານ້ີ ແລ້ວກໍຫມັ່ນຂຸອກກັບຜັກຢູ່ຕາມແຄມຮ້ວໄປຂາຍເກືອບທຸກນ້ີ ຫລັງຈາກ
ເລີກໂຮງຮຽນ.

ແມ່ເລົ່າວ່າ ບາງນ້ີ ກໍມິຕຳຫລວດມາໄລ່ ເພາະເຮົ້າບໍ່ຢາກໃຫ້ຂາຍຢູ່ແຄມທາງ ມັນ
ກິດຂວາງຜູ້ຄົນທ່ີຢ່າງເຮົ້າສູ່ຕະຫລາດ. ບາງນ້ີ ແມ່ຕ້ອງຫອບຫ່ີຜັກແລ່ນຫນີ ເພາະຖ້າຖືກຈັບ
ກໍຕ້ອງໄດ້ເສຍຄ່າປັບໄຫມ, ຖືກຍາມຂ່ວຍ ເງິນບໍ່ໄດ້ ແລ້ວຜັກກໍຍັງຊ້ຳ ແລະ ມ່ມຈິນ ຂາຍບໍ່ອອກ
ອິກ, ແມ່ຈ່ຶງຮ້ອງໄຫ້ຟາຍນ້ຳຕາ ກັບຕ່າງຄົນເຮືອນ.

ພວກເຮົາຮັບມິເຮື່ອຍຜອນ, ຄຳ ບ້ວງຂາຍຫ້າ ແລະ ຂ້ອຍເອງ ຟາກັບຫ້ມເບ່ິງຮຽນແມ່
ແລ້ວກໍຕ່າງຄົນຕ່າງເວົ້າ. ບາງຄົນວ່າ ຄາວຍັງນ້ອຍ ແມ່ຄືຂ້ອຍ, ບາງຄົນກໍວ່າ ຄືເຮື່ອຍຜອນ.

us. Mother wrote that she did not know when she could return because Grandfather's condition had not improved. She sent us a photograph. It was a picture of her at seven or eight years of age selling vegetables in the Pakse market. The picture had been taken to accompany an announcement about the economic growth and development of Pakse at that time. She just happened to appear in the picture.

Mother also wrote that when she was a little girl, she used to collect leaves and other greens from her family's vegetable orchard and sell them after school. With the money she earned from the sales, she bought books, pens, and pencils, then gave a portion of what was left to her mother. Her family was poor, so Mother had to do many things to help out. To display her wares, she spread a newspaper on the ground and arranged her bundles of greens on it. The price varied from five to ten kip depending on the type of greens. *Pak tamnin* was more expensive than *pak eelert*[2] and cheaper than *pak kha*.[3] Each time somebody passed by she would call out: "Madam, please buy some from me. Big sister, please buy some fresh greens. . . ." Some people purchased the vegetables because they needed them, but some bought out of compassion for the little girl. A few customers gave twenty, even thirty kip instead of ten. Mother was very encouraged by her sales, and so almost every day after school, she collected more greens to sell.

She also wrote in her letter that sometimes the police used to come and chase the vendors away because they didn't want anybody selling their wares along the roadway. Apparently, it obstructed the traffic going in and out of the market. On some days, Mother had to hurriedly bundle up her piles of greens to escape the police and a fine. If her luck was bad, not only was she unable to sell her greens, but the vegetables ended up too bruised and dirty to sell at all. When that happened, she returned home in tears.

All of us, including Phone, our youngest brother, Kham, and I, gathered around this picture of Mother and exclaimed how much I resembled her when she was young. Someone else thought that

ແຕ່ທີ່ແນ່ນອນ ແລະປະກົດເຖິງກໍຕິ ບາງບ່ອຍຫນ້າຕາໄຮ້ຄຽງສາ ບໍ່ງອາຍຜັກຢູ່ແຄມ
ທາງເຂົ້າສູ່ຕະຫລາດ.

ແມ່ບໍ່ເຄີຍເລົ່າຊີວິດຕອນນີ້ ສູ່ພວກລູກຟັງເລີຍ. ແມ່ອາດຄິດວ່າ ມັນບໍ່ສະບາຍອິກ
ສະບາຍໃຈທີ່ຈະເລົ່າ, ຫລື ເມື່ອເລົ່າແລ້ວ ແມ່ອາດອົດຮ້ອງໄຫ້ສະອື້ນບໍ່ໄດ້. ຂ້ອຍບໍ່
ເຄີຍຄິດວ່າ ແມ່ຈະມີສິ່ງອັດອໍາໄວ້ໃນໃຈເຖິງບານປານນີ້.

ຂ້ອຍບໍ່ກິນເຂົ້າແລງ, ມັນບໍ່ຮູ້ສຶກຫິວ, ຂ້ອຍໄປລູບບາງ ຄໍາໆ ສີ້ນເສື້ອແມ່ ທີ່ພັບຍ່ອງ
ກັບໄວ້ຢູ່ຖ້ານຕູ້ເຄື່ອງນຸ່ງ. ບັນຍາກາດພາຍໃນເຮືອນ ມືດ ແລະເປັນຊຸ່ຍວອຍ. ເຈ້ຍພອນບໍ່ຢູ່
ວຽງບາງ ທີ່ລະບຽງ ເອົາມືຄ້າແກ້ມ, ຂ້ອຍເອີ້ນລາວ ແຕ່ລາວບໍ່ປາກ ບໍ່ງວາກມາຫາ. ຂ້ອຍເຂົ້າ
ໄປໃກ້ໆ ລາວ.

"ເຈ້ຍເປັນຫຍັງ?"

"ບໍ່ເປັນຫຍັງ" ລາວຕອບ, ແຕ່ຂ້ອຍສັງເກດວ່າ ສຽງເຈ້ຍພອນສັ່ນໆ.

ແລ້ວທັງເຈ້ຍພອນ ແລະ ຂ້ອຍ ກໍສະອື້ນໄຫ້ ເພາະຄິດຮອດແມ່.

Phone resembled her as well. The most glamorous person in the photograph was the innocent girl selling vegetables at the entrance to Pakse market.

Mother had never told us about her life. Maybe she thought it was not worth telling, or was afraid to recall so many sad memories. I could not believe she had kept secrets like this for so long.

That evening I could not eat. I had no appetite. I went to the closet and caressed Mother's clothes, folded neatly on the shelves. A strange and mysterious atmosphere filled the house. Phone sat quietly on the porch, resting her hand on one hand. I called to her once, but she did not answer or turn around. So, I went to her and asked, "What's wrong?"

"Nothing," she responded in a trembling voice. Then Phone and I cried together. We missed Mother.

NOTES

1. *Pak tamnin* is a vine with edible leaves, which resembles decorative ivy.

2. *Pak eelert*, or *Piper albospicum,* is a leafy green vegetable grown domestically or found in the wild. It is a member of the pepper family.

3. *Pak kha* is a spiny vine with small multiple leaves that gives off a strong odor when cooked.